本书系中国特色高水平高职学校建设系列成果；

本书系浙江省省属高校基本科研业务费项目资金资助项目

"高职院校学生职业生涯发展策略研究"（项目编号：2023TD01）研究成果。

遇见更好的自己

职业生涯规划的策略选择

王玉龙——著

 ZHEJIANG UNIVERSITY PRESS
浙江大学出版社
·杭州·

目　录

第一章　人生的旅行

一、人生也有涯

生命有开始也有结束。个体的生命是有限的,不论你愿意还是不愿意。在短暂的一生中,你能意识到生命开始了,但无法知道个体的生命在什么时候结束,那活着的意义是什么? 是吃喝玩乐? 是争名夺利? 还是追寻真善美? 每个人的人生都是独特的,每个人对这个问题的回答也是不一样的。

1. 走向何方

人们常听到"方向比努力更重要"的言论,但也有人说"人生没有白走的路",没有迷失过方向怎能深刻认识到正确方向的重要意义? 方向的本义是空间位置的相对变化,也引申为抽象的目标指引。在空间方面,从个体生命历程来看,绝大多数人从家庭走向学校,从学校走向社会,去往更多的地方,去看更多的风景。特别是在现代交通工具的帮助下,游历全球已经成为可能,高山大河、异国他乡都成为开阔视野的资源。就算没有足够的金钱支撑游历世界,人们也可以通过地图、书籍、纪录片等间接地了解这个丰富多彩的世界。在体验方面,个体总是从知道不多到较多,从简单到复杂,从低级到高级,通过直接或间接的经验体验生命的力量、感受社会的精彩。从形而下到形而上是思维的飞跃,也是生命价值的质变,这个过程不是自然的结果,需要个体在社会的教化中觉知生命的意义,突破教条的束缚,实现境界的提升。有的人用一生苦苦去探寻也未必能有结果,有的人或许一生都在忙忙碌碌而从未觉醒,也有的人通过对自我精神世界的剥离,看到人生的意义。客从何处来,要往哪里去,人们用一生的行动去寻找生命的归宿。

2. 遇见了谁

马克思主义者认为,人是社会关系的总和。作为社会中的一员,个体是社会关系网中的一个节点,向四面八方连接起生命中遇到的人。人们常说缘分是奇妙的,在芸芸众生中偏偏遇到了彼此是不可思议的。在生命中,有的人是注定的,诸如以血缘为纽带的亲人;有的人是偶然的,比如在茫茫人海中擦肩而过的路人;有的人是经过选择的,例如个体决定去哪里读书、决定和谁结婚,决定去哪里工作等,这些场域中的人因为个体的主动选择而有了关系。亲人是个体社会关系中最基础的部分,不论个体认可与否,亲人都将对其产生影响,其中生活在一起的父母、兄弟姐妹、爷爷奶奶、外公外婆等更是通过言行影响着生命早期的样态,个体不能选择与这些亲人的关系也无法摆脱,很多时候个体不能理解自己为什么会产生的行为或许就是来自童年时亲人的影响。有些人可能只是匆匆路过,或许只看到了一个背影,或许只留下一句询问,便再也没有了联系,只是以模糊的、集体的形象留在了个体生命的宏大背景里。因个体主动选择而发生联系的人,在一定程度上反映了个体的价值追求、综合能力、个性特征等。人们常会通过分析一个人的伴侣、朋友来识别个体的人际交往倾向。个体生命中遇到的人,不论是因为血缘还是主动选择都成为人之为人的支撑,也正是因为这些人成为独特的自己。

3. 发生了什么

故事时刻在发生,或大或小,或精彩或普通,这些故事成为个体生命中的各种事件。一个事件的发生总是由起因、经过、结果等几个部分组成,有因有果,有正相关有负相关,个体或主动或被动地卷入事件中并对自身产生影响。生命的历程是变动不居的,影响个体的多种力量此消彼长,在力量变化中塑造生命的形态。过去发生的事件是形成个体个性特征的材料,个体在参与事件演进中体验各种力量的变化,获得直接的经验,形成对人对事对物的基本判断。虽然对发生过的事件,人们无法改变其过程和结果,但是个体可以通过思维的转变重新解释事件的价值,这也是个体主观能动性的彰显。正在发生的事件是个体生命的创造,每个人都是事件的创造者,因为个体的价值取向、能力大小、环境条件等决定事件的结果,这些结果将进一步影响个体对事件的价值判断。未来要发生的事件是个体规划的内容,人从过往事件中汲取经验,通过参与社会事务来影响可能的结果。人类对未来的着迷是显而易见的,各种预言充斥社会资讯,人们随着对自身行为的控制而制定出各种计划、规划,通过对事件变量的控制达成预期的结果,也正是人们对未来的规划让个体获得安全感,这样的执着也让人类社会创造了所谓的文明。

4. 人生的使命

斯蒂芬·茨威格说:"一个人生命中的最大幸运,莫过于在他的人生中途,即年富力强时发现了自己的人生使命。"生命的价值在于获得意义,用一生的努力创造一番事业,让个体的能力发挥最大的作用。使命是个体获得内生动力的源泉,也是人与人拉开差距的起点。因为社会的分工,人们根据自身的条件获得相符的工作,在工作中,人们实现人生的价值,而使命正是个体觉知自我的关键。无数的人在机械、枯燥、乏味的工作中失去了奋斗的动力,在重复中丢失了人生的使命,这也是绝大多数人无法取得成功的原因。人生的使命不仅在于创造物质财富更在于创造精神财富,物质财富容易获得,也容易让人迷失方向,精神境界难以提升,也更需要个体去磨砺。正如稻盛和夫所说,人生不是一场物质的盛宴,而是一次灵魂的修炼,使它在谢幕之时比开幕之初更为高尚。不论一个人多么富有,多么有权势,当生命结束之时,所有的一切都只能留在世界上,唯有灵魂跟着你走下一段旅程。在现实世界中,物质的世界容易建设也容易毁坏,精神的世界让人难以琢磨也令人难以忘怀,正是使命让精神的河流奔向远方,写下诗的篇章。

二、人生的地图

想要一次圆满的旅行,地图是必不可少的。有了地图,人们才可以轻松地发现目的地在哪里,沿途有哪些山川河流,可以根据情况选择何种交通工具,由此可见地图对于旅行的价值和意义。很遗憾,在人生的旅途中,人们无法轻而易举得到一幅人生的地图。为了让人生的路途好走,有的人选择得力的人生导师,有的人通过职业咨询撰写详尽的生涯规划书,还有的人顺其自然,不论选择怎样的方式,都将留下人生的轨迹。

在职业生涯规划的课程教学中,教师给每一位学生分发了一张白纸,让学生折出一个自己擅长的东西,然后让学生回顾整个折纸的过程,最后写下参与活动的感悟。活动的本意是想让学生以参与的方式认识目标与过程、计划与能力、行动与反思,结果一位名叫黄浩然的同学用诗的语言记录了自己的感受。诗文如下:

> 人就像这张白纸,
> 被折磨得伤痕累累,
> 折来折去。
> 职业就像折的东西,

怎样都不满意，

好像都会后悔，

欣然接受，

安然处之。

他用文字将自己的思考记录下来，形象又生动，简短却深刻，班里的同学都觉得十分惊艳。老师拿他的诗句与同事分享，大家评鉴说一个还没有进入职场的学生写出如此深刻的诗句真是没有辜负"浩然"这个美名。尽管这诗有点老气或消极，但也有着生命的倔强，去接受，去安然处之。拓展开想，一个人纵然没有走遍世界的角角落落，也不妨碍他通过一张地图来认识地球的高山大河、海陆分布。

地图是按照一定比例模拟真实世界的结果，关键是要知道这地图中的主要信息，有哪些节点，诸如山峰、城市、名胜等；有哪些线路，诸如山脉、河流、路线等；又有哪些面，诸如平原、森林、湖泊等。借此类比人生的地图，找到一些关键的点、线、面，是不是也可以草拟一张人生的地图？这张地图未必精准，但可以试着帮助大家回答"从哪里来""到哪里去"的问题。

1. 生活的场域

空间场所是个体生命呈现的载体，人们会根据不同场所的转换来调节自己的言行，这是场域对个体行为影响的直接反映。一个人的一生会进入诸多的特定空间，生病会去医院、阅读会去图书馆、旅行会去野外等。生命从家庭开始，个体在家庭中开始认识世界、感受世界，在家庭中完成人生生老病死的历程；因为参与社会分工，个体早期主要是在学校学习，准备社会人必须掌握的知识、技能、素质，当达到一定水平之后进入社会，在社会组织中获得具体工作岗位，完成庞大社会系统运作中的某个环节，实现人的社会化。

首先，家庭是人生的港湾。健全人格的形成主要依靠家庭的影响和塑造，父母对待子女的态度和方式，是个体行为图式的直接来源。人们常说透过一个孩子的言行就可以猜测他家庭的样子甚至他父母之间的关系，这反映的正是家庭对个体的深刻影响。就个体而言，他是无法选择自己父母及其他家庭成员的，个体在缺乏自主性的童年时期更是只能适应家庭的环境。正因为如此，家庭对个体的社会支持最为重要，家庭建设对个体乃至整个社会的重要性也不言而喻。

其次，学校是人生的湖泊。从人类社会发展进程来看，早期的学校是贵族精英教育的产物。随着工业化社会的到来，接受学校教育成为必需。在今天的中国，接受九年义务教育是国家法律赋予每个个体的权利和义务，是必须完成的，同时越来越多的人可以接受高中教育和大学教育。我国的高等教育已经普及化，2021年高等教育毛入学率为57.8%。学校作为文化再生产的场所，是国家意志的执行者，个体在学校进行知识的学习、能力的培养，为顺利进入社会从事职业活动以及成为合格的社会公民做准备。

最后，单位是人生的大海。工业社会极大地推动了女性进入劳动力市场，在很多岗位，女性甚至比男性完成得更出色。在中国社会，城镇化快速推进，2021年末我国常住人口城镇化率为64.72%，越来越多的人进入城市，开始摆脱土地的限制，但进入城市也意味着生活的所有物资都需要交换，通过参与社会分工获得报酬，才能购买各类生活必需品。这意味着更多的人需要稳定的工作、参与社会分工才能生存。职场压力不再是少数精英的"专利"，而是所有生活在城市里的人需要面对的，他们没有了退路，不可能再依靠土地的产出保障最基本的生活需求。

2. 生命的主线

在人与人的社会互动中，个体承担了不同的角色，每个角色都有自身的规范要求，这些角色成为个体社会属性的集中体现。舒伯将个体承担的角色概括为子女、学生、休闲者、公民、工作者、持家者，根据这些角色出现的场域可以进一步分类,子女和持家者的角色发生在家庭,学生、工作者的角色发生在社会组织,休闲者和公民的角色主要发生在社会,在一定程度上,休闲者和公民是其他角色功能的延伸。这些角色将个体生命的历程前后联系起来,形成多数人必定会经历的生活主线。

一是家庭角色的变化。家庭主要以血缘为纽带将人与人联系起来,从一个人的成长经历来看,个体先后承担着子女、夫妇、父母等角色,这一发展逻辑是必然的结果。在子女关系方面,一个人从一出生就是父母的子女,不论是生物进化还是社会道德法律都要求父母对子女承担养育责任,直到子女具备独立生活的能力,中国式的父母与子女的关系更是贯穿了彼此的一生。在夫妇关系方面,夫妻关系的确立是家庭再生产的重要标识,也是家庭延续、繁衍后代的前提。婚姻的产生、夫妇角色的形成并不意味着子女角色的消失,而是进一步强化,是个体获得了新的社会角色,这是家庭与家庭连接的主要方式,对交流家庭文化、促进社会互动有着深远影响。在选择伴侣时,人们时常认为婚姻不是两个人的事情,而是两个家庭乃至家族的事情,这反映了婚姻关系对家庭的重要影响。在父母关系方面,夫妻在生育子女后,获得新的身份即父母,个体至此基本完成了在家庭中主要角色的获得。

二是求学的经历。学习有一个循序渐进的过程,人们总是会经历从不会到会、不能到能,从初级到高级、简单到复杂的过程。从纵向维度分析,根据人心智的发展,将学校设计为学前教育、小学教育、中学教育、高等教育的序列,在高等教育中,学历又分为专科、本科、研究生,学位分为学士、硕士、博士,只要一个人接受某一阶段的学校教育,就可以知道其后续可能获得的教育层次。从横向维度分析,又可以分为不同的类别,高中阶段有普通类高中、职业类高中,大学可分为普通大学、职业院校,其中优质的普通大学又分为"985""211""双一流"学校,优质的职业院校分为示范校、骨干校、优质校、双高校等。这些成为社会识别个体学习能力的标签,也影响着个体进入劳动力市场的发展。

三是职位的变化。学生身份不是终身的,个体只有在早期接受教育时获该身份,个体进入劳动力市场就业后就开始了职业生涯。在职业生涯中,个体的工作岗位或专业技术水平是会发生变化的,不同的从业领域有不同的职级,以公务员为例,《中华人民共和国公务员法》规定国家实行公务员职务与级别并行制度,根据公务员职位类别和职责设置公务员职务与级别。根据《公务员职务与职级并行规定》,领导职务层次分为:国家级正职、国家级副职、省部级正职、省部级副职、厅局级正职、厅局级副职、县处级正职、县处级副职、乡科级正职、乡科级副职;综合管理类公务员职级序列分为:一级巡视员、二级巡视员、一级调研员、二级调研员、三级调研员、四级调研员、一级主任科员、二级主任科员、三级主任科员、四级主任科员、一级科员、二级科员。这些职务职级的变化反映的正是个体职业生涯发展的历程。

3. 人生的拐点

人的发展不是机械的,更不是线性的,更多的时候人是在曲折中前进,进行着螺旋式的上升。个体在生活中经历情绪的变化、关系的改变、社会的发展等,这些改变以各种方式影响着个体的生活,很多时候还需要个体做出选择以便应对发展的需要。不同的人基于自身认知、能力、需要及社会支持的不同,做出体现个体特征的选择,从而产生或有利或不利的后果。从家庭、学校、工作单位等场域来看,对个体发展产生较大影响的主要涉及婚姻、升学、就业等方面。

第一,婚姻。婚姻不仅决定个体和谁生活在一起的问题,更是家庭再生产和血缘关系再生产的前提。受经济、文化、技术等的影响,不是所有个体都会选择结婚,一小部分人因为各种情况未能步入婚姻,而选择结婚的群体中也有中途离婚、再婚等问题。虽然法律赋予个体结婚、离婚的自由,但不论是成功或失败的婚姻都将对个体产生巨大影响,特别是生育子女后再离婚,会让个体的社会关系更加复杂。婚姻关系的缔结或解除都需要个体付出较高的成本,这些成本将计入个体的生涯发展,以促进或妨碍的形式出现在个体生活中。这也是主流社会要求个体慎重对待婚姻的原因。

第二,升学。"千军万马过独木桥"被人们用来形容高考的激烈情形。由于人们对优质教学资源的向往,很多衔接考试都成了父母、学生、教师重点关注的内容。在高中阶段,目前我国执行的是学生规模普职比大体相当政策,基本上是初中之后,一半人进入普通高中,一半人进入职业学校。囿于社会对职业教育的偏见,许多父母不愿意让自己的孩子接受职业教育,这便产生了"中考焦虑",其后果是家长、学校、学生花费大量的时间、精力、金钱投入初中阶段的学习,让高考的压力前移。有考试就会有优有劣,又因为优质大学教学资源的稀缺性加剧了学业考试的压力。

第三,就业。就业不仅影响着个体的生活世界,也影响着个体的精神世界,对一个人的塑造深刻而全面。虽然职业不分高低贵贱,但工作岗位确实存在差异,获得一份体面的工作是每个人的梦想,然而现实中不是所有的人都能获得满意的工作。个体通过发挥自身的潜能实现人生价值,这是就业的最优状态,但由于个体对自身能力、职业理解认识的不充分,职业决策不科学等,很多个体难以发挥自身的价值。不同的个体在职业价值观、职业兴趣、职业性格、职业能力等方面存在差异,而不同的工作岗位有着不同的要求。如何合理匹配岗位要求是每一个人职业生涯需要面对的重要问题。

三、洞见了未来

回顾过往,人们年少的时候常会想,未来我会在哪里生活,会从事什么工作?但是当个体到了而立之年的时候,进入人生基本稳定阶段之后,个体想了解命运的渴望已经没有那么强烈,因为个体可以回顾过往时光里自己成长的经历和对命运的理解。至于未来是什么，个体仍然存在疑惑，但心态会淡然许多，不会再像少年时对于未来那样迷茫。因为个体知道，现在的就是未来的。

生涯规划正是帮助人们整理个体已有的资源，分析当下的环境，制定未来的目标，通过个体的努力遇见未来的自己。个体在进行生涯规划中，需要处理好以下几种关系。

1. 有知与无知

一个人就是一个信息库，在接收外界传递的各种信息时也在以某种方式向外传输信息，因为各信息库之间的不对称，就出现个体知道的和不知道的，在信息不完全的情况下选择何种方式去适应是对人生的考验。其实，不论是人们对未来的期待，还是对未来的恐慌，其根源是现实，是个体自身。

如果人们对未来可能发生事件的影响变量有了解、有掌控，知道未来发展的趋势，那人们对未来的恐慌感将会减少。根据已知的信息，运用一定的方法或规律去推理未来可能发生的事情，这是人们减少对未来不确定性事件焦虑的重要方法。人的认知是有限的，尽管近百年科学技术的快速发展让人类在自然面前看似已经很强大，但是人在浩瀚的宇宙里依然渺小，依然微不足道。就个体而言，社会的复杂程度是超出一般认知的，个体已经掌握的知识、技能和规律只是极小的一部分，需要借助一定的方法，在有限的生命里做出有价值的事情。

2. 个体与社会

随着社会分工的不断细化，人与人之间的关系越发紧密，一个人无法自给自足，需要通过参与社会分工换取个人生存发展的必需品。虽然分工提高了社会的生产效率，但也拉开了人与人之间的距离，穷人与富人、员工与领导、失意与成功等等，这些差距在代与代之间得到强化。个体想要规划好自己的未来就必须清楚自己拥有的发展资源在整个社会中的位置。有人曾说,人的命运其实是社会、家庭、自己各决定三分之一,年少时觉得命运在自己手里,中年时认为命运多半是受家庭影响的,年老时会发现是时代造就了自己。

个体的未来在群体中。一个人的能量是有限的,凭借一己之力去影响社会发展的人是伟人,而多数人是普通又平凡的,个体只能依靠自身的能力去改变局部,通过局部的变化去影响组织或社会。反过来,社会也通过有形或无形的手影响着个体的衣食住行、喜怒哀乐,让个体在适应社会发展中融入。可见,一个人想要了解自己的未来,不妨先去了解自己所处的社会即将走向何方,因为一个人的发展不可能逆着社会的发展方向,正所谓"顺之则昌,逆之则亡",历史的洪流滚滚向前。

3. 当下与长远

新生的婴儿借助时间的杠杆撬开了人生的大门。在时间的流逝中,一个生命从弱小到强大,从依赖到独立,从接受到创造,个体通过家庭及社会的影响成为能够影响别人的人。人们通过回忆过往来理解时间带给自身的变化,通过展望未来激发行动的力量,可不论怎样,人们永远活在当下,回不到过去也走不进未来。每一个人都有一把时间的尺子,也可把它称为时间尺度。不同年龄阶段的人,因为人生经历的多少,运用时间尺度的范围也有长有短。当然,即使一个人已经进入耄耋之年,他对生命的理解也未必深刻。换句话说,即使你拥有了一把很长的时间尺子,能否把它应用得恰当,则是另一回事情。

生命中有了时间这把尺子,个体可以通过放大或缩小来理解生涯的意义,特别是在遇到一件让人难以接受的事时,能够更好地进行取舍。比如,一门原本复习比较充分的课程,受各种状况影响,考试成绩不理想并且影响了自己的学业评价,大家很容易沮丧懊恼,坏情绪持续地影响着后续的学习生活。但是如果把这件事情放在人生中 10 年或 20 年的时间尺度里,就比较容易理解在诸多大的人生事件面前，这件事与个体的生涯没有太大的关系。从这件事情中吸取教训，避免以后再次发生，则可能让其成为人生成长的垫脚石。

4. 偶然与必然

影响一个人生涯发展的因素很多，概括起来主要是内部因素和外部环境两个方面。在多数情况下，个体对内部因素的控制是稳定的，但外部环境则是时刻变化的，变化的外部环境同样会传导到个体身上，将原本稳定的部分影响得不稳定，"情理之中，意料之外"讲的正是这个道理。结果的必然主要是指可控的、稳定的因素占据主导地位，偶然则是指不可控、不稳定因素影响了结果。

正如辩证法中所讲，必然性总是通过大量的偶然现象表现出来，没有脱离偶然性的纯粹必然性；偶然性是必然性的表现形式和必要补充，偶然性背后隐藏着必然性并受到其制约，没有脱离必然性的纯粹偶然性，两者在一定条件下可以相互转化。在人的生涯中，个体会由小变大、由弱变强，这是发展的必然，但是也有极小概率的事件，如疾病或意外阻碍这一必然过程。相信未来，是因为未来有无限的可能，如果人们对于必然波澜不惊，偶然又怎么会发生？当人们能够接受偶然和必然结果时，则标志着一个人的生涯发展成熟，因为个体已经能够理解发展背后的真实逻辑。

四、生命的四季

一年有四季，人生有起伏。

年少的时候，总希望自己能快一点长大。但当自己真的长大，进入职业世界后，又希望自己能回到过去，或者希望自己能快点退休，拥有足够多属于自己的时间。不论是希望自己回到过去，还是进入未来，其实都是对当下的一种不满。人们希望借助时间的改变,让自己也发生改变。但很多时候,在解决了旧问题的同时,也产生了新情况,因为人活着就会有需求,就会有欲望,欲望无法满足,人们就会产生困惑和烦恼。人们根据万物的变化,将时间分为春夏秋冬四季;其实在人的一生中,根据不同阶段、不同任务,也可以分为不同的季节。当然,这些阶段的划分是人为的结果,是为了方便大家了解和认识人生的起伏。

每一个个体的生命都是独一无二的,其发展历程也千变万化,但我们可以抽象地去寻找事物或现象的主要特征,在借鉴研究成果基础上,可以以20年为划分尺度,探讨生命的四季。

1. 生命之春,养成自我

20岁之前是个体生理发育的主要时期,人的各个器官及各项机能在这一阶段发育成熟,个体完成了生理的"我"的发展。在生理自我快速发展的过程中,个体的心理也开始快速发展,但是生理和心理的配合并不协调。劳拉·贝克认为,在所有的灵长类动物和所有的文化中,青少年期的生理变化都是极为普遍的。内在的压力和社会的期望总是伴随着他们——要求年轻人放弃幼稚的行为,发展出新的人际关系,承担起更大的责任,而这些很可能会促使青少年感到不确定,产生自我怀疑和失落感。

从生涯发展的视角分析,这一时期个体的首要任务是完成生理的成熟,并接受规范教育,掌握生存、生活的知识、技能,具备与人交往的能力。在个体内部,主要考察个体是否形成健全的人格,形成稳定且契合主流社会需要的初步的价值倾向;在个体外部,主要考察个体的学业成绩,个体是否顺利进入期待的学校接受专业教育。这一时期,个体对于生涯发展的认识尚处于萌芽期,通过职业体验活动、劳动教育及父母职业活动的影响,试图将自己的需要、兴趣、能力与社会关联起来,幻想和讨论可能的生活或工作。

2. 生命之夏，发现自我

多数人在21～40岁的时候完成结婚生子、成家立业等人生重大事件，开始承担更多的社会责任，养育子女、照顾父母、努力工作成为这一时期的主要内容。个体通过家庭的再生产及找到工作，进一步明确自己在整个群体中的位置。如果说，个体之前对自我的了解是局部或模糊的，那本阶段个体的能力水平便将真实地呈现在社会面前。这一过程帮助个体完成心理上的成熟，使个体对自我的认知更加理性、清晰。

随着个体的重心从学习转向工作，个体将一般性的职业偏好转化为明确的职业倾向，通过选定某个工作领域，正式进入职业世界。多数人在选择的工作领域稳定下来，也可能因为初次职业选择未能达到预期而进行工作的调整，逐步确立自身的职业目标并为之奋斗，这是个体富有创造力、在工作中容易取得良好业绩的关键时期。刘俊婉在《杰出科学家的创造力特性：基于科学计量学的研究》一书中统计435位诺贝尔自然科学奖获得者取得获奖成果的年龄，发现有279人取得获奖成果的年龄为31～45岁，占总数的64.14％。可见，这一时期是个体研究创造的黄金时期。

3. 生命之秋，发展自我

伴随着心理的成熟，41～60岁的个体的认知图式、行为模式、价值认同等已经稳定，在实践中以习得经验为基础的认知能力持续发展，在家庭生活、工作领域形成一套有效的运行方式。在家庭生活方面，多数人完成了照顾父母、养育子女的家庭责任，有较多的时间和精力享受生活；在工作方面，个体在自身擅长领域取得成就或走到领导岗位，拥有或可协调的社会资源、社会关系处于较高水平，能够影响组织的社会效能及团队其他成员的发展。个体通过持续努力获得生涯的发展和成就，开始接受自身的局限性，维持并巩固已经取得的职业地位，需要避免产生停滞感。

处于这一生涯阶段的个体，在享受个体发展中取得成就时，较少或不再寻找新的工作领域,而是沿着既定的职业路径继续前行,但也开始接受职业群体中新生力量和行业外部环境变化的挑战。一方面,个体需要借助自身经验优势,指导培养新人,或组建年龄、能力等结构合理的团队,发挥不同阶段人群在工作中的优势,完成自我的持续发展;另一方面,个体需要持续学习,掌握新的知识、技能,适应工作领域变革带来的挑战。

4. 生命之冬,接纳自我

60岁之后,多数个体的生理机能开始快速退化,生理的变化也加快心理能力、社会能力的衰退。个体开始退居工作二线或退休,工作活动的范围逐渐缩小以至消失。个体从原来工作中退出并完成角色转换,适应退休后的生活,活动范围主要集中在家庭、社区等,成为工作领域的旁观者。个体开始回顾生命的整个历程,理解生命的价值和意义,评价整个生涯中取得的成就和留下的遗憾,接纳自我并积极发展精神世界。个体从精神层面理解生理、心理、社会的"我",积极发展新的角色,寻找不同的生活方式来缓解职业缺失带来的不适。

五、孔子的一生

子曰:"吾十有五而志于学,三十而立,四十而不惑,五十而知天命,六十而耳顺,七十而从心所欲,不逾矩。"

——《论语·为政》

孔子在世时是一个人,离世后则是一座高山。孔子出生于公元前551年,逝于公元前479年,被葬于曲阜城北的泗水岸边。在寿命普遍较短的古代,孔子属于高寿,可谓人生七十古来稀,孔子在70多年的生命中经历诸多的历史事件,也帮助他从更大的时间尺度理解生命的价值。在空间方面,孔子离开鲁国以后，率弟子周游列国，辗转于卫、曹、宋、郑、陈、蔡、叶、楚等地，在地理空间上有较大的活动范围，有机会了解当时不同国家的政治经济、文化民生。孔子一生的时空跨度在当时是不多见的，这也是其精神形成的现实基础。

孔子的思想塑造了 2500 多年来中国知识分子的精神世界，影响了东亚文化圈，使其成为世界级的文化巨人。清末张之洞高度评价孔子及其学说，认为孔门之学，博文而约礼，温故而知新，参天而尽物。孔门之政，尊尊而亲亲，先富而后教，有文而备武，因时而制宜。孔子集千圣，等百王，参天地，赞化育，岂迂陋无用之老儒，如盗跖所讥、墨翟所非者哉！可见，孔子及其学说对后世的影响巨大。他的一生也成为后世中国人一生发展的标杆。孔子晚年回顾自己的一生，将其概括为六个阶段，即志于学、立于世、不迷惑、知天命、可耳顺、不逾矩，并指出每个阶段自己达到的境界。

从能量的维度看孔子的一生，会发现志于学、立于世属于孔子人生的第一阶段，通过学习将外在的能量集聚于自身而有立身之本；不迷惑、知天命属于孔子人生的第二阶段，自身内部的能量由低级转向高级，完成自我精神境界的跃升；可耳顺、不逾矩属于孔子人生的第三阶段，他的精神能量由内向外，不仅教育了一批贤达的学生，完成了《诗》《书》《礼》《易》《乐》《春秋》等六经的修订工作，更重要的是他用自己的德行践行自己的信仰。

1. 志于学

孔子三岁的时候父亲叔梁纥去世，之后他跟随母亲过着清贫的生活，但他没有因为生活的不易而成为谋稻粱的普通人，而是在 15 岁时立下做学问的志向，这也成为其人生迈向更高境界的开始。《毛诗序》云：志者，心之所之也。从"志"字的结构看，志者，士之心也。立志在生涯发展中属于确立人生目标范畴，孔子在 15 岁的年纪就立下人生的志向，这大概是圣人之所以为圣人的原因之一吧。孔子说："三人行，必有我师焉；择其善者而从之，其不善者而改之。"孔子不耻下问,知道学习对自身发展的重要性,并能够辩证地看待学习对象的优点和不足,他有海纳百川之胸怀,这使他能够掌握诸多的知识技能,不仅为日后成为教育者奠定基础,更为日后参与政事积累社会经验。

2. 立于世

孔子 17 岁时母亲颜徵在去世,19 岁时娶宋国人丌官氏之女为妻,20 岁时生子孔鲤。这时期,与孔子相依为命的母亲去世,同时他也娶妻生子成家,他的家庭成员发生重大变化,这对孔子产生较大影响。孔子 20 岁时做季平子家臣,先后负责仓库、畜牧等基层的管理工作,虽然是基层工作,但孔子做得很好。在经历过家庭成员变化、开始职业生涯之后,孔子逐渐清楚自己要做的事情是什么。刘向《新序》说:"孔子年二十三岁,始教于阙里。"孔子开始了他一生的教育事业,传道授业、立馆教徒。这标志着孔子的志向开始落地生根,他将自己的学转化为教,经过一定时间和实践的检验,教育成为孔子生命中的重要部分。

3. 不迷惑

孔子入齐,做齐国贵族高昭子家臣,后齐景公问政于孔子,他回答"君君、臣臣、父父、子子",受到齐景公的赏识并将获任用,但受齐相晏婴阻挠,孔子没有得到任用,不得不再次回到鲁国。孔子入齐虽然没有达到从政施展自身国家治理能力的目的,但是见齐景公这件事也从侧面反映了孔子当时的才能和名望已经很高。随着孔子的学问日渐完善,他的名气也越来越大,许多优秀向学的年轻人前来追随。孔子在经历诸多事情之后,已经有了较为清晰的判断力,不再迷惑和动摇,知道自己追求的是什么,希望达成的又是什么。

4. 知天命

50 岁之后,孔子进入了人生职业生涯的高光时刻,51 岁时担任鲁国中都宰,52岁时升为鲁国司空、大司寇,他负责鲁国国君参加的"夹谷会盟",在会盟中他完全按照"礼"办事,使齐景公深感惭愧并归还鲁国三座城池,这创造了鲁国外交史上前所未有的成就。54岁时,他受季桓子委托摄行相事,为提高国君的权威,提出"堕三都"的主张,削弱鲁国实际掌权三家大夫的权力,结果不尽如人意。在孔子短暂的从政生涯中,他的治国才干得以发挥并得到认可,这也说明孔子的治国思想是可以服务现实国家治理的,但是他也意识到并不是正确的思想就会得到采纳。孔子进一步理解和认识自己的一生,一方面接受了自己的有限性,另一方面明确了自己的可能性,不会因为自身的有限性去否定可能性,也不会因为可能性而忘记自身的局限性。

5. 可耳顺

60岁到70岁的孔子处于周游列国时期,这一时期,是孔子职业生涯高光之后的低谷,虽然他积极向各国国君介绍自己的治国思想,然而他在各国均未获重用,经历的事情比以往更加凶险和艰难,先后有过宋之危,险遭杀身之祸;有与弟子失散,若丧家之犬;有受困陈蔡,绝粮七日等,孔子游历列国期间多次面临死亡威胁,也听到各种各样的声音。其间,孔子到了郑国,与弟子走失,独自站在城郭的东门。郑国人告诉子贡说:"东门有个人,样子不怎样,失落得好比丧家之犬。"子贡把郑国人的话如实告诉孔子,孔子欣然笑道:"样子说的未必是,但说像丧家之犬没错。"这反映了孔子的心态已经发生很大变化,他不再用"礼"的标准衡量听到的话,而是去发现话中说得对的部分。

6. 不逾矩

在人生的暮年,孔子以国老的身份回到了鲁国,这个时候的孔子已经没有了从政施政的热情,他将自己的主要精力集中到教书和著述。但是他的孤独和悲伤却越来越多,早年追随他的多数弟子已经离开,死的死、亡的亡。颜回年二十九而发尽白,在贫病中早死;子路在卫国内乱中被剁成肉泥,惨烈而死;儿子孔鲤先孔子而亡,孔鲤之妻改嫁。虽然孔子经历了诸多的打击,但他的内心依然坚定,做的事情合乎规范而不违反礼制。孔子死后,他的弟子为其守墓,从墓而家者上百。

孔子用一生的德行影响世人,成为中国乃至世界的圣人。

六、庄周的追问

> 吾生也有涯,而知也无涯。以有涯随无涯,殆已!已而为知者,殆而已矣!为善无近名,为恶无近刑,缘督以为经,可以保身,可以全生,可以养亲,可以尽年。
>
> ——《庄子·养生主》

人的生命是有限的,然而知识却是无限的,用有限的生命去追寻无限的知识,就会有危险。既然已经知道这样的道理,还要去追寻无限的知识,就会处于危险的境地。做好事不为名声,不做坏事、不触犯刑律,顺着自然规律行事,可以保养身体,可以保全天性,可以赡养父母,可以尽享天伦。

很多人从字面上理解庄周的这段话,又限于古文与现代白话文的隔阂,以及文字书写年代的久远,社会生活的背景已经发生很多变化,人们对这段话的阐释也存在分歧。其中,人们对"知"理解的分歧尤大,有的人认为应当作"知识"解,有的人认为当作"觉知"解,还有的人认为"知"通"智",各自寻找出证据,这让人们更加迷惑了,庄周究竟想表达什么意思?文字作为一种交流的工具,因其以抽象符号表征事实的特点,方便了思想、知识、技术、历史等的记录。但也因为文字的模糊性以及个体背景知识的差异,人们对同样的文字、书籍有着全然不同的理解。

被记录并流传下来的文字,从书写出的那一刻已经不再只有作者赋予的内涵了,在传播扩散中,不同的人会倾注不同的情感及认知。不论怎样,文字作为一种特定的刺激，激发人们已有的认知、经验，促进个体对某一问题的理解和思考，这便是读书的价值，因为学习的意义正是建构。如陶渊明在《五柳先生传》中讲的"好读书，不求甚解，每有会意，便欣然忘食"。正是这个"会意"为读书平添了更多的惬意，多了智慧的启迪，若是为了章句正确、应付考试，那读书反而更机械、更简单了。

将庄周这段话抽出研读，一个重要的原因便是，我在"职业生涯规划"这门课程中阐释生涯内涵的时候，认为"生涯"一词的词源就是庄周的《养生主》这篇文章。同时，这段话讨论有限的生命与无限知识的关系，进而强调在有限的生命历程中实现人生最大的价值需要进行规划，不然就会是用有限的生命追寻无限知识，是危险的。既然有危险，那个体应该选取怎样的策略？基于个体生涯发展的视角，可分为以下两种情况。

1. 有涯随无涯应有忧

每个生命都是有限的，这是不争的事实，宇宙及其蕴含的道理是无限的，这也是事实，这两个事实人们都无法改变，那有限的生命应该以怎样的态度对待这无限的宇宙？这便涉及个体的世界观和人生观。宇宙不因人的意志而有丝毫的改变，地球在浩瀚的宇宙中是极其渺小的，甚至可以忽略不计，正是因为有了具有高级思维的人类，地球才显得稍有不同。人类的思维和想象似乎可以去接近宇宙的真实，这也是人类最了不起的地方。

虽然人们尚未完全掌握宇宙的运行规律，但这并不影响当下及未来很长一段时间内人类的生存，个体掌握知识的多少并不能从根本上影响这个人能不能存活。在生命进化过程中，人类的基因已经携带了个体拥有的各种本能和可能，让人类有了更多探寻的可能，这成为人类创造文明、构建社会、发展技术的支撑。但是，人类在认识世界、改造世界的过程中也越来越相信自己，将自己视为上天在人间的代理人，甚至相信自己能力的无限。

结果是科技的发展不仅帮助人类创造出更多可以享用的东西，也带来诸多的社会问题、环境问题,人类发明了摧毁自己的核武器、发明了自己也无法降解的化学制品,越来越多人为的东西出现在社会生活中,结果出现了技术的发展超出人类控制的迹象。当然,对个体来说,这些问题不是"我"导致的,"我"也无法解决。但地球上存在的社会问题、环境问题与每一个人相关,人类需要意识到问题并积极去解决。

在人漫长而短暂的一生中,人们拥有的时间、精力、认知等都是有限的,人类社会又要求每个人参与社会的构建和发展,而人的欲望更催促个体与其他社会成员分工合作,获得生存生活的各种资源。个体的生涯发展是以人类发展为背景的,在代际的承前启后中完成属于自己的使命。个体意识到自身的有限并顺应事物发展的规律,是避免处于危险境地的关键,正所谓"以有涯随无涯,殆已"。

2. 有涯随有涯应有专

人类社会是"大我",个体是"小我",人类的发展是必然,但个体的发展在必然中有偶然的可能。个体有限的生命在社会中获得发展需要参与分工,在生涯发展中就是指要找到工作并创造社会价值。在个体周围充斥着各种信息,在职业选择时有各种可能,个体怎样选择才能实现最优的结果,这是生涯发展的核心主题。个体在发展过程中,有学习诸多专业知识的可能,但个体的时间和精力毕竟是有限的,只能根据自身的兴趣、爱好及先天条件选择一个或若干领域。

在现实中,一个人终其一生一事无成,很多时候不是因为自身没有能力,而是没有专注。有这样一位长辈,为人聪明又世故,学什么像什么,他先后做过木匠、跑过生意、卖过保险、开过饭店、开过养猪场等等,做过的事情多是有赚有赔,觉得这一行不行就转下一行,结果没有一项事业是坚持超过五年的,他就这样来到了晚年。他与年轻人交流道,一辈子做过这么多事情,总结为"多学少成,没有定力,一事无成"。

《傅佩荣讲庄子》一书中有"如果你眼中只有一样东西，这东西就会变得无限大"的观点。个体用自身有限的时间和精力只做一件事情，将这件事情做到极致，那便是将人生的潜能开发到了最大。一家洗车店墙上写着"专业是基础，专心是态度，专注是能力"的文字，不少人觉得这家店的老板有见识。一个人想拥有专业的知识和技能，就必须经过严格的训练，按照规则来操作，将技术转化成本能，最后一切就会变得轻松而自在。事实上，技巧高超的人，其实都预先进行过严格的训练，依照规则操作。到最后，规则内化为本能，让人看起来像是本来就会的一样。只要一个人专注在一个目标上，时间久了就可以看到惊人的效果。

七、孙武的兵法

故曰：知彼知己者，百战不殆；不知彼而知己，一胜一负；不知彼不知己，每战必殆。

——《孙子兵法·谋攻》

既了解对方又了解自己，那么每次行动都不会有危险；不了解对方只了解自己，那胜负难定，有可能成功也可能失败；不了解对方也不了解自己，每一次行动都会失败。《孙子兵法》中《谋攻》篇最后的总结，是主动作战中行动要领的高度总结，这不仅成为军事领域的经典，也成为人们生活中做事的法门。

如果说，"孔子的一生"指向本体论，"庄周的追问"指向知识论，那"孙武的兵法"则指向方法论。孔子用一生的德行生动注释生命的价值，而庄子思考人生的有限和知识的无限，孙武强调的则是要了解对方和了解自己，这是做事的具体方法。不论是面对战争，还是存在竞争或有得有失的情况，个体或组织都需要掌握全面的信息以及事物发展的趋势，才能做出合适的选择，采取得当的行动。

1. 知彼与知己

一项活动的开展，主要涉及内部和外部两个方面，内外力相互作用推动事物的发展，最终产生一定的结果。人们常说，世界上最难的事情是认识自己，但相较于了解外部环境，认识自己可能还相对容易。通常个体或组织的内部情况是相对稳定的，而外部环境则是个体或组织之外的全部环境，存在较多的不可控因素，个人或组织掌握这些动态变化的信息更加困难。人们日常生活中使用的"知己知彼"一词，其出处是《孙子兵法》中的"知彼知己"，虽然只是词语前后位置的变化，但也可以看出作者和后人对知己和知彼顺序的略微差异。

高考志愿填报便是一个有趣的例子，我国恢复高考之后，填报高考志愿的时间有多次调整。起初是考生在高考前根据自己的学业水平和兴趣填报志愿，然后参加高考，高校根据报考学生的成绩录取；随着考生规模的不断扩大，部分地方开始实行先高考后估分再填报志愿，高校根据高考成绩进行录取，考生是在不知道自己分数的情况下填报志愿，很容易出现高估或低估分数的情况；后来，改革为高考分数和控制线发布之后再填报志愿，虽然也存在集中报考某所学校的情况，但报考的不确定性大大降低。由此可见，知彼知己在人生选择中的重要性。

知己是个体或组织向内部剖析自身基本情况，了解已经拥有的资源和具备的条件的过程；知彼则是个体或组织向外收集信息，了解对方参与本次活动的资源和条件的过程。在生活中，知彼的重要性应放在知己前面，因为在信息技术迅速发展的当今社会，人们的身边充斥着海量的信息，合理筛选信息是有效工作的重要前提。在一个组织中，要求基层员工有技术技能，主要处理简单信息或静态信息；要求高层领导能做出方向决策，主要处理复杂信息或动态信息；而要求中层干部能协调管理，处理的信息介于基层员工和高层领导处理信息的中间。这反映了职业层级与信息处理之间的内在联系。

2. 胜败与不殆

双方进行较量，结果可能为胜利、平手、失败三种结果。孙武在论述敌我双方的时候，指出知彼知己的结果是"不殆"，即没有危险，而不是说胜利；知彼不知己的结果是有胜有败，情况不能确定；不知彼不知己则一定失败，因为这是盲目的行动。但这一观点在流传中发生了变化，由"知彼知己，百战不殆"变成了"知己知彼，百战百胜"，变化的不仅是知己与知彼的顺序，更为关键的是同样的前提却指向了不一样的结果。一个是"不殆"，一个则是"百胜"，意思完全不一样，"不殆"是指处于没有危险的境地或没有失败的状况，是介于失败和成功之间的一种状态。"百胜"讲的是所有行动全部获得胜利，这在现实中是很难实现的，在一定程度上，百战百胜是用来激励群体去完成某一项行动的口号，而非事实。

在个体的职业生涯中，对于就业而言，可以说成功或失败，但在职业的发展中多数时候是处于没有危险的状态。个体应该辩证地看待职业发展中的成败，不论是成功还是失败，个体都可以从中汲取后续发展的经验，正所谓"前事不忘，后事之师"。林肯说："我主要关心的，不是你是不是失败了，而是你对失败是不是甘心。"成功是人们追求的，失败是大家不希望的，但是成功和失败都只是事物发展到一定阶段的结果，随着双方力量的变化，此一时的失败可能会成就彼一时的成功，反之亦然。

3. 方法与结果

知彼知己是方法，百战不殆是结果。有了正确的方法才有可能获得预期的结果，想要成功或者避免失败，就必须做充分的准备，选取恰当的路径，确保事物朝着预期的方向推进。在个体的生活、工作中，人们根据具体的事项选取合适的方法，比如一名大学生想要某门课程成绩获得优秀，就需要认真听课、高质量完成作业,并清楚老师的考核方式。但随着社会的快速发展,方法与结果之间的时间距离在变长,人们在付诸行动后需要很长的时间才能得到结果或反馈,结果可能是以抽象的形式呈现,这会影响个体的参与积极性和投入程度。

在农业社会,农民通过春种夏耘,在秋天收获,在冬天休闲,农民的劳动对象直观可见,生产的粮食也在收获的季节呈现在农民面前。在工业社会,工人参与组织的分工,负责整个生产流程的某个环节或部分,机械重复地进行生产,以货币的形式得到回报。在现代社会,职业人参与产品生产或服务过程,最终个体的劳动报酬以数字的形式反映在银行或者其他账户,个体看到的是抽象化的货币数额。可见,伴随社会及技术的发展,人们劳动过程与结果之间的时空距离在增加,更为重要的是这样的社会活动也在快速增加,人们失去的不仅是及时的反馈,还有更重要的行动热情。

生活中,越来越多的人愿意去玩电子游戏,而不愿意去做有氧运动。从方法与结果的维度思考不难发现,游戏吸引人的或许不是赢,而是每一次行动后的即时反馈,一个又一个即时的反馈让参与者获得赢的快乐或败的沮丧。但是社会组织的很多活动都是无法在短时间获得反馈或得到结果的,小孩子不能理解每一天努力学习对未来意味着什么,一个员工也无法明确努力工作后单位会怎样对待自己。这需要个体在生涯发展中,理性地理解方法、过程之于结果的价值。

八、舒伯的彩虹

舒伯是美国著名的心理学家,对职业生涯发展理论有着深入研究,其成果对职业指导产生了广泛而深远的影响。舒伯认为,生涯是生活中各种事件的演进方向和历程,它统合了人的一生中的各种职业和生活角色,表现出了个体独特的自我发展形态。20 世纪 80 年代，舒伯围绕生涯发展的主题在英国进行了系列跨文化研究，在生涯发展阶段理论基础之上提出了生活广度、生活空间的综合生涯发展观。他将"角色理论"的概念引入并丰富生涯发展的内涵，指出在人的一生中，个体需要扮演子女、学生、休闲者、公民、工作者、持家者等多个角色，个体生涯发展阶段与承担的角色之间相互作用、彼此影响，并将生涯阶段作为横向维度，个体角色作为纵向维度，创造性地绘制了生涯彩虹图。

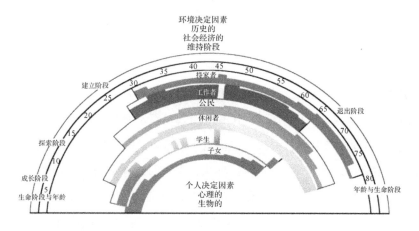

生涯彩虹图

从生涯彩虹图中，可以发现每种角色在生命历程的不同阶段所占据的分量是不同的，比如学生身份在成长阶段和探索阶段占据的比例较大，就要画得宽一些；进入工作岗位之后，学生身份减弱，工作者的身份会加强，那学生的比例要画得窄一些，工作者的比例要画得宽一些。事实上，个体在绘制生涯彩虹图的时候，对已经发生的生涯历程是得心应手的，能够选取角色开始的起点，根据个人精力投入情况调整宽窄度，但对于未来尚没有经历的，个体对其精力的投入是不确定的，这需要个体理性地思考，认识到生涯彩虹图的适用限度。

1. 维度的分析

生涯彩虹图是综合阐述生涯发展阶段与角色之间关系的生涯工具。个体在生涯发展进程中,受到个人决定因素与环境决定因素等方面的影响,其中个人因素主要包括意识、态度、兴趣、需要与价值观、能力等心理因素,以及生物遗传等生理因素;环境因素主要包括历史、政治、经济、文化、科技等社会因素。个体在内部和外部两方面力量影响下实现生理、心理、社会等的发展。人们可以从时间、空间、身份等维度分析生涯彩虹图:从时间的维度可以分为五个阶段,即成长阶段、探索阶段、建立阶段、维持阶段、退出阶段;从空间的维度可以分为四个场域,即家庭、学校、职场、社会;从身份的维度主要可以分为六种角色,子女、学生、休闲者、公民、工作者、持家者(父母、夫妻)等。

2. 阶段的划分

人的心理发展与职业发展紧密相关,个体心理发展所处的阶段影响职业发展阶段。在借鉴布勒相关分类基础上,结合自身“生涯发展形态研究”成果,舒伯将人的生涯发展阶段划分为成长、探索、建立、维持、退出等阶段,对各生涯阶段进行描述,并指出生涯发展的主要任务。人一生的发展是持续连贯的,个体在不断量变中产生质变。需要指出的是阶段的划分是相对的而不是绝对的,不同的学者基于不同的理论会划分出迥异的发展阶段,但各种划分多数是基于年龄进行的,有各自的适用范围。

3. 角色的能量

在人的一生中,随着个体社会关系的不断延伸,个体扮演的角色逐渐增多。各种角色之间相互作用,一个角色的成功将会为其他角色提供良好的基础。但是,在一个角色上投入过多,就有可能导致其他角色的失衡。生涯规划的作用主要是对自身未来的各阶段进行调配,做出各种角色的计划和安排,使个体成为自己的生涯设计师。每个人都扮演着不同的角色,承担着不同的责任。赤橙黄绿青蓝紫，谁持彩练当空舞？不是别人，正是自己。从绘制生涯彩虹图到走上多彩人生，每个人都需要通过脚踏实地，把理想一步步变为现实。

九、大学的意义

社会的发展让原本属于贵族的教育走近了寻常百姓。现代大学起源于西方，我国兴办现代大学肇始于清末京师大学堂，这也是北京大学的前身。在一段时间里，中国的高等教育属于精英教育，大学也是公众观念中追求真理、钻研高深学问，以及永远站在理解与反思社会的制高点的地方。读大学，成为许多人或一个家庭几代人的梦想，直到1999年后，我国高校开始大规模扩招，越来越多的人才有机会走进大学，走进梦寐以求的地方。

美国的马丁·特罗将一个国家或地区高等教育的毛入学率作为划分其高等教育规模及发展程度的量化指标。他认为毛入学率15％左右属于精英教育阶段，毛入学率15％～50％属于大众化教育阶段，毛入学率超过50％属于普及化阶段。他强调高等教育进入大众化阶段之后，大学的性质会发生改变，这也是一个国家或地区高等教育社会功能转变的关键指标。我国的高等教育毛入学率从1991年的3.5％到2002年的15％用了十年左右的时间，再到2019年的51.6％，高等教育从大众化进入普及化经历了17年，用了差不多一代人的时间完成了高等教育的快速发展。

正是因为这样的快速发展，现在社会上很多人对大学的印象还停留在精英教育阶段，认为大学生是"象牙塔"里的天之骄子，因为精英教育阶段的高等教育带来的成长收益是前所未有的，读大学有国家补贴，毕业之后国家包分配工作，大学生在社会上是供不应求，一个人考上大学等于有了人生保障。但在高校快速扩招的背景下，高等教育的数量规模逐年增大，每年走进社会的大学生有数百万之多，大学生就业压力也随之加大。就在短短的 30 年里，大学从"走进来难，走出去容易"变成了"走进来容易，走出去难"，高等教育也逐渐被理解为一种消费和服务。

既然大学已经如此，那读大学的意义又是什么？可以从梦想、生涯、觉知等几个维度来思考大学对个人的价值。

1. 梦想起航的地方

年少的时候，很多人把大学当作梦想的终点，考上一所理想的大学似乎人生就无忧或者近乎圆满了。但从生涯的角度来看，读大学只是个体持续发展中的一个阶段，大学毕业之后面临的是就业、结婚、生子等人生其他重要命题，可见，读大学只是个体实现人生梦想的一个小目标。在现有高考制度影响下，大多数学生高考之前受到的教育是以应试教育为主，对个体未来要做什么、自己能做什么等问题缺乏深入而详细的思考；进入大学之后，开始接受专业教育，大学生需要学习专业知识、掌握专业技能，了解所学专业主要面向的就业岗位，纵然现在专业对口就业率已经不再作为考量专业人才培养质量的指标，但专业学习对个体的职业认知还是产生着深刻影响。

梦想或许遥远，但从来不空洞，追逐梦想的过程本质上是个体不断完善自我、发展自我、成就自我的过程。大学区别于中小学阶段教育的一个重要特点正是个体可以选择适合的方式发展自己。麻省理工学院的维斯特校长说，人们一生的学习方式都将受到数字媒体、互联网以及尚在开发中的设备和系统的深刻影响。对此，很多人深信不疑。但是，让人更加深信不疑的是，住宿制大学仍然是社会的重要组成部分，它能够为学生提供最集中、先进和有效的教育，天资聪慧、富于创新的年轻人与同学同住，又有乐于奉献的教师朝夕相伴，由此产生的魔力是机器无法取代的。交往的人群中有志同道合者，学习的内容里有未知世界，时间的安排上有足够的自由，个体正在学习生活中完成自我梦想的描绘，开始进行更有针对性的活动。

2. 生涯转折的地方

大学是大学生从学校走向职场的练兵场,虽然大学是学校,但其组织方式、教学方式、学习方式、生活方式等较之中学都有明显变化,也更接近职业世界的真实情境。如果说中学老师是"警察",大学老师则是朋友;如果说中学是"要我学",大学则是"我要学";如果说中学的"学习知识"后面是句号,那大学的"学习知识"后面更多是问号;等等。这些转变需要个体做好规划以及适应。这对学生自我管理提出了更高的要求,很多事情需要自己做出决定并合理安排。

大学生是准就业者,接受专业教育的过程也是帮助个体从学生身份转换到工作身份的准备过程。大学生接受的专业课程教学是形成职业能力的前提,也是个体完成工作准备、形成个体就业能力的基础。正如一位金融管理与服务专业学生在银行实习周记里所讲,学习是一个不断日积月累的过程,在实习中学习,在学习中进步。学无止境,贵在坚持,在实习的过程中发现自己的不足,然后才能在今后的工作中不断地提高自己。大学期间的实习正是学校开展实践性教育教学的方式,帮助学生走进行业企业,了解工作内容,熟悉岗位任务,在具体的工作过程中将在大学学习的专业知识、技能等综合应用于生产、服务、管理等过程。

3. 认识自我的地方

人们一直在发展变化,所以认识自己并非易事,更何况这些微小的变化让人难以察觉。大学的生活与中学的生活有着较大的不同,很多人第一次离开熟悉的城市,来到一个陌生的城市;第一次和来自天南海北的同学生活在同一个寝室,没有了单独的生活空间,这是个不小的挑战。虽然多数人能够适应寝室集体生活,但是也有人在寝室集体生活中感到十分煎熬,大学的班主任、辅导员常常需要为此调解寝室矛盾,避免寝室成员关系的恶化。其实问题不只是生活空间缩小了,更关键的是要去理解日常生活中如何与人相处、换位思考、尊重彼此，以合适的方式处理寝室关系，完成在与人近距离接触时的自我觉知。

大学之前的同伴主要因为地缘而聚集，大学内的同伴则是以学习内容、学习兴趣、学习志向集聚。个体在社交过程中形成的人际关系网，也反映自身兴趣、爱好、价值观等个性特征。在职业生涯发展中，大学同学因为学习相同专业，进入职场后多数人在相同领域，成为交流合作的基础；同时，大学注重利用校友资源，开展校友讲堂、校友返校等活动，这也帮助大学生了解往届毕业学生的职业发展情况，在一定程度上帮助大学生确定目标职业，树立职业发展榜样，看见未来自己的可能。

"教育是让一个人成为更好版本的自己"，《大学的精神》的封面如是写道。

第二章　走进我的世界

一、我的大事记

树有根，人有格。在芸芸众生中，好像人与人没有什么差别，都是一样的为衣食忧、为住行愁，都是一样的为利来、为益往；可是在互动交往中，我们会发现每一个人都不一样，用同样的方式对待不一样的人，得到的反馈也是千差万别。人有许多共同点，也有诸多不同点，这就是人，独立而自主的人。

我从哪里来？我为什么会成为今天这个样子？我以后又会变得怎样？这些问题看似简单实则难以回答，吴芝仪在《我的生涯手册》中说，每一个人的现在，都是基于过去的学习经验，受过去发生的人、事、物的影响甚为深远，并以过去经验中所建构出来的想法和观念作为基础，再去理解和诠释新的经验，扩充了自己的认知体系，也形成了自己所坚信的真理。一个人现在的样子，大概多是过往生活学习经验造就的，今天的我从昨天走来，正是被持续不断的经验累积塑造成现在的模样。所以，想了解一个人，请了解他的过去；想看见他的未来，请了解他的现在。

虽然人们每天都在经历各种各样的事情，接收各种各样的信息，这些直接或间接的经验都在影响着人们,但是那些留在记忆深处的重大事件和生活经验,将在岁月的打磨下变成人生的珍珠,串起一生的幸福。我读过不少名人传记,读后总是感慨主人公的伟大,也在想他们之所以能成就不平凡的事业,从很多成长阶段的事件就可以窥探出来。可是,多数人都是平凡的,那我就以自己成长中经历的事件为例子,来探索我之所以为我的缘故。回顾过往,到目前为止有以下几件事情影响着我的成长,让我感受到生命的奇妙与美好。

事件 1:血小板减少。

那是春节期间,我大概七岁,在年三十儿下午,我跟着家里的长辈去祖茔上坟,我走在父亲的前面,父亲突然叫住我,问:"你脖子上怎么有红斑?"我老实地立在那里让父亲检查,父亲看了也没有说什么,直到回家后,父亲跟母亲讲了这件事情,我意识到好像没有那么简单,事实也是如此。父母先是带我去村卫生所,医生说他们看不了,赶紧去医院吧。后来,母亲带我去村子附近一个大型国有煤矿的医生那里,医生看了症状之后说是"血小板减少",给我打了针、开了药,好像是有效的。但父母还是不放心,在过了正月初五后,又带我去了新乡卫辉的一个大医院,我至今记得医院病房、医生治疗、用餐吃药等很多细节,大概住院一周后,医生确定没有问题,我才出院回家。

这是我第一次出远门,第一次住院,第一次和家人分开那么久,第一次在冬天吃到番茄炒蛋配米饭,还有很多第一次。这次生病对我而言意味着什么?我想,是这么多的第一次让我知道了世界好大,村子外面还有一个世界。

事件 2:放牛也有危险。

那时,农村孩子的童年不用上兴趣班,不用去游乐园,更不用背书习字,我的任务是假期周末去放牛,或帮家里做农活和家务。自由地跑在田地里,逍遥地躺在山坡上，是那么惬意，那么安心。至今我还认为，把牛赶到山坡上吃草，然后找个阴凉处休息是第一等的幸福。但是所有看上去没有问题的事情，也会在某个时候遇到意外。那一天，我牵牛走到一个废弃的矿井附近，因为矿井荒废许久，井口的草因为少有人打扰而十分茂盛，我家的牛一点一点地靠近井口，当我意识到可能有危险并用力拉缰绳的时候，牛以为我阻碍它吃丰茂的草而执拗地把头一甩，我感觉整个人都要被甩到井里去了，几乎都到了井口的边缘，于是我赶紧松了缰绳往后退，退到安全的地方才感觉到自己的心要跳出来了，久久不能平静。

现在想想，还是后怕不已。那次遇险让我知道小心谨慎意味着什么，大家都不去的地方就不要去，看上去美好的东西或许距离不美好也很近。

事件3：名单里居然有我。

读小学的时候，我们的班主任非常严厉，她的严厉在学校都是有名气的。她一直教我们到五年级的时候才出现了新情况：她要去教六年级，而原来六年级的老师来教我们。两人互换年级的原因是六年级的那位班主任管不住班级，班级秩序近乎失控，听到这个信息后大家着实开心坏了。新来教我们的老师真是温和，还组织主题班会，我们课堂上问题回答得好还会被表扬，我突然发现语文学习这么有趣。直到一次语文测试，我拿到了班级第一名，我才知道自己的学习并不糟糕。但这位老师只教了一年，我们六年级的时候原来的班主任又回来了，大家的学习状态也又回到了五年级以前的样子。直到小学升初中，我才再次被老师关注。当时，我考的初中是鹤壁第十中学，升学前有一次摸底分班考试，我认真做完了试卷，直到考试结束铃声响起，我才停止检查试卷。结果令我身边所有的人意外，我居然考进了当年300人中的前20名。

这是我人生的一次转折，父母开始关心我的学习，老师开始时常给我鼓励，我也开始相信自己可以学习得更好。在父母的期待中，我有了读大学的梦想;在老师的教导中,我有了考班级第一的念头,学习中的成就感让我对学习有了追求。

看上去毫无征兆发生的事其实早有苗头,只是当时没有被发现罢了。个体成长过程中经历的各种事情,或多或少、或深或浅地影响着发展。或许,个体在过去因为缺乏自主意识,在外部环境的影响下形成了现在的自己,那么今天个体可以好好回顾曾经发生过的大事,剖析这些大事对个体产生的影响,特别是对自身不满意的地方,可以借助今天自我的觉醒去重塑或再造。如吴芝仪所说,如果你知觉到身上背负着沉重的枷锁,而钥匙仍在别人那里,你可以选择继续痛苦无奈地过完这一生;也可以选择为自己打造一把新的钥匙,解开自己的枷锁,卸下别人所加诸的负担,让自己未来更有机会对这一生感到满意。

为了能在生涯发展的道路上走得更远,不妨先回顾自己的过往,写下自己的大事记并分析这些事件对自身产生的影响。个体通过认识自我,知我所爱、知我所能、知我所想,从而在人生的大海上掌舵远航!

二、镜子里的我

生命存在于地球上是宇宙的一个奇迹,人类会思考又是地球生命中的一个奇迹。人类不仅拥有一般动物的本能,还有追求精神世界的能力,还会思考"我是谁"这样的问题。千百年来,不论是战国庄周的梦蝶之惑,还是古希腊斯芬克斯之谜,乃至现代心理学的发展,对人的心理活动的科学研究,以及生物工程、社会学等学科的发展,都让人类越来越了解自己。但人类基因携带的信息超出了人们的想象,人类的复杂也恍若另一个宇宙。人自己仿佛就是一条永没有尽头的隧道,越挖越深,也越让人困惑。

人有一双看世界的眼睛,却不能直接看到自己,必须借助一定的工具和方法才能部分地看到自己。1909 年，库利在《社会组织》一书中提出了"镜中我"的概念，他认为人的行为在很大程度上取决于对自我的认识，而自我认识是在个体与他人的社会互动中形成的。他人对待自己的态度、给予的评价及其他反馈就是映照自我的一面镜子，个体借助这面"镜子"认识自己、发展自己，成为更好的自己。

镜者，境也。每个人都有四面认识自己的镜子，也是生涯发展中的四重境界，第一面镜子是穿衣之镜，看见个体的样貌，或美或丑、或高或矮、或胖或瘦，借助这面镜子可以照见自己，是"先天之我"；第二面镜子是他人之镜，社会人会在社会交互中留给他人各种各样的印象，他人也会直接或间接、正向或负向地给予反馈，是"社会之我"；第三面镜子是量表之镜，在心理学、社会学、人类学等的发展中，科学家编制了诸多量表，或发明了科学仪器，用专业的工具阐释我是谁，是"科学之我"；第四面镜子是自省之镜，人会思考，可以将经验进行反思，可以对自我进行调节，通过新的行为塑造新的自己，是"后天之我"。

1. 穿衣之镜

整理容装时，个体需要一面镜子来看自己是否装扮合适，镜子帮助人们以一个自己满意的形象呈现在他人面前。通过这面镜子，人们可以看到外在的我。我站在镜子前，仔细地看自己，不仅看到了我的容貌，也看到了我的装扮。容貌多是先天的，或者以先天为基础的，虽然现在整容技术已经可以将一个人改变得面目全非，但对多数人而言，天生的容貌将伴随一生。在年轻人的语境中有"颜值""颜控""外貌协会"等网络词汇，这反映了人们对个体容貌的看重程度，"好看就是资本"等流行的观点像风一样吹过青春的群体。但是容貌、身高等天然的资本很难通过技术来彻底改变，一些职业诸如空乘、礼宾等对身高容貌也有相关的要求，可见，有些人天生就会被有些工作拒之门外。对于一些身体残疾或者存在明显不足的群体而言，"先天之我"就有短板,不仅影响职业选择,更对个体心理产生影响。正确对待"先天之我"是每个人都需要面对的问题,纵然貌美如花也会随着身体的衰老而变化,即使身有残疾也可以通过后天努力再次塑造自我,不论怎样,这都是最真实的"自然之我"。

2. 他人之镜

在社会中生存就不可避免地要与他人互动,职业更是让个体需要与他人分工协作。人们的言行也以某种方式对他人产生影响、留下印象。人们通过与他人互动时他人的言行、态度、评价等来了解他人眼中的"我"。他人眼中的"我",可以从两个维度来思考,一个是真实的"我",一个是可能的"我"。真实的"我"是以生理、心理等为基础产生行为的客观存在,但是他人对客观之"我"的反馈必然会有主观成分,以正向、负向两种形式反馈。正向反馈主要是积极的、有助于个人发展的反馈,诸如他人的表扬、鼓励、肯定以及特定的批评等;负向反馈主要是消极的、不利于个人发展的反馈,诸如他人的诋毁、否定等,但正向反馈和负向反馈不是绝对的,以个体转化结果为准。岳晓东在《登天的感觉》一书中认为,人越是在比自己成熟或地位高的人面前获得尊重,就越容易消除自卑感,这就反映了他人正向反馈对个体的积极影响。而一个善于从他人负向反馈中汲取有益内涵的人,可以把负向反馈转化成正向效果,反之亦然。可能的"我"是以我的潜能、发展为基础,他人通过个体的言行综合判断未来的可能性,人们并不总是全面客观地了解自己,特别是在身心没有达到成熟状态的阶段,他人眼中可能的"我"是帮助个体认识自我、发展自我的重要资源。

3. 量表之镜

测量工具是专业人员通过大量研究,经过数据分析、反复验证而编制的工具。测评量表的有效性涉及三个方面:一是测评量表自身的质量,测量工具的质量主要根据量表的信度和效度来判定,所谓的信度就是测量工具的稳定性和可靠性，而效度则是指测量工作的有效性，信度、效度越高则测量质量通常也越高。二是个体参与时的投入程度，尽管一个成熟的量表是可信的，但是参与者在完成测评量表时如果不能客观、真实、全身心地投入，则会导致测评工具无法得出有效结果，所以任何测评都是以个体投入水平为基础和前提。三是专业人员对量表测试结果的解释，专业的测评需要由专业人员操作测评过程，按照量表使用说明书，以专业的语言和规范解释测评结果的内涵。常用的测评有如下几类：人格类测试主要是针对稳定的、本质的心理特征编制的测评工具，诸如艾森克人格问卷、卡特尔 16PF 测评、MBTI 人格类型测评等；智力类测试主要是针对大脑理解社会、日常生活能力的复杂程度的测评工具，诸如韦克斯勒智力量表、瑞文推理测验量表等；职业兴趣类测试主要是针对职业稳定的态度及行为方式的测评工具，诸如霍兰德职业兴趣问卷、明尼苏达职业兴趣问卷等。

4. 自省之镜

经历未必能让一个人成长，但经历了又进行反思则会帮助一个人成长，所以说"经验＋反思＝成长"。吾日三省吾身就是中国传统文化中对待自省的态度，一个人要想了解自己、发展自己，就需要在"先天之我""他人之我""量表之我"的基础上进行反思，既然要反思，就需要从个体的价值追求或目标追求来评断已经发生过的事件或事实对自身产生的影响，并从这些信息中发现自身存在的不足和问题，通过后续行为策略的改变帮助自己达成目标。别人表扬你，或许他表扬的并不是真实的你，而是他期待的你；别人批评你，你可能会难过，但那也可能让你看到真实的你。不论是别人的批评还是他人的表扬，如果个体能够从成长的角度来看，那就是一个"真实的我"。一个人想认清自己，就需要通过自己心中的那面镜子正视自己。如果一个人能对自我有一个全面、正确的认识和评价，就能扬长避短、取长补短，从而控制自己、改变自己、完善自己，就能根据自己的实际情况，选择相应的目标为之努力奋斗。

三、看重的价值

每个人都有一套独一无二的价值系统，个体的价值观不是凭空产生的，而是对其社会存在的一种能动反映。所谓价值就是指人们赋予事物的重要性、优点或者实用性，是一种使某些东西值得被需要的性质。价值观主要是人们头脑中的信念、信仰、思想、系统的集合，是个体自我世界的"中枢神经"，负责给个体的态度、语言、行动等外显活动发布指令，表明人们相信什么，想要什么，坚持什么，实现什么。

价值观应该引领一个人的发展，而不是束缚一个人的发展。价值观作为个体的内在标准，对社会或者个人而言是有好坏之分的。好的价值观可以帮助个体树立正确的目标，引导个体去评判周围的人、事、物，实现个体价值与社会价值的统一。不好的价值观会在一定程度上阻碍个体的发展，可能在短时间内让个体的需求得到满足，但从长远来看会阻碍个体的发展，主要的表现是个人的价值与社会的价值有冲突或相悖。当个体因为某种需要而形成畸形的价值观时，那个体将会被这种价值观所束缚。

1. 个人的需要

价值是相对于需要而言的，但价值并不等同于需要。美国心理学家马斯洛提出了需要层次理论，将人的需要分为生理需要、安全需要、归属和爱的需要、尊重需要和自我实现的需要等 5 个层次，他认为人的需要有高层次和低层次之分，生理、安全需要是保健性的低层次需要，归属和爱、尊重、自我实现则是激励性的高层次需要，人们一般在满足低一级层次需要之后才会去追求更高层次的需要。从个体发展历程剖析，这个理论可以印证个体需求发展的层次性，如一个新生儿的情绪反应主要源于生理和安全的需要，即吃奶、排便、温度、安全等；当他长到四个月的时候开始认识熟悉的照护者，对陌生人产生排斥情绪，这反映的正是个体归属和爱的需要；伴随着年龄的增长，幼儿园阶段的孩子已经有强烈的尊重需要，而后在学业、职业等方面的付出和追求则是追求自我实现的表现。

在"职业生涯规划"课程教学中，我对授课班级进行了测试，针对马斯洛的5种需要让学生进行了两次投票，第一次的问题是多选题"你认为哪些需要重要"，第二次的问题是单选题"你认为哪种需要最重要"，用同样的问题在国际贸易实务和商务英语两个专业的大学一年级班级进行问卷调查，其中国贸班有101人，商英班有59人，同属于学校的国际商学院，具体的投票结果见表2-1。

表 2-1　需要重要程度测试投票结果

需要的内容	国贸班(101 人)		商英班(59 人)	
	多选题 (组内排序)	单选题 (组内排序)	多选题 (组内排序)	单选题 (组内排序)
生理的需要	84(5/5)	27(2/5)	50(4/5)	11(3/5)
安全的需要	94(2/5)	32(1/5)	54(3/5)	9(4/5)
归属和爱的需要	97(1/5)	25(3/5)	48(5/5)	12(2/5)
尊重的需要	93(3/5)	2(5/5)	56(1/5)	3(5/5)
自我实现的需要	86(4/5)	15(4/5)	55(2/5)	24(1/5)

在本次投票中，有三个有趣的结果：一是多选情况下参与人普遍认为归属和爱的需要、尊重的需要是重要的，二是单选情况下参与人一致认为尊重的需要是最不重要的，三是在单选情况下两个班级认为最重要的需要异质性较高，一个班级的选择属于低层次需要，而另一个班级的选择属于高层次需要。蒙台梭利在《童年的秘密》中指出，如果一个人逃离了一个地方，这是因为他没有在那里发现他所需要的东西；然而，如果他所逃离的环境发生了变化，他一定会回到那里。这一结果出乎本人的意料，尊重的需要是大家普

遍看重的需要,但却不是最重要的需要,一方面反映了参与者在社会互动中对尊重的强烈关注,另一方面说明了不同群体最看重的需要存在较大差异,侧面反映了个体内在价值判断的异质性。

2. 社会的文化

一个人的价值观根植于他所在的社会文化,而一个民族的价值观根植于其所在的历史文化,人们在传承历史文化的同时,又赋予其新的社会内涵。个人与社会、个人与历史,在社会发展系统中产生复杂的关系。文化是某一特定人群建立并代代相传下来的思想和生活方式的总和,不同国家或地区在其发展过程中形成了特定的文化内涵。通过比较,会发现西方文化和东方文化存在着明显的区别,而在东方文化中,又有中国文化、印度文化、日本文化、东南亚文化等,这些文化不仅反映在外在的社会形态,更反映在这些国家的民众对于事物价值的追求和判断方面。所有的人都是某种文化的产物,人们在特定的社会中都要学习某种文化,一旦习得这种文化,文化就会成为人们认同的部分并成为生活的一种驱动力。社会文化影响个体对需求的追求,塑造个体的价值观特别是职业价值观。例如中国历来重视个人价值对国家发展的意义,而西方则注重个人价值的独特性。一个人的价值观虽然是个体主动选择的结果,但也与社会文化有着密切的联系。

抗日战争时期为国捐躯的金融家高捷成在大学毕业后,原本有多个职业选择,或去银庄做出纳,或去银行做助员,每个月可以拿到20个银圆的薪水,这个待遇在当时是十分优厚的。他为了自己的价值追求,放弃了银庄的工作,坚定地加入了革命队伍。他说:"救国才能顾家,国亡家安在?"在根据地,他组织印发钞票,统一货币,发展经济,他还建立银行,并担任首任行长。这位杰出的金融家、掌管亿万财富的银行行长,34岁的时候,在战斗中不幸牺牲。他牺牲后没有留下任何财产,留下的一封遗书中写道:"东西奔波,南北追逐,雪山草地,万里长征,在所不辞!"在高捷成的身上,可以看到摒弃小我的富足安逸，为国家、民族的生死存亡而做出的奋斗，这正是因为他对国家的爱胜过了对自己的爱，这诠释了中国人的国家情怀。这种为国家全力以赴、不计生死的精神在中国的历史上从未中断过，在一代又一代的中国人的行动中体现。

人的价值观源于社会而又影响社会，在与社会的互动中相互形塑，只是每个人的价值观体现了社会主流价值的某些方面，而社会主流价值观很大程度上却决定了个人的价值观。

四、最好的老师

人们常说，兴趣是最好的老师，这强调了兴趣在个体发展中的重要性。孔子讲，知之者不如好之者，好之者不如乐之者；西方有谚语说，真正的短跑冠军甚至不认为自己是在比赛，而是因为喜欢，所以奔跑。这说明了兴趣在个体从事某项活动中的作用。在生活中，人们会发现，一个人因为喜欢做一件事情而把它做到了极致，能够取得事业上的成功；也会发现一些人在做自己不喜欢做的事情时，不仅做的过程十分痛苦，在事业方面也难以达到预期的结果。兴趣主要是指能够唤起个体的注意、好奇心或者投入的事物，是使个体趋向于某些事物而放弃其他事物的心理倾向。

1. 兴趣是最好的老师

一个人知道自己喜欢什么、不喜欢什么，愿意做什么、不愿意做什么，这是个体了解自身兴趣简单而有效的办法。在生活中，常听到一些人说他感兴趣的是睡觉、刷剧等，事实上睡觉是人作为动物的一种本能，是保存自我体力的一种生理需要。这些活动从内涵判断不属于兴趣的范畴，兴趣是个体从事某项活动的稳定、持久的心理倾向，常伴随着积极的情绪体验。

美国积极心理学家契克·森米哈伊在研究中发现，当人们在专心致志地、积极地参与从事某种活动、忘记了时空和自己的时候,他们感到最为愉快和满足,他将这种状态称为"心流"(流动),即一种聚精会神忘我的状态。这种高光的时刻是个体忘记时间、周围环境、烦恼而全身心投入某种活动或工作的时刻,反映了个体高质量完成工作或进行创造性活动的状态。这说明个体的发展需要外部资源或他人的支持,但最重要的力量仍旧是自己,所以我们强调兴趣是个体成长中最好的老师。

2. 兴趣是不断发展的

兴趣伴随个体身心发展而发展,兴趣的发展可概括为有趣、乐趣、志趣等阶段。有趣属于感官兴趣,强调事物、活动对个体感官的刺激,这是吸引人参与其中的力量,比如儿童喜欢热闹的活动、动手的操作等;乐趣属于自觉兴趣,使个体能够持续稳定地投入某项事物或活动,是由个体参与过程的积极情绪体验强化的结果;而志趣则是个体的兴趣发展到乐趣阶段后,将自身的人生志向或人生理想与兴趣融合,达到较高的人生境界。兴趣的发展一方面受到身心发展的影响,另一方面也受个人人生价值追求的影响,个体将兴趣与远大的奋斗目标相结合,形成有着明确方向性、意志性的志趣,对个体的发展有着重要的个人价值和强劲的社会意义。

兴趣的培养总是与能力的发展保持同步。每个人都有自己感兴趣的事物,但是每个人的兴趣各不相同,这在很大程度上是因为个体的兴趣与能力存在正相关,人们往往会对自己擅长的事情感兴趣,也总能出色地完成自己感兴趣的工作。对于职业活动,人们往往是因为有兴趣而选择,并逐渐产生工作乐趣,进而将其与奋斗目标和工作志向相结合,发展成为志趣。因此,对职业兴趣的探索需要从生活兴趣出发并不断将其发展。人们因为对某一项工作感兴趣而决定从事这项工作。但任何一项工作都有自身的规律和特点,特别是当个体的职业发展进入瓶颈或相对稳定的阶段后。因为工作内容重复单调导致的倦怠,影响个体对职业活动的持续投入,这需要个体将职业兴趣与职业理想结合，形成职业志趣。

3．兴趣与职业密切相关

当一个人的兴趣具体到某项职业活动的时候便形成了人的职业兴趣，职业兴趣是指个体对某项职业或工作的积极态度，或者说是有关职业偏好的认知倾向。不同的人有不同的职业兴趣，如果个体能够从事与自己的兴趣相符的职业，那个体在工作中就会有更加积极的工作状态，能够全神贯注地参与工作。

在一次班级教学调查中，107 人中 73％基于兴趣选择了专业，希望在专业的学习过程中收获快乐，获得喜欢的工作岗位，实现自己的职业理想，有27％的同学不是基于兴趣选择专业，他们认为兴趣与专业的选择、职业的选择没有必然联系，因为基于兴趣来选择专业和职业，会消磨掉对兴趣的喜爱。如果个体把兴趣作为职业，难免会在日复一日、周而复始的循环中消耗掉对兴趣的喜爱，兴趣终将变得无趣；反之，如果人们对所从事的职业一点也不感兴趣，又如何能喜欢上这份职业，从而谋求进一步的发展呢？乍听之下，两种说法都有道理，但实际上，这是对兴趣与职业关系认知的割裂。

兴趣与职业并非一对不可调和的矛盾，两者是可以实现辩证统一的，这就是"职业兴趣"的由来。职业兴趣是兴趣在职业方面的具体表现，是指人们对某种职业活动具有比较稳定而持久的心理倾向。兴趣是职业生涯选择的重要依据，兴趣与职业的匹配可以提高工作效率，让枯燥的工作变得丰富多彩、趣味无穷，兴趣和职业的有机结合能够充分地发挥个体的能动性和创造性，提高职业发展成功率。

4．职业兴趣类型理论

心理学家对兴趣及职业兴趣进行了大量的理论研究，帮助个体认识自己的职业兴趣。美国心理学家霍兰德的研究成果是该领域中代表性的研究成果。他将兴趣具体分为现实型、研究型、艺术型、社会型、企业型和常规型等六种,社会型的人喜欢与人交往,关心社会问题,在人际关系中寻求个人定位,他们喜欢从事与人打交道的工作,适合的典型职业有教育工作者、社会工作者等。企业型的人追求权力、权威和财富,具有领导力,喜欢挑战,做事有较强的目的性,适合的典型职业有项目经理、推销人员、企业领导等。常规型的人尊重权威和规章制度,喜欢按规矩办事,关注实际和细节,通常较为谨慎和保守,缺乏冒险精神和创造性,适合的典型职业有记事员、会计、行政助理、图书管理员等。现实型的人喜欢使用工具从事操作性的工作,动手能力较强,但不善言辞,喜欢独立做事,适合的典型职业有技术性职业和技能性职业。研究型的人喜欢思考,善于动脑,喜欢进行富有开创性的工作,愿意探究未知的领域,适合的典型职业有科学家、工程师、医生等。艺术型的人有创造力,乐于以新颖、与众不同的方式呈现,具有个性鲜明的特征,做事理想化,追求完美,善于用语言、行为、声音、颜色等进行创造,适合的典型职业有作家、导演、建筑师、雕刻家、音乐家、歌唱家等。

职业兴趣作为职业选择中最重要的因素之一,是一种强大的心理力量,可以帮助个体明确自己的主观倾向。霍兰德根据人—物、观念—数据等维度将人的职业兴趣分为若干种类型,但是个体的职业兴趣通常是几种类型的混合体,只是某种职业兴趣占据了相对主要部分,事实上每个人的职业兴趣都是独特的。善于根据自身的兴趣选择适合的职业,才能在职业生涯发展中实现个人的社会价值。曾经有人说,"如果你视工作为一种乐趣,人生就是天堂;如果你视工作为一种义务,人生就是炼狱",可见职业兴趣之于人生发展的重要性。探索职业兴趣的目的不是限定自己,而是在于帮助个体增进对自我及工作世界的了解,拓宽在职业前景上的思路,为未来的发展提供方向性的指导。

五、遇见希波克拉底

气质是个体与生俱来的心理活动的动力特征，是个体神经系统对其系列行为的反映。个体的气质通常是先天形成的，是个性特征中最稳定的部分，其可塑性与性格、兴趣、价值观等相比要小得多。个体在胎儿期间就会表现出气质的差异性，一些胎儿会比较安静，一些则会有较多的胎动；刚出生的婴儿遇到饥饿的情况下，有的哭闹严重，而有的则会比较安静，这反映出个体先天神经系统对其行为的影响。

气质是心理学研究中一个古老的话题，最早可以追溯到古希腊伯里克利时代的医生希波克拉底，他出生在一个殷实的医生世家，从小跟随父亲学医，在父亲的悉心指导下很快掌握了大量的药方并能够独立行医。父母过世后，希波克拉底一边游历，一边行医，这丰富了他的社会阅历，让他有机会请教更多的医生前辈，结识了许多的哲学家、思想家，这些思想为他构建系统的医学思想打下了基础。他摒弃"神赐疾病"的谬论，认为人的肌体特征和疾病的成因紧密相关，提出了影响后世的"体液学说"，他认为复杂的人体是由血液、黏液、黄胆、黑胆这四种体液组成的，四种体液在人体内的比例不同。

盖伦在希波克拉底体液理论的基础上，提出气质的概念，将人的气质分为胆汁质、多血质、黏液质、抑郁质，这成为气质理论中经典的学说。气质不以人的活动目的和内容为转移，胆汁质为主的人性情急躁、动作迅猛，多血质为主的人性情活跃、动作灵敏，黏液质为主的人心思细腻、动作迟慢，抑郁质为主的人性情沉静、动作迟缓。事实上，任何的分类都是科学家基于某些维度进行的人为划分，在具体的个体身上，常常是综合了多种气质的。

1. 胆汁质之张翼德

胆汁质人的高级神经活动过程表现具有强、不平衡的特点,有较强的爆发力但不稳定。一是外向为主,喜欢从事与人打交道、工作内容变化多样、外部环境不断转化的职业,个体神经系统的唤醒主要由外部刺激诱导,容易受他人影响。二是行动主导,个体的行动能力强于思维能力,愿意通过行动来证明个体的态度和能力。三是直觉为先,对人、事、物的态度缺乏理性思考,主要由个体内在的价值判断影响行为选择。《三国演义》中的张飞就属于典型的胆汁质人,从张飞与刘备、关羽桃园结义的过程就可以看出他的直率,不会计较个人利益的得失,喜欢大块吃肉、大碗喝酒,不喜欢读书,在打打杀杀中酣畅淋漓,无法专注于细致的工作,这是他能够成为一名武将的重要原因。在职业世界中,胆汁质的人不会计较一时的得失胜负,而是喜欢专注于行动,愿意去做有挑战性的工作,不适合需要反复思考、仔细检查、深入研究的安静工作,他们适合的职业有记者、导游、推销员、实业家、个体户等。

2. 多血质之王熙凤

多血质人的高级神经活动过程表现具有强、平衡、灵活的特点,有较强的活动力,适合的职业较多,就业面较广。多血质的人拥有较强适应能力,个体精力充沛、意志坚强,会一步步实现制定的目标,能够较好地适应社会的发展,以发展的眼光谋求个人的进步。多血质的人喜欢从事与外部世界打交道的工作,他们灵活多变,喜欢体验性的活动,喜欢刺激性的工作。遇到紧急情况,能够快速做出合理的决策,采取有效措施,高质量地完成任务,能够出色地胜任管理工作。在《红楼梦》中,王熙凤就属于典型的多血质,她善察言观色,快人快语、爱出风头,能够用自身的威严、手段协调贾府长幼、尊卑、亲疏、嫡庶、主奴等错综复杂的人际关系,能够得到贾府最高地位者贾母的认可就说明了她的综合能力。周瑞家的向刘姥姥介绍王熙凤时说"少说着只怕有一万个心眼子,再要赌口齿,十个会说的男人也说不过他",从善待刘姥姥到协理秦可卿葬礼，她都出色地完成了任务。在职业世界中，多血质的人适合做富有挑战性的工作，适合做医生、律师、演员、侦察员、服务员等，不适合做耐心细致或机械单调的工作。

3. 黏液质之司马懿

黏液质人的高级神经活动过程表现具有强、平衡、不灵活的特点，积极主动、情绪稳定，善于协调多方力量，调动各种社会资源，发挥自身卓越的领导能力。黏液质的人就业范围较广，他们通常冷静克制、不急不躁，心思细腻，做事沉稳，善于做决策分析。适合做稳定的、有条理的、需忍耐力的工作，能够在各自的岗位上占据重要的位置。《三国演义》中的司马懿属于典型黏液质人，他"内忌而外宽，猜忌多权变"，能够根据时局变化选择适合自身发展的策略，善于隐忍。诸葛亮与他交战时，送上战书以及女人衣物，侮辱其守城不战，而他不但没有被激怒，反而识破其中计谋。在曹魏中后期，司马懿及其家族逐渐掌握朝廷实际控制权。黏液质的人处事精明、能力较强，能够快速有效地收集处理各种情报，他们适合从事学术、教育、研究等内向型的职业，也可以在诸如政治、外交等外向型领域做出成绩，适应能力较强，但不适合做变化多样的工作。

4. 抑郁质之林黛玉

抑郁质人的高级神经活动过程表现具有弱、不灵活的特点，小心谨慎、认真负责、毫不懈怠，喜欢在头脑中谋划自己擅长的工作，情感细腻、行动迟缓，具有明显的内倾性，有孤独倾向。无论自身处于怎样的岗位，只要接受了组织给予的任务，就能够以负责任的态度把工作做好。《红楼梦》中的林黛玉属于典型抑郁质，她敏感脆弱、多愁善感，属于理想主义者，她看见春去花落逐水，心怀有感，一首《葬花词》细腻而生动地写出了她的内心，发出"花谢花飞花满天，红消香断有谁怜？"的感慨，联想到"桃李明年能再发，明年闺中知有谁？"的情思，畅想出"愿侬此日生双翼，随花飞到天尽头"的美好，最后又发出"一朝春尽红颜老,花落人亡两不知!"的悲伤,但是她又能够悉心教导香菱学诗歌,与她的丫鬟雪雁情同姐妹。在职业世界中,抑郁质的人适合做事务管理、统计、编辑、校对、档案、化验等工作。

气质本身没有好坏之分,也不会影响人们对待生活的态度,只是在同样的情境中会影响个体做出不同程度的反应而已。气质会影响个体的职业选择,选择适合自身气质类型的职业,能够帮助个体更好地胜任工作。

六、多彩的性格

莱布尼茨说,世界上没有两片完全相同的树叶。实际上也没有性格完全相同的人。老话说,龙生九子,子子不同。即使是出生在同一个家庭的孩子,在为人处世方面也会表现出各种各样的差别,在茫茫人海中找出性格相同的人几乎没有可能,两个人的性格只能接近却难以完全相同。因为每个人先天的气质是不一样的,成长的环境也是不一样的,影响性格的变量已经发生变化,那形成相同的性格基本没有可能。可见,人的性格是复杂的,也是多样的,正如这斑斓多彩的世界,也正是因为多样才更加有趣。

心理学家认为,性格是一种意向,气质则是决定意向的倾向性,而气质和性格共同形成人格。气质是先天的,与生俱来;性格是后天的,在交互中形成,气质是形成个体性格的生理基础,影响着性格的可能性。打个比方,假如人格犹如一台电脑,那气质属于电脑的硬件部分,而性格则属于电脑的软件部分。电脑只有具备了硬件条件才能安装各种软件,硬件与软件相互影响、制约,但硬件起着导向性的作用,犹如个体的气质会在他的思想观念和行为方式中留下痕迹一样。

性格作为个体对现实的态度和习惯化的行为方式,在社会生活中一旦形成便会趋向稳定。个体的性格虽然具有可塑性,但其塑造在个体发展中也存在着关键期，一旦错过了关键期，个体或周围的人想再去改变则非常困难，"三岁看小，七岁看老"就是反映性格关键期的朴素观点。性格的形成是个体在长期的人与人、人与环境交互作用的产物，是个体认知图式不断延伸拓展的结果，在成年后基本定型。而职业性格是性格在职业领域表现出的稳定态度和行为方式，性格决定了职业性格的表征，但是职业的内在要求也会影响性格的某些方面。在职业性格理论中，布里格斯母女在卡尔·荣格研究的基础上编制 MBTI 职业性格测试量表，形成经典的 MBTI 职业性格理论，基于该理论的维度划分可以帮助人们理解性格与职业的关系。

1. 能量倾向：内倾 or 外倾

能量是生命在场域中的表现，虽然人与人的身体构造是相同的，但人与人集聚的能量是有差别的，在社会生活中，能量场强大的人通常具有强大的意志力、能够凝聚周边人的向心力，能汇聚达成目标的各种资源，影响事件的走向和他人的行为；能量场较弱的人意志力较弱，在凝聚周围人心、资源方面往往存在不足。性格中个体的能量获得有由外而内和由内而外两种路径，内倾的人的能量获得由个体产生，外倾的人的能量获得由互动产生。在职业世界中，内倾的人喜欢独立工作，独处的时候精力更充沛，喜欢静态的书面沟通反馈，关注事物的深度而非广度；外倾的人喜欢与其他人一起工作，与他人相处时精力充沛，行动先于思考，喜欢及时沟通，注重广度而不是深度。

2. 接受信息：感觉 or 直觉

似乎世界上任何事物都可以用信息的方式量化，人类记录信息、传播信息、获取信息方式的改变一次又一次推动着社会的变革，从系统化的声音到结构化的文字再到信息化的文字，人类获取信息的方式在持续发展。人类的祖先以采集食物为生，而现在人们则以采集信息为生。个体获取信息的方式深刻地影响了其对现实世界的理解，故而信息只有作用于思维，才能显示出强大的力量。根据性格划分,个体获取信息的方式有直接的、间接的两种,直接的方式是个体通过感官获取信息,即感觉型;间接的方式是个体整合感官信息后的综合判断,即直觉型。感觉型的人重视现实性,留意事物的细节,相信确定和有形的东西,在工作中擅长检查事物的准确性,要求按部就班做事。直觉型的人关注自己和别人的灵感,留意事物的整体概况、普遍规律,留意事物的变化趋势,惯于从长远角度看待事物。

3. 处理信息:情感 or 思考

信息技术在改造现有世界的同时,也给人们带来了混乱,信息创造者与消费者之间的平衡被打破,人人都是信息的生产者,人人都是信息海洋中的溺水者。尽管在信息时代,信息处理的成本已经变得非常低廉,但信息处理毕竟还需要人们做出努力。高效率地处理生活工作中的信息,成为个体适应社会生活的必修课。其中,人们主要使用过滤和搜索两种方式为信息处理提供素材。职业性格中个体处理信息的方式分为理性的和感性的两种。理性型的人注重分析客观形势,倾向使用逻辑进行决策推理,关注任务本身,依据标准与规范给出结果,较少感情用事。感性型的人有同情心,凭借个人经验去评估形势,关注过程和人,以多样化方式与人交流,主观色彩较重,缺乏足够的理性思考。

4. 行为方式:判断 or 知觉

行为是个体心理特征外化的直观,是认识个体思维活动、心理特征的重要内容。《童年的秘密》指出,心理能量必须在运动中被实体化,这样它才能统一这个活的机体的人格。它强调心理能力与行为方式之间的关系,以及两者对人格的具体表征。使用工具是人类区别于其他动物的重要特征,而不同人使用工具的方式和程度是个体行为的特征之一,不同的职业在使用工具方面存在差异,在第一产业、第二产业中,有形工具起着决定性作用,而第三产业中,工具只是辅助人的行为。在职业生活中,知觉型的人,遵循

"玩"的原则，看重过程，认为时间是可更新的资源，且最后期限可以收缩；判断型的人，遵循工作原则，喜欢事前计划，看重结果，把时间看作有限的资源，认真地对待最后期限。

性格类型本身没有优劣，每一种性格类型都有独特的优势。哪一种性格类型符合自己，是由个体自己来做最后判断的。一个人可以用性格类型去理解和原谅自己，但不能将它作为自己做或不做事情的理由。不要让性格类型左右任务、活动或人际关系的选择。特别需要强调的是量表测试只是个体认识自身性格的工具，个体的性格类型是根据问题回答概括出的结果，但只有自己才知道自身真正的性格类型。

每一种性格在人际互动中都是独特的，犹如一种美丽的色彩，正是因为丰富多样才让社群更加有魅力。职业性格影响个体的职业选择，选择与职业性格匹配的职业能够帮助个体更好地发展事业，同时职业发展又会涵养人们的职业性格。

七、我可以

能力作为个体顺利完成某项活动所必须具备的特征，是实现目标、完成任务的必备条件。正如黄仁宇在《万历十五年》中谈戚继光时所说，一支经常被敌人打得落花流水的部队谈不上自尊和自信，必胜的信念有赖于能力和技术，而能力和技术又来自平时的刻苦训练。沮丧的最大根源是人深信自己没有能力做某些事情，一个人如果不具备相应的能力，就无法完成将要实现的活动。人的能力不是与生俱来的，而是在个体成长过程中发展起来的，能力也是在具体的活动或工作中表现出来的。

能力按照获取方式主要可以分为能力倾向和技能，能力倾向主要是先天所具有的能力，而技能则是后天培养获得的能力。能力倾向也被称为天赋,例如语言能力、数理逻辑能力、运动能力等,在适宜的社会环境作用下,个体会逐渐获得这些能力,但如果个体错过关键期或没有被充分开发,这些技能的发展则会受到阻碍。能力倾向是一种潜能,受到遗传、环境和文化等诸多方面的影响。能力是用人单位关心的问题,也是需要个体证明的内容。当一个人的能力与工作相匹配时,个体可以通过完成工作任务来发挥自身能力的价值,获得职业满足感。当个人的能力不能胜任工作要求,个体就容易感到焦虑和没有安全感。当个体的能力远远超过工作要求时,也容易因为工作没有挑战性而感到乏味。

心理学家将技能分为知识技能、可迁移技能、自我管理技能,其中知识技能的使用是建立在可迁移技能基础之上的,两者的结合可以反映个体运用自己知识的方式,例如一名教师可以教授职业生涯规划课程,但这并没有反映出自身的特质;教师可以熟练地教授职业生涯规划课程,则较为全面地反映了个体的某种能力。

1. 内容:知识技能

知识技能是个体所掌握的专业知识,主要分为数据、人、事物三类,一般用名词来表示。专业知识技能主要通过教育或培训等方式获得,在义务教育全覆盖以及高等教育普及化背景下,个体主要通过学校等教育机构来掌握专业知识技能。可以通过结构化的考试测评来检验个体的知识技能水平,这也是三种技能中最容易被衡量的一种技能。学校通过各种考试来检测、监控学生掌握知识的情况,主要检测的正是知识技能,在一定程度上,考试能够衡量个体掌握知识技能的水平。

现实中,一个人一旦考上好的大学,大家就会认为他优秀而有能力,这种能力在很大程度上主要指的是知识技能。虽然说考试不是万能的,但考试依旧是评价、评估个体掌握知识的重要手段和方法。如何发现自己的专业知识技能呢?不妨来问这样的几个问题,你大学学习的是什么专业?你的专业课程有哪些？除了专业课程之外，你还选修了哪些课程？你参加过哪些相关培训？这些课程的内容多数属于专业知识技能。

2. 适应：可迁移技能

可迁移技能也称为通用技能，反映的是个体所能做的事，通常用行为动词来表示，诸如计算、管理、协调、分析、决策等。可迁移技能是个人最能持续运用和最能够依靠的技能，这些技能可以伴随外部环境的变化而不断地适应新的环境和要求。例如，一个人在校学习期间能够运用计量工具分析专业问题，当他走入职场后，同样可以将分析的能力应用到工作场景中。与知识技能相比，可迁移技能有较强的适应能力，会随着人们生活阅历和工作经验的增加而持续发展，也可以在不同的场景中得到应用。

在众多的可迁移技能中，学习能力是最重要的一项，个体能够根据环境要求和自身发展主动地获得新的知识、技能、品格是其成长、成功的关键，在技术迭代加快、信息更新加快、社会竞争加强的背景下，更是要将学习能力放到终身发展的角度来考量。个体可以通过以下几个问题来探索自身的可迁移技能：你都会做什么？你参加过哪些社会实践？你觉得自己最突出的工作能力有哪些？哪些能力使你能够胜任这项工作？等等。这可以帮助认识自身具备的可迁移技能。

3. 功能：自我管理技能

自我管理技能主要是用来描述或说明人具有的某些特征，以形容词和副词的形式出现，可以从生活领域转换到工作领域。自我管理技能主要涉及个体在不同的环境下如何管理自己，这能够帮助个体更好地适应周围的环境，应对工作中的问题。该项技能需要在工作、生活中不断实践、不断练习。正如一些学生对"勇敢"的阐释，"有播种就会有结果，有行动就会有收获，时间不是获得成果的种子，勇敢地做出行动才是；勇敢是最高级的词汇，是人类最稀缺的美德，当命运之神把你推向关键时刻，希望我们都能像自己想象中那么勇敢"。

　　自我管理技能作为个体成功所需要的品质,是个人最有价值的资产,需要练习和培养获取的方式。进入职场后,很多人难以适应工作环境和岗位要求,往往不是因为他们缺少专业知识,而是因为缺少敬业精神、工匠精神,而这些与自我管理技能相关。个体可以通过几个问题来认识自己的自我管理技能:在老师眼里,你是一个什么样的学生? 你的同学通常怎么评价你? 你给他人留下最深刻的印象是什么? 你觉得自己身上最明显的特点是什么? 这几个问题,可以帮助个体明确自己的自我管理技能。

　　职业技能作为个体顺利完成工作的重要基础,直接影响活动效率,具体表现为职业技能强的人,在职场中如鱼得水,应对从容;职业技能平庸的人,往往原地踏步,难以前进。"不经历风雨,怎么见彩虹,没有人能随随便便成功。"要相信,在学好专业知识技能、练好可迁移技能的同时,不断提高自我管理技能,这样才能在职业之路上越走越宽,越走越远。

八、站在父母前面

　　父母给了我们生命,父母的悉心照护让我们感受这个世界的美好。在人群中,我们站在父母的跟前,陌生人大概率也能看出我们和父母的关系,因为遗传的规律、基因的特性决定了子代会长得像亲代,而从父母那里遗传得来的先天条件,绝大多数无法改变,我们只能接受并主动适应。当然,遗传在很大程度上也决定了个体心理和行为的发展潜质,但发展的结果则是遗传与环境相互作用的结果。从生命胚胎到一朝诞生,从弱小无助到长大成人,从咿呀学语到走向社会,父母都是个体成长过程中最重要的人。

　　1. 性别:不能回避的话题

　　一个啼哭的婴儿降生到这个世界,不论是助产的医生,还是父母、亲人,都热切地想知道是男孩还是女孩，因为这一生理特征将决定他或她大部分的生活方式。如果是一个男孩，父母则会期待他阳光勇敢，他的角色将是儿子、丈夫、父亲、祖父或外祖父；如果是一个女孩，父母则会期待她贤惠善良，她的角色将是女儿、妻子、母亲、祖母或外祖母，因为性别决定了一生中多半的角色。在人类社会中，男性和女性在不同的社会发展阶段有着不一样的社会要求和地位，在母系社会是女性主导家庭，在奴隶社会、封建社会则是男性主导家庭和社会，直到进入工业时代，女性开始走出家庭、走向社会，参加更多的工作，发挥更大的作用。特别是进入信息时代后，重体力劳动已经不再主导社会生产生活，女性的优势进一步凸显，男性和女性的社会地位发生变化，两性趋向平等。

在自然条件下，个体无法选择自身的性别，性别会使人产生显著差异，诸如身体发育、第二性征，以及社会主流思想对性别的期待。认同自身的性别是个体自我发展中的关键一环，也是实现角色统一、更好适应社会的内在要求。个体可以根据自身的性别扮演好家庭角色，选择适合自身的职业，虽然大多数职业或岗位不会限制性别，但还是有些岗位更适合男性或女性，例如在妇产、幼教等领域中，女性从业者人数远超过男性；而在采矿、捕捞、冶炼等领域，男性从业人数要远超女性。在现代社会中，性别对职业的影响已经越来越小，在家庭中传统的"女主内、男主外"的格局也已经发生改变。

2. 样貌：人们也无法选择

出生那一刻，决定的不只是一个人的性别，还有他或她的样貌，根据遗传学的研究，个体的样貌基本是综合父母样貌的结果，可能倾向父母某一方，但是大的范畴不会偏离。肤色深的父母很难生育出肤色浅的孩子，小眼睛的父母也很难生育出大眼睛的孩子，正所谓"龙生龙、凤生凤"。父母的基因会决定孩子的身高、肤色、容貌等，这构成了个体最基本的条件。个体与个体之间在这些方面存在较大差异，在人群中，有的人高挑而有的人矮小，有的人美丽而有的人丑陋,当然更多的是普通而平凡。不论先天的条件怎样,人们都需要积极地面对并有效利用。同样,个体的样貌也会或多或少地影响生涯的发展,身体健硕、容貌清秀的人在婚恋市场或一些职场中就天然有优势,例如礼宾、空乘、代言人等对样貌就有一定要求。不过,在样貌不占据优势时,个体可以通过内涵提升、能力拓展、条件转化来完成个体的发展,例如戏剧、影视、杂技等都有所谓的"丑角",一些人还成了著名人物,可见样貌并不决定个体的发展。

想一想,你的样子兼具父母双方的特征,还是只像父母中的一方?或者联想一下身边熟悉的人,将他的样子与其父母或子女进行比较,他们的相貌是兼具父母特征还是其中一方。个体的基因是父亲和母亲的基因相互作用的结果,每个染色体的一半来自父亲,一半来自母亲。根据遗传学的理论,如果人们知道父母的基因结构,利用现代医学技术就可以预测出该家庭中孩子表现出一些特质或成为该特质携带者的概率。在遗传的过程中,个体可能遗传父母有优势的特征,例如姣好的容貌、修长的身材、甜美的声音,柔顺的头发等;也可能遗传不利的特征,诸如先天的身体缺陷、染色体异常等,纵然是借助发达的现代医学也很难彻底改变。

3. 疾病:或许是遗传导致

人生在世都逃不出生老病死,这是生物遗传基因决定的。健康长寿是人人向往的,但并不是所有人都能实现,在个体的一生中,生病是绕不过去的一个关卡。人类在进化过程中,为更好地适应外部环境的变化,实现个体最大可能的发展,会出现基因的突变。而一些遗传物质的改变会导致一些疾病,科学家已发现几千种遗传疾病而且还在不断地发现新的遗传疾病,尽管人类已经掌握了一些基因技术,但仍不能改变大量疾病遗传的现实。

吃五谷杂粮就会有头疼脑热,但生病一部分是后天饮食、锻炼、心理、环境等导致,也有一部分是遗传的结果。当个体遗传了不利或有害基因,就会在发展过程中遭遇障碍或困境，一些携带严重基因缺陷的个体，很少能够活到生育的年龄，这样这项有害的基因在家族中只传一代就可以得到阻断。但也存在一些遗传疾病，在生育年龄之后才会发病，例如亨廷顿病——一种中枢神经系统退化疾病——一般在35岁以后才会发病，而多数人在这个年龄已经完成生育，这也意味着该项不利基因已经遗传给下一代，这些遗传疾病会深刻影响个体的生涯发展。

九、喜欢"我"这本书

安静下来读书，是人世间难得的幸福。

开卷有益，如果一个人愿意打开书，那他就有变得越来越好的机会和可能。如果说一个人了无生趣，那他很难主动地去拿出一本书并阅读。一个人能主动学习，那说明他有主动学习的意愿，也证明他内心有足够多的能量，而一个人的能量正是推动个体持续发展的源泉。在人的一生中，人们常常是使用工具、掌握方法、使用资源、运用能力、表达态度、获得价值，在一次又一次的重复中强化整个过程，塑造生命可能的样子。

有人将书分为有字的书和无字的书，有字的书就是纸质或电子的各类图书，人们一般意义上的读书主要指这类书；而无字的书则是指用感官感知到的世界，用心体会到的人间百般的滋味，更多靠的是人心的感受。生命的意义不是一个固定的东西，不是别人强加的，而是人们自己寻找的东西，正所谓无形胜有形、无声胜有声、无我胜有我。如果说社会是一本无字的百科全书，那一个人就是一本有趣的长篇小说，这本书同样有人物、场景、冲突以及最后的结局。个体进行自我探索，实际就是阅读自己这本无字书的过程，只不过这本书是连载的，无法一口气看到大结局。

1. 人物：我是自己的主角

每个人都是自己生活的主角,故事的发展虽然不完全由主角决定,但是主角可以将人物演绎得更出色。个体对自我进行探索,了解自己的气质、性格、兴趣、能力以及价值观,正如演员要扮演某个人物而理解角色一样,理解得越深刻,演绎得才会越生动形象。尽管"我"一直都在,但是很多时候我都不了解我,我从哪里来? 我现在在哪里? 我要去哪里? 虽然每个人都是自己的主角,可是我们并没有现成的剧本,更没有编剧、导演等等,如果一定要去找的话那只能是自己去找。当一个人意识到自己生命有价值的时候,就不会轻易放弃自己,也会去演绎好自己的角色。做最好的自己,当好自己人生的主角,一个人如果能把内心的力量调动起来,让自己主动地去成长,主动地去承担,那就会发展成为一个优秀的人。

2. 场景：在转换中经风雨

每个角色都需要特定的场景,一个人如果没有进入特定场景,那他就只是"我"。在家里,"我"才是儿子、丈夫、父亲,而不是其他;在学校,"我"才是教师、下属、班主任;在社会,"我"才是公民、消费者、休闲者。虽然人们无法脱离任何一个具体的场景,但也无法同时去扮演自身所有的角色。在传统意义上,一个人主要在家庭、学校、单位、社会等中扮演角色,随着互联网、虚拟技术等的发展,人们所处的场景也在不断丰富,个体也可能成为虚拟社群中的某个虚拟角色等。在社会规范下,扮演好每个角色绝非易事,需要个体投入时间精力,在反复的实践中逐步提升。米开朗琪罗感叹,如果人们了解我下了多大苦功夫,才获得现在的技艺,就会知道这一点儿也不美妙。同理可知,任何一个角色的成功都是投入的结果。

3. 冲突：求而不得很正常

好看的故事一定有跌宕起伏的情节,而情节的推进需要冲突,所谓的冲突就是主体之间、主体与环境之间的不一致。在生涯发展中,不顺心的、差强人意的、求而不得的时候很多，需要个体进行自我调整。当一个人拥有了终身成长的心态，就不用去担心获得不了幸福，因为他无时无刻不在从生活的事件里汲取养分。无论事情的结果怎样，他都可以从结果中获得学习的资源。结果是自己期待的，那他就会总结自己成功的原因；如果结果不尽如人意，那他就会反思自己，在以后的实践中去完善。不论结果怎样，都是成长的养分。人们需要学着接受不完美，因为每个人都会有不完美的地方。但更多时候需要去看好的地方，发现亮点才能推动一个人成长进步。人们不断地发现一个人身上优点的时候，那这个人的优点就会越来越多，不足的地方也会越来越少。

4. 结果：这是最好的安排

人们喜欢讲命运，命是先天的，难以改变的；运是后天的，可以改变的。一个人会有怎样的成就、经历怎样的坎坷，没有谁可以事先预知，因为只要一个人愿意，总有可以影响或改变的地方，正所谓事在人为。人的一生不论怎样，只要投入了就会深情，参与了就会难忘，记录了就会思考，进步了就会感谢。改变自己最有效的方法是去发现自己的闪光点，放大自己的闪光点，不断提高自己的自尊水平；因为越是打击自己，自己就越不愿意去改变，只会感觉到自责和痛苦。在生活中，当一个人的行为来自外部的规范，那他就没有了自我成长的力量，也就难以把握自己人生的方向。因为他所有的行为举止只源于对指令的执行、规范的执行，缺乏管理自己的能力，自信和独立的养成也就无从谈起，更不可能有自己期待的结果。

人作为自己这本无字之书的作者，只要生命不结束，就会一直书写，而书写的过程就是成长的过程。每个人的成长都有一个复杂的过程，如果说人们以最轻松的、最简单的心态去对待生活中的自己，那么极有可能就成为一个平庸的人。如果一个人愿意用复杂的、有张力的心态去对待自己及生活中的事件，那么就有可能成为一个优秀的人。正如人们讲的人生的境界：

看山是山,看水是水,看到的便是人生的第一重境界,即实境;看山不是山,看水不是水,那便进入了人生的第二境界,即虚境;当看山是山非山,看水似水非水,那便进入了人生的第三境界,即真境。

第三章　描摹人的样子

一、从梦中醒来

噩梦会让人惊醒,美梦会被吵醒,醒来是梦最终的结局。我们在学校接受的教育以社会主流价值为导向,读到的故事多数美好,师长描摹的未来光明,但当一个人真的走进社会、开始独立谋生的时候,或许梦就醒了。中国政法大学罗翔教授在一次访谈中说,人生中大部分的事情是我们决定不了的,但是我们自己一定要尽力而为。一生中95%的事情可能是自己决定不了的,但是依然要用5%的可能去撬动那95%无法决定的事情。凡事尽力而为,同时也要接受命运的安排。虽说是经验之谈,读后却让人意难平,人们能决定的事情是如此的有限。实际上,在生活中还有更多的真相是人们不清楚或一知半解的。

1. 炸鸡与可乐

民以食为天,一个人活着就要考虑吃饭的问题,在物资匮乏的年代,吃饭更是一家人的头等大事,即使到了这个大部分人不再会因为吃饭犯难的时代,吃饭依旧困扰着不少人。好像天下的孩子都一样,喜欢吃炸鸡、喝可乐,一些"80后"因为小时候远离城市而不知道炸鸡是什么、可乐是什么,也就没有想吃炸鸡的念头,但现在的孩子,几乎没有例外地喜欢炸鸡和可乐。

快餐店是工业化社会的产物,其食物是标准化生产的,而炸鸡的原料则来源于养鸡场速成的养殖。在标准化养鸡场,一只小鸡从破壳到屠宰大概也就40多天,饲养者不会多养一天,因为多的天数就是多的饲养的成本和风险。为了让鸡生长得足够快,饲养者会充足喂食、添加激素、减少鸡的运动,当然还有注射抗生素避免鸡生病死亡。一只鸡在笼子里度过它的一生,再次感受风的时候就是汽车开往屠宰场的路上。一些"速成鸡"甚至在养殖过程中受到过度的药物注射,导致鸡肉富集大量的药物成分。

炸鸡如此,可乐可能还不及炸鸡,因为可乐更是水、糖、添加剂等按照比例调和的产物,它的生产规模、速度以及廉价的成本超乎常人的想象,尽管如此,人们依旧喜欢。工业社会改造的是思维、食物、交通、居住、教育、医疗等诸多方面,让人们彻底告别了传统的农业生产生活方式。人们无法选择而只能适应时代,食品安全已经不是少数地方、少数人面临的问题,而是每个现代人不得不面对的现实。

2. 娱乐与迷失

在这个"读屏"的时代,多数人的工作、生活、娱乐都是在电脑屏、ipad屏、手机屏之间转换,人们接收到的信息越来越多、可以娱乐的方式越来越多。信息传播技术正在持续地影响人们的生活方式,没有电视前,大家的娱乐方式是读书、聊天、下棋、打牌、钓鱼等,要么与人互动,要么亲近自然,终归是在真实世界中获得经验。电视普及后,人们增加了看电视的娱乐选项,节目也从新闻联播、电视剧、专栏节目,拓展到各类真人秀、访谈等,电脑、手机普及后,技术将真实世界连接起来的同时也建构了一个虚拟世界,直播、短视频、电子游戏充斥着整个生活。

人们享受着技术进步带来的欢乐,也承担着欢乐背后的隐患,这些所谓的欢乐是人追求的结果还是人为营造的后果？直播带货改变了传统的销售模式，短视频的崛起改变了传统的阅读方式，电子竞技的升级改变了传统的游戏方式，很多人会盯着直播间拼手速抢货，也有人会刷短视频而忘记时间，还有人在打游戏中放飞了自我。这些快乐的获得便捷容易，一个人可以不直接与人接触而生活得很好，似乎人真的可以不再直接地依赖人，因为技术、机器替代了真实的人、真实的世界。

这是技术对人生活工作的影响，有很多专家学者开始担心人的未来将走向何方。特别是在电子产品、电子游戏使用群体低龄化日趋严重背景下，专家呼吁避免儿童过早地使用手机，长时间使用电子产品会影响孩子的阅读能力、社交能力、思考能力等等，因为游戏所带来的趣味性、虚拟世界带来的满足感，时刻在吸引着尚未具备完全自主能力的孩子。国际上的一家科研机构针对九到十岁的孩子进行了研究，他们发现，如果一个孩子每天使用电子产品超过两小时，那孩子的语言推理能力就会变弱；如果一个孩子每天使用电子产品超过七个小时，那孩子的信息处理能力会变弱。这可能就是娱乐背后的故事，人们在以为自己操控着方向盘的时候迷失了自己。

3. 城市与欲望

历史长河浩浩汤汤，人们在这洪流中奔赴向前。城市化是经济社会发展到一定阶段后的结果。城市是一个强大的耗散系统，需要持续地从周围环境中汲取各种资源以保持正常功能的发挥。在很多人的记忆中，村子里年轻人结婚的条件是家里要有新房，后来结婚条件是城里要有楼房，对于多数农村男青年而言，城里有房，婚姻之路未必顺利；城里没房，想结婚就更加困难了，当然，一个人在城市有一份体面工作的时候，房就不再是影响婚姻的主要问题了。对很多农村的青年而言，考虑的已经不是要不要进城的问题，而是怎么进城，如何在城里成家立业。

事实上，在社会分层中，农民的社会地位较低，多数属于社会底层，这也是很多人要摆脱农民身份成为城市居民的原因。城镇化的过程实际上是人口从农村流向城市的过程,越来越多的人出走乡村,仅仅是因为城市有工作的机会吗？或许不全是,城市还集聚着优质的教学资源、医疗条件、生活保障等公共服务,没有这些还谈什么发展、说什么未来？空间分化是社会分层的表征,典型诸如城市与农村、主城区与郊区、富人区与贫民窟等,都是以空间的方式将社会群体区分。

在城市,一个人或一个家庭的生活成本都以货币的形式结算,吃穿用度的情况最后会以账单的方式呈现。农村可以过自给自足的生活,在城市则根本行不通,一个在城市生活的人必须有工作有收入,否则就将陷入困顿。个体有一技之长、拥有稳定的经济来源是其稳定生活的前提条件。流动对一个人来说带来的有成功的机遇,更多的是求生的挑战。一旦离开了熟悉的地方,到一个陌生的环境,多数人就成为"无名之人"。钱锺书先生在《围城》中讲,城中的人想出去,城外的人想进来,婚姻也好,事业也罢,生活都是在一个围城之中,人永远逃不出这围城所给予的束缚。

4. 资本与能力

当多数人犹豫要不要花费千元买一件衣服的时候,也有人在没有犹豫地买价值数万甚至数百万的衣服。2020 年 5 月 28 日十三届全国人大三次会议闭幕后,时任国务院总理李克强出席记者会并回答中外记者提问,他说,中国是一个人口众多的发展中国家,我们人均年可支配收入是 3 万元人民币,但是有 6 亿人每个月的收入也就 1000 元左右,1000 元在一个中等城市可能租房都困难,现在又碰到疫情,疫情过后民生为要。为此,国家出台了诸多的纾困政策,帮助中小企业、民众度过艰难日子。当一个人或一个家庭最基本的生活保障都面临困难的时候,还有什么能力去追求其他？梦想从来不是脱离实际的,而是实实在在的,需要必要的生活保障,需要个体或组织的持续努力。

但同样是一份关于 2020 年的收入报告，也让人猜想富有的人会怎样生活？胡润研究院发布的《2020 方太·胡润财富报告》显示，中国千万资产家庭达 202 万户，亿元人民币资产家庭达 13 万户，拥有 3000 万美金资产的"国际超高净值家庭"数量达 8.6 万户。在亿元人民币资产的"超高净值家庭"构成中，企业主占比 75％，炒房者占比 15％，剩余 10％为职业股民。当然，不用羡慕别人的富有，因为他们的付出常人难以想象，他们家族数代人的奋斗人们也不曾了解，但他们超乎常人的富有却是社会的部分真相。

梦醒了，可生活还要继续。

二、除"我"之外

除"我"之外皆是环境。环境是指主体周围一切事物的总和，是直接或间接影响主体生存与活动的外部条件，空间属性是环境的第一属性，分布其中的物质、能量、生命等是构成环境的要件。主体可以是一个人、群体、组织或国家，对个体而言，周围的自然、社会及周围的人都是环境；而对群体而言，群体中的诸多个体相互作用形成内部环境，而外部的生存条件则是外部环境。环境是相对的，又是具体的，对于每个主体而言，环境都有其特定的内涵，认识环境的内涵是了解个体发展的必要条件。

个体都是在具体环境中发展起来的，在生命的初期，个体更多的是被动接受环境的影响，随着生理机能的成熟以及自我意识的觉醒，个体可以主动选择部分环境。朱光潜在《谈美》中认为，做人的第一件大事就是维持生活。既然要生活，就要讲究如何利用环境。环境包含除自己以外的一切人和物，这些人和物有些对于"我"的生活有益，有些对于"我"的生活有害，有些对于"我"无关痛痒。"我"对他们于是有爱憎的情感，有屈就或逃避的意志和活动。这就是实用的态度，实用的态度起于实用的知觉，实用的知觉起于经验。可见,正是在个体与环境的互动中,形成了个体的直接经验,这成为个体适应社会、发展自我的直接来源。

基于不同的维度,可以根据环境的主体、性质、影响、大小等进行分类,本节的讨论按照环境的大小将其分为大环境、中环境、小环境、微环境。虽然按照环境的大小进行分类,但并不意味着大环境对个体的影响就大,或者微环境对个体的影响就小,不同的环境以其作用方式影响个体,或大或小、或直接或间接,是个体生活生存的条件。

1. 大环境:宇宙中万物平等

大环境主要指大气层以外的宇宙空间,宇宙环境有广阔的空间,其中的各种天体以及弥漫物质对地球环境产生深刻的影响。地球是太阳系中的一颗行星,太阳系又是银河系的一个星系,而宇宙则是由众多的星系组成。在浩渺的宇宙中,地球是那么的渺小,正如王勃兴叹"天高地迥,觉宇宙之无穷",苏轼感慨"寄蜉蝣于天地,渺沧海之一粟",地球与太阳或者其他星球相比是渺小的,但她却是人类赖以生存的地方,宇宙中的微小变化都会对地球产生巨大影响,这些影响关系到每一个人的生产生活。

俗话说,万物生长靠太阳,太阳的辐射作为地球的主要光源和热源,是地球上一切生命活动和非生命活动的能量来源,正是因为太阳源源不断地输送给地球光能、热能,地球上的生命包括人类,才能够发生生长、发育、生殖等行为,进而形成一个相对完善的生态系统。或许有人会想,太阳的辐射对地球上的生命而言是一样的,所有生命都在接受着太阳活动产生的影响。事实上,并非如此,太阳黑子的出现与地球上的降雨有明显的相关性,降雨直接影响着植物的生长、农田的耕种及相关生命的活动,而地球上粮食的产量影响世界各国的经济社会活动,与所有人息息相关。

2. 中环境:地球上圈层转换

姑且把地球大气层以内的环境称为中环境,在该环境中发生各种物质循环和能量转换。能量是物理学中衡量物质存在和运动变化的尺度，事物的存在、变化、发展与能量相关，遵循能量变化的规律。能量主要包括辐射能、化学能、机械能、电能、热能等，可以储存也可以相互转化。能量的变化主要通过功和热体现，做功、热交换构成能量转化的方式。例如，一辆汽车通过自身的动力系统发生空间位移的过程，就是能量转换的过程，汽车燃烧的柴油通过机械产生机械能、热能、电能等，柴油又是生物化石储存太阳辐射能的产物，人类通过机械的帮助改变能量的形态，实现人或物的空间位置的改变，达成人类的目的。

在现有的社会运行中，能源的改变影响着人类社会的生产生活方式。人类先后使用的能源物质主要有植物、水、煤、风、石油、原子核等，开发使用的技术越来越复杂，生产的效率越来越高。正是掌握了使用火的技术，推动了人类文明的形成；正是掌握了使用电的技术，加速了人类文明的发展；正是掌握了使用核的技术，在一定程度上加重了人类文明的危机，当然，核究竟会给人类带来怎样的影响需要历史评判。但是日本福岛核泄漏事故中的放射性物质对海洋生态系统的影响正在显现，这个事故通过水循环、生物链等改变了生态系统，每个人都在环境之中，无法选择，也不能逃避，只能接受。

3. 小环境：国家里文明教化

文化是人区别于其他动物的重要内容，文化也是一个民族、一个国家乃至一个地区的重要标识。而一种文明的形成与其自然环境紧密相关，例如，我们广阔的平原、丘陵和适宜的气候，催生了璀璨的华夏农耕文明；在以古希腊为代表的西方，地中海气候及狭小的空间催生了繁荣的商业文明。文化是一个种群在漫长的历史中形成的系统的社会规范，在一代代传承中演化，费孝通在《乡土中国》中强调，人们有学习的能力，上一代所试验出来有效的结果，可以教给下一代，这样一代一代地累积出一套帮助人们生活的方法。就每个人而言,在他出生之前,已经有人替他准备接下去怎样应付人生道上所可能发生的问题了。

文化体现在生活的方方面面,小到吃饭的工具是筷子还是刀叉,大到国家体制是民主还是专制,从可见的服装到抽象的思维,从婚丧嫁娶到衣食住行,都留下了文化的烙印。各种文化在商贸往来中相互促进、彼此融合,但是文化壁垒始终难以消除,特别是文化与国家或组织关联的时候,文化不仅代表着一种身份,更是一种利益的载体,这在一定程度上阻碍了文化的交流传播;一些文化借助强大的政治、军事等势力,实现了对另一种文化的改造或替代,例如在西方社会完成资本主义改造后,基督教文化在帝国主义列强的帮助下快速渗透到世界其他各国。壁垒和教化是文化的特质,壁垒是无形的,普通人想改造文化的难度不用多说,只有极少数人才有可能影响、改变某些部分。

4. 微环境:组织间彼此影响

微环境主要是指对个体的发展产生直接影响的环境,主要包括家庭环境、学校环境、工作环境等。个体在微环境中进行物质的循环、能量的转换、信息的流动,个体的能动性在与环境的互动中充分体现。理论上个体能够按照自身的意志进行选择,但在现实中,一个人无法选择他的原生家庭、父母之间的互动、亲子之间的关系。所以蒙台梭利说,所有的生命,即使是植物的生命,都是以环境为条件得以发展的。生命作为一种能量,它通过不断地完善环境并使能量自身不衰,保持创造的平衡,这也是生命的伟大之处。

在具体的环境中,个体看上去是自由的,想做什么就做什么,不想做什么就不做什么,但在大的环境影响下,个体的选择是有限制的,自然环境中的阳光、气温、雨水、海拔、地形等,社会环境中的法律、政策、制度、财富、信息等都会限制或影响个体的行为和心理。在一个高度社会化的组织中,人们日常所接触到的主要信息,不论正面还是负面,都是过滤后的结果,事实上不是人们选择了信息，而是其他人影响了可接收的信息。

除"我"之外皆是环境，不能选择的只能去适应，能选择的也要去适应选择的结果。

三、为了更好地适应

对于一个身心健康的人而言，从事职业活动是个体持续发展的保障，是个体建立更加复杂的社会关系、获得必要的生活报酬、实现自我价值的路径。职业是指个人利用一定的知识和技能参与社会分工，创造物质或精神财富，并获得物质和精神回报，是经济社会发展的结果。随着社会的发展，分工越来越细，一个人的正常生活依赖其他个体或组织的协助才得以实现。费孝通在《乡土中国》指出：

> 社会分工的结果使得每个人都不能"不求人"而生活。分工对于每个人都是有利的，因为这是经济的基础，人可以花费较少劳力得到较多收获；劳力是成本，是痛苦的；人靠了分工，减轻了生活担子、增加了享受。享受固然是人所乐从的，但贪了这种便宜，每个人都不能自足了，不能独善其身，不能不管"闲事"，因为如果别人不好好地安于其位地做他所分的工作，就会影响自己的生活。这时，为了自己，不能不干涉人家了。

可见，个体能够获得丰富的物资、享受优质的服务、实现高效的生产是个体及组织相互协作的结果，正是因为每个人专注于某一项活动或领域，提高了整个社会系统的生产效率。

职业成为个人与社会的结合点，通过这个结合点的不断变化，形成了人类社会共同生活的基本框架。社会这个大系统依靠个体的职业活动来实现运转,而个体则通过参与职业活动对整个系统的存在和发展做出贡献、产生影响。参与职业活动成为个体适应生活的必然选择,又因为职业是社会分工的结果,不同的职业在社会声望、经济报酬、专业技术等方面存在差异,这些差异成为个体社会地位的重要表征。

1. 社会性:关于声望

分工是产生职业的前提,职业是分工的结果,职业具有明显的社会属性,正是分工强化了个体之间的依赖关系,强化了组织在整个社会系统中的作用。从历史的角度看,职业的种类越来越多,这与社会的生产力密切相关:社会生产力发展水平低,则职业的种类少;社会生产力发展水平越高,则职业的种类越多。以银行综合柜员为例,它属于职业分类中第四大类"社会生产服务和生活服务人员",该大类又分为中类 15 个、小类 93 个、细类(职业)278 个,从结构上看,银行综合柜员在职业中类中属于金融服务人员,在职业小类中属于银行服务人员。如此细的分类是社会分工的结果,是整个社会系统日益复杂的原因之一。

黄仁宇指出,一个人或一种事物,其所以具有特性或功能,全靠和其他人或其他事物的相互关系。一个人的品质高尚,是因为他的志趣和行为得到别人的赞赏;他的识见深远,是因为他正确分析理解其他事物。所以人的生活目的就不能不是合作互助与共同享有。尽管在职业活动中人与人相互影响、相互依赖,但职业之间的依存关系存在差异,产生的社会价值和社会影响也不同,其社会地位自然也不同。职业带给个体身份的差异,影响着个体的身心、生活、地位等诸多方面,这与职业本身的社会价值相关。例如,科学家、工程师、公务员等在社会中拥有较高的地位,因此更多的人希望自己能够从事相关领域的工作。

2. 经济性:影响生活

获得经济报酬是职业活动区别于其他活动的显著特征,人们之所以说志愿者不是一种职业,是因为他们在活动的过程中没有得到劳动报酬。个体在从事职业活动的过程中需要付出智力与体力并产生损耗,职业的社会价值可以通过多维度来进行衡量,但经济收入是衡量职业社会价值的重要指标。近年来信息传输、软件和信息技术服务业,科学研究和技术服务业,以及金融业等从业人员收入较高,而这些行业对应的专业也成为高考志愿填报的热门专业,可见经济回报对个体行为的影响。

劳动力的生产和再生产需要持续的投入,而投入的过程需要以报酬的方式获得其他的社会资源。收入的多少意味着个体获得社会可交易资源的多少,以人口的流动为例,我国的人口流入城市多处在东部沿海经济发达地区,而人口净流出城市多属于中西部经济欠发达地区。2021年,深圳、上海、广州、北京、东莞、成都、苏州、佛山、杭州和郑州等为人口净流入城市,除了成都和郑州为中西部城市外,其余都是东部城市。在经济发达的城市,个体可以获得更多的就业机会,获得更高的经济报酬,这直接影响着个体的生活水平和生存状态,因为缺乏足够的经济收入会影响个体的婚姻、健康、发展等诸多方面。

3. 技术性:体现水平

技术性是职业之所以成为职业的重要特征,每个个体都希望自己能够从事高收入的职业或工作岗位,而决定其能否从事的因素是是否具备相应的技术要求,换句话说,个体拥有的专业技术水平决定了其从事职业的领域。技术的获得是日积月累的过程,需要通过学习、练习等逐渐掌握,不同的职业有不同的工作职责、不同的工作任务,需要不同的技术条件。职业是按劳动行为进行的划分,在从事职业活动的过程中,个体运用特定的生产工具,作用于一定的劳动对象,创造物质财富和精神财富,而工具的使用及其熟练程度是技术水平的直接反映。

个体为了掌握特定的技术,需要接受系统的教育或培训,这对个体自身的素质有相应的要求。在职业活动中,要掌握的技术越复杂则可替代性就越弱,要掌握的技术越简单则可替代性越强,从业者的竞争力也越小。技术迭代不断加快、人工智能广泛应用的背景对从业人员的技术性提出了新的挑战,需要个体持续的学习来适应技术变革带来的影响。弗兰克·莫斯说,以前我们想到技术,总是在谈人工智能,怎么让机器变得更聪明,让它们像人一样思考,具有深刻的感受力。我认为这是一个错误的方向。未来人们应该研究的是,怎么利用技术让人变得更聪明、更强大、更独立。可见,技术的价值以人的需要为尺度,在职业活动中,虽然技术影响行为,但技术始终是为人类社会服务。

三百六十行,行行出状元,选择适合的职业,成就别样的事业。

四、生活的国度

国家的出现是人类社会发展到一定阶段的必然结果,是人口达到一定规模、社会生产力不断提高、社会结构日益复杂的产物。在演变发展过程中,国家受到政治、经济、科技、文化、历史、地理等诸多因素的影响,国家是集体意志的代表,影响着社会组织、结构、功能等的发挥。人类社会先后经历了原始社会、奴隶社会、封建社会、资本主义社会、社会主义社会五个发展阶段,不同阶段的社会中,国家的属性存在差异,一方面受社会生产力的影响,另一方面也受到意识形态的作用,不同时期或属性的国家表现出差异化的社会形态。

张维为在《中国超越》中认为,中国人有极强的历史命运感,因为在历史的长河中,中国大部分时间领先于西方,中国落后于西方是近代以后的事情,而中国奋斗的主要目标就是"重返世界之巅"。国家的发展影响着每个人的生活工作状态,国家的政治制度、经济活动、科技水平等通过个体的社会行为得以建设与发展，个体成为国家意志的实践者。

1. 地理的中国

历史上，作为独立存在的国家的观念发展较为缓慢。第二次世界大战开始时，国家的数量大约只有 70 个，二战后随着殖民时代的结束，主权国家数量快速增加，目前独立的国家总数有将近 200 个。每个国家都有某些地理特征，具体表现为大小、地形和区位等，依据这些特征就能对其进行描述，使其区别于其他国家。中国位于亚洲东部、太平洋西岸，陆地总面积约 960 万平方千米，中国地势西高东低，拥有山地、高原、盆地、平原、丘陵等地貌，正是因为地貌复杂多样，形成了多种多样的生活方式。我们可以从三方面来理解地理的中国。

一是资源。资源作为天然形成的可开发的物质，它的形成、分布和产状是自然的结果，不受人类的直接控制和影响。各类自然资源是人类赖以生存和发展的物质条件，由于分布在不同地区，且以多种形态存在于自然，人类开发使用资源的过程产生了一系列的经济后果，不仅影响社会的发展，也影响着特定区域人的职业选择。以煤炭城市鹤壁为例，鹤壁是因为拥有丰富的煤炭资源而在 1957 年新组建的地级市，煤炭产业成为该市的支柱产业，而该地主要劳动力大部分从事与煤炭直接或间接相关的工作，可见地方资源对一个区域的个体从事职业的影响。

二是气候。一个地区的气候特征是以每天和每个季节的天气状况为基础做出的概括，涉及温度、降水、气压和季风等，气候影响土壤、植被，进而影响动物及人类的活动。中国幅员辽阔，地貌地形复杂，主要有热带季风气候、亚热带季风气候、温带季风气候、温带大陆性气候、高原山地气候等。以黄土高原为例，该地区的气候是温带大陆性气候，特点是冬冷夏热，年温差大，降水集中，四季分明，年雨量较少，这里的农作物主要是粟、豆、小麦、土豆等，适宜种植经济作物种类相对较少，这直接影响地区农民的收入水平。

三是城市。城市的形成与人口、经济密切相关，城市与乡村之间的主要区别在于大多数城市居民的非农业职业身份，城市居民主要从事第二、第三产业相关的职业活动。城市的存在是为了提高生产效率，更好地发挥职能，在以农业为主的封建社会，城市的发展主要分布在农业发达地区；在以工业为主的现代社会，城市的发展主要受到资源、交通等要素的影响。例如，深圳从一个小渔村，借助改革开放的政策红利，以及靠近香港、临近港口等区位优势，在短短的 40 余年里迅速发展成为一个拥有 1000 多万人口的国际性城市。当然一个城市的发展受诸多因素的影响，但是地理优势是天然优势，这些优势基础性地影响着一个城市的经济活动。

2. 历史的中国

历史是时光之箭留下来的痕迹。在中国这片土地上，生活了一代又一代的中国人，他们用勤劳勇敢书写了历史、创造了辉煌、铸就了文明，中国的先民创造了物质和精神财富，这些共同构成了过往的历史，正是在前人的基础上，后来者才能有新的创造。网络上曾经这样讨论：中国电视剧的素材有一多半来自过去，拍完了秦汉三国又两晋，隋唐宋元复明清，很多历史知识就是靠影视剧得以普及。历史的就是民族的，中国从历史中走来，历史必然深刻地影响着当下生产生活的诸多方面。

一是深邃的思想。抽象是思想的显著特征，人们难以用物化的方式将其呈现，但却可以在人的行为中找到思想的烙印。有学者指出，我们带着孔子、孟子、老子、庄子、墨子、孙子等伟大先哲的深邃思想而发展，经历了上千万人流血牺牲后真正获得了民族独立，这些成为国家发展的精神力量，让我们拥有强大的思想支撑。事实上，在生活工作中，可以将一个人的思想比作一棵破土而出的植物，它的新鲜活力吸引人们的注意力；但它的根茎很深且不易搬迁，如果人们挖下去，移掉泥土，将看到它的根茎像迷宫一样向四面八方延伸。中国人注重文化教育，从小就要求孩子背诵唐诗宋词、《论语》

《孟子》等，这些成为个体思想形成中最初的材料。

二是文化的涵养。当我们周围都是中国人的时候，一般难以觉察个体思想、心理、行为等所属文化的特征，但与其他文化背景中的人进行互动的时候，我们就会发现不同文化中人的诸多差异，这是文化潜移默化作用的结果。费孝通说，文化是依赖象征体系和个人的记忆而维护着的社会共同经验。这样说来，每个人的"当前"，不但包括个人"过去"的投影，而且还有整个民族的"过去"的投影。历史对于个人并不是点缀的饰物，而是实用的、不可或缺的生活基础。人不能离开社会生活，就不能不学习文化。文化得靠记忆，不能靠本能，所以人在记忆上不能不力求发展。中国文化是东方文化的重要组成部分，并影响了周围其他国家和地区文化的形成，成为世界文化中优秀的代表。在企业发展中也会形成独具特色的管理文化，曾仕强先生的《中国式管理》就进行了系统概括总结。

三是人生的际遇。一个人无法选择自己出生的国家，更无法选择出生的时代。出生在战乱的国家或时代，个体就必须承受时代带来的战火混乱，而出生在一个和平的国家或时代，个体就有可能享受持续发展带来的福利，也更容易实现自身价值。随着政策的放开，人们可以自由地选择生活在乡村或城市，现在生活在村子里的很多人都主动离开、前往城市，开始新的生活，这是时代给予每一个人自主选择机会的结果。

五、都怕入错行

常言道，男怕入错行，女怕嫁错郎。在现代社会中，不论是男性还是女性都涉及职业生涯发展，都面临就业压力，个体选择适合自身的行业从事相关工作，是职业成功的重要前提。隔行如隔山，外行人不了解行内的事，盲目行事容易伤人毁业。在纷繁复杂的职业世界，人们无法事先了解所有岗位的要求再去就业,但个体了解行业概况以及主要岗位要求之后,就可以有针对性地重点关注某个行业甚至具体岗位。

行业作为从事国民经济中同性质的生产或其他经济社会的经营单位或个体的组织结构体系,同一行业的个体或组织的产品或服务具有可替代性,所谓"同行是冤家"反映的是同行之间的市场竞争行为。根据国家统计局发布的《2017 国民经济行业分类注释》,行业主要分为法人单位、产业活动单位、个体经营户等,具体分为门类、大类、中类和小类四级,分为 20 个门类、97 个大类、473 个中类、1381 个小类,根据职业活动的变化,每年都可能调整小类,注释针对行业概要描述行业的主要活动,个体可以通过查阅感兴趣的门类快速了解行业相关情况。

个体在选取从事行业时,需要考虑行业类别和行业职能,行业的职能主要分为技术、市场、管理、行政等,在职业活动的实践中,有的人可能在不同的行业从事相同的职业,也可能在相同的行业从事不同的职业,例如,培训师既可以是教育行业的,也可以是房地产行业的;同样在教育行业,有的人的职业是教师,有的人是财务人员。可见,个体在选取行业的同时,还应考虑同一行业中不同职业的主要职能。个体在进行职业生涯规划、选择就业等活动中需要充分了解行业的发展环境、周期、趋势等。

1. 行业发展环境

在选择行业的过程中,个体首先要对关注的行业进行整体评估,行业的发展受到国内、国际,内部、外部等多方面的影响。在行业外部环境方面,国家政策走向对行业发展影响深刻,个体应该知道哪些行业是国家支持、鼓励发展的,哪些行业是国家限制、约束的,这直接影响了行业在市场活动中的状态。例如,随着我国人口老龄化步伐的不断加快,家庭养老需求增加,国家已经开始注重养老相关产业的发展,并在政策方面给予倾斜,国家有关部门先后制定《智慧健康养老产业发展行动计划》《智慧健康养老产品及服务推广目录(2018年版)》等,鼓励高职院校开设健康服务与管理、中医养生学等相关专业,这些政策为该行业发展提供了良好的环境。

在行业内部环境方面,伴随新一轮技术革命和产业变革的推进,我国的产业结构不断调整变化,了解行业自身的技术迭代、内部治理的优化、市场定位的调整等,还需要就业者关注国家行政部门或行业协会发布的分析报告,这有利于个体了解行业发展动态,了解行业自身优势和问题,以及这些内部条件可能对行业后续发展产生的影响。其中,全国性的行业协会或学会以在中华人民共和国人力资源和社会保障部备案的为准,我们可以借助"全国社会组织信息查询"平台进行查询,以房地产行业为例,可以检索到中国房地产估价师与房地产经纪人学会、中国房地产业协会等,关注其发布的相关报告。

2. 行业发展周期

行业的发展受内部、外部两个方面的影响,一个行业在不同的发展阶段承载着不同的使命。根据行业的发展,一般根据市场份额、产品种类、竞争者数量等将行业的发展阶段分为起步期、成长期、成熟期和衰退期。行业发展起步期的主要特点是市场增长较快、主要技术变化较快,在产品、服务、市场等策略上有较大自主空间,企业进入壁垒较低,这一时期,敏锐识别发展机遇是进入该行业的关键。在行业发展成长期,市场增长持续提高,核心技术逐渐定型,行业竞争显著增强,企业进入壁垒提高,这一时期,行业规模是其收益的决定性因素。在行业发展成熟期,市场增长趋于稳定,主要技术成熟且受到限制,买方市场形成,行业获利能力开始下降,行业内部处于"惟有圈中人,才知圈中意"状态,行业进入壁垒很高,该时期,行业内部变革成为持续发展的重点。在行业发展衰退期,市场增长及需求下降,所依赖技术固化、资源枯竭,市场主体开始转行或退出。个体选择行业就业时,需要根据行业市场、核心技术、进入壁垒等进行评估,选择处于发展上升期的行业或岗位。

3. 行业发展趋势

基于职业生涯发展的角度，个体选择行业不仅需要考量自身情况、所学专业等，还需要考虑行业发展趋势，限于一时则难以谋求一世，正所谓"不谋万世者不足谋一时，不谋全局者不足谋一域"。在研究一个行业发展趋势的时候，需要重点从行业的企业或者产品供给与市场需求的关系考虑，供给小于需求则行业发展上升，供给大于需求则行业停滞或调整，供给与需求基本平衡则行业处于稳定状态。同时，需要考量行业发展的可持续性，即预测该行业能够存在的时间，由于各行业的主要职能、依赖资源、实现路径等的差异，一些行业会长期存在，诸如教育、住宿和餐饮业、卫生和社会工作等涉及居民的衣食住行，不会随着外部环境的变化发生根本性变化或消失；而一些行业会随着技术的变革发生重大变化，诸如电力、热力、燃气及水生产和供应，其中，电力的主要资源先后是煤炭、水、风、核能等，这些资源的变化深刻地影响着整个行业的发展。因此，个体就业选择行业时应该考虑这些因素，尽量选择持续时间长、供需未饱和、有发展空间的行业，这样才能让自己的职业生涯有更大的空间、更好的可能。

六、与老板对话

成功就业是个体职业生涯的开始，这是个体经济独立的前提，更是个体进一步社会化的需要。找到适合自己的工作不是迫不得已的选择，而是个体生存必备的技能。就业是解决经济社会活动中人力资源供需问题的直接方式，企业或其他组织根据发展需要，面向社会发布招聘信息，个体结合自身综合条件参与招聘活动，双方在系列互动中做出适合自身需要的选择，最终成功或失败。尽管人们说就业是双向的过程，但个体对企业或组织的了解在就业过程中更为重要，一方面，企业通常是在众多求职人群中择优录用，即用人单位拥有的主动权更大、可能性更多；另一方面，组织和企业拥有的资源等使其在市场中的地位远高于个人，这决定了两者在互动中地位的差异。

在职业生涯规划课程教学中，为了让学生更好地理解择业中个体和企业关注内容的差异，任课教师通过学习平台向学生发起讨论。问题一：若作为员工，你眼中的好工作是怎样的？请用五个关键词描述。在生成的词云中，高频词汇有"轻松""薪资""假期""同事""不加班"等，有学生描述"好工作"就是"钱多事少离家近，位高权重责任轻，睡觉睡到自然醒，数钱数到手抽筋"，这是网络上的流行语，但也侧面反映了个体对好工作的期待。问题二：若作为老板，你眼中的好工作是怎样的？请用五个关键词描述。在生成的词云中，高频词汇有"能力""价值""赚钱""稳定"等。尽管学生回答的是同一个问题，但因为立场不同，给出答案的取向发生显著变化。问题三：同样是理解好工作，老板和员工产生差异的原因是什么？怎么理解这种差异？在生成的词云中，高频词汇是"立场""角度""身份"等，有学生回答"老板和员工处于不同位置，需要的东西不同。我觉得这种差异是正常现象，两者所需要的多在对方身上体现，很可能形成互利共赢的结果"。有的学生认为"地位不同，处境不同，思想不同，利益不同"。学生通过这项课堂活动，较为深入地思考在就业中个体与雇主之间的需求差异，能够在就业过程中更好地进行自我定位。

1. 一次面试

面试是就业中最为关键的环节，是个体与雇主直接对话、了解彼此的过程。有人说，个体应该把企业看作他国，拜访之前必须认真学习他们的语言和风俗，以便投其所好，在自我推介中更有针对性。在择业的过程中，雇主会想了解个体的情况，但企业也关心求职者对企业了解的多少，个体花费一定精力去了解企业，会给企业留下更加深刻的印象。这不仅需要个体以适当的方式对自己的能力进行描述和证明,还需要直接或间接地告知雇主自己的条件与企业需求相匹配。在就业市场中,薪水低的工作容易找到,但往往需要花费更长的时间才有可能发现高薪工作。这需要个体对自己的工作预期进行评估,并对自己面试过程中可能出现的失利有足够的心理准备。

2. 双向选择

就业实质上是一种双向选择,对话是双方的,企业的决定很关键,但个体的决定同样重要。在我国的发展过程中,曾经出现过组织统一安排工作的情况,诸如安排工人子弟工作、父母退休后安排子女或亲属接班、大学毕业包分配等特殊的制度安排,但随着市场经济的发展,这些制度已经退出历史舞台,双向选择在就业过程中成为主要方式。在录用员工过程中,单位首先要考虑的是风险,雇主希望用最低的风险招录想用的人。双方在信息不对称的情况下,通过面试等环节了解双方的信息,以便做出最后的选择。

3. 五点考量

在就业过程中,主体与主体之间的关系是基本关系,但主体属性、身份、性别等存在差异,关系的不同类型、主体之间的互动方式,正是主体自身资源、能力、观念等差异导致的结果。不论思维如何变化,个体与企业在求职这件事情上双向选择但天然不平等,雇主有权决定要不要求职者,而求职者则较少有机会决定要不要企业。在思考一份工作是否适合自己时,个体不仅要着眼于当下能否成功就业,还需要考虑职业发展中岗位、地点、薪酬和机会等因素。

一是岗位职务。不同的岗位有不同的工作职能,求职者具备的能力能否契合岗位要求是其能否获得工作机会的关键。随着行业的发展,个体应该意识到重要的并不是岗位的繁荣或消失,而是所有的工作都在被重新定义。企业在进行人员招聘过程中,也会明确具体的岗位及要求,例如一家银行的招聘信息中就明确指出"岗位是银行大堂经理或柜员,其中大堂经理解决客户办理问题，处理客户意见，柜员处理柜面业务查询、咨询及其他工作"。

二是工作地点。活动场所是职业的空间要素，不仅包括企业内部场所，还涉及企业所处的城市、地区等，这些不仅影响着企业的经济活动，也影响着求职者的职业选择。中国人常说，人挪活，树挪死，强调了工作变动对个体发展的影响。事实上，当一个人必须转换或更换工作地点，这对其家人特别是配偶的职业发展、子女的教育，以及与亲朋好友的沟通都将产生巨大的影响。因此人们对这些方面考虑得甚至远多于对个体职业兴趣与发展机会。现实中，一些求职者会因为城市整体收入水平、经济发展速度、自然条件优劣等决定是否进入一家单位，可见工作地点对个体择业的影响。

三是升迁状况。个体在选取企业和具体从事职业的时候，应该考虑个体发展潜能。因为一些工作目前看起来困难，但是从长远发展的角度看，个体在经过锻炼之后会获得提高，那么当前的问题就意味着机会。就业过程中，个体选择的岗位或企业能否为其搭建发展平台，挖掘其发展前景，是影响个体职业选择的重点。如果个体选择的工作缺乏发展空间，或者面临被替代的风险，则需要谨慎决策，特别是随着人工智能的快速发展，机器人和相关的技术正在不断替代传统的机械性、操作性的工作，但技术并不会替代所有的工作，这意味着多数的工作开始变成人与机器的相互协作。

四是雇佣状况。企业的雇佣情况主要包括薪水、福利、进修机会、工作时间、休假情况及特殊雇佣规定等，这是求职者较为关注的内容，因为个体需要借此保障良好的生活水平。例如一则招聘信息中的"本次招聘要招20人，月薪是1万元到1.5万元，福利是五险一金/双休，并且有交通补贴/加班补贴等"，这些既属于雇佣情况，也是求职者侧面了解岗位工作价值的依据，一般待遇水平与工作岗位要求呈正相关。

五是准入条件。企业在招聘人员时，会明确年龄、学历、专业、经验等准入条件。在众多的职业中,个体想成功获得一份职业通常要满足前置条件,即职业资格证书等方面的具体要求,例如,想从事教师职业就必须取得对应的国家教师资格证书,根据教育的层次,主要可以分为学前教育、小学教育、中学教育、大学教育等的资格证书。当然,明确的要求只是门槛,还存在不明确的其他条件,诸如求职者可能拥有的背景、资源等,能看见的不一定是真的,看不见的不一定是不存在的,而往往看不见的比看得见的更重要,更具决定性意义。

七、个体与大学

大学者,有育人之大责,有成人之学境。大学之名古已有之,儒家有《大学》之典,"大学之道,在明明德,在亲民,在止于至善"开宗明义,这也成为千百年来中国人对大学的认知。尽管现代大学制度起源于西方,是工业社会发展到一定阶段的产物,但大学作为一种育人的场所,其核心是一致的,即立德树人。现代大学制度作为经济社会发展的产物,在社会发展进程中不断演变,人们对大学的期待也不断变化,从高深学问之所到安身立命之责,从普通大学到职业大学,从少数人的精英教育到多数人的普及教育,大学承担了人才培养、科学研究、社会服务、传承和创新文化等社会职能,成为社会建设、发展的重要参与者,成为个体成人成才的启航地。

伴随着改革开放,我国的高等教育迅速发展,正是因为高等学校数量、规模的增长,读大学也从少数人的事情转变成多数人的机会。之前谁家孩子考上了大学,那是天大的喜事,是值得一家人骄傲一辈子的事件。但渐渐地,身边考上大学的人越来越多,大家讨论上大学的时候常常有前缀"一本""二本""三本"等,这是根据大学水平及招生分数线来划分的。我国的高等教育已经从精英阶段到大众化阶段再到普及化阶段,高等教育的格局已经发生重大变化。

1. 上大学

从现行制度安排看，个体可以通过高考、保送、自主招生等方式实现读大学，但对多数人而言，高考是主要路径，最后能读怎样的大学主要由高考的分数决定。尽管分数决定读怎样的大学，但个体可以通过填报志愿的方式做出选择。不同的学校在办学定位、专业建设、师资团队、校园文化等方面存在差异，人们可以基于类型、性质等维度了解大学。

从类型维度，大学可分为普通高校和职业院校。2022年4月，新修订的《中华人民共和国职业教育法》明确指出了职业教育是与普通教育具有同等地位的教育类型，职业教育是一种教育类型而非教育中的某个层次。两者的区别是多方面的，不论是人才培养目标、方式，还是教学内容或教法，都存在差异，其中最显著的差异是普通高校的教学内容以学科为逻辑，教学强调概念、知识、理论等，注重抽象思维能力培养；职业院校的教学内容多以职业为逻辑，教学基于问题、情境、案例等，注重在做中学、在学中做。

从性质维度，大学可以分为公办高校和民办高校，两者的主要区别是投入主体的不同，公办高校的经费来源由国家或地方财政支持，民办高校的经费来源主要由举办者即企业、个人等筹措，但民办学校办学相对灵活，在适应社会需要及市场方面更灵活。

从学科门类或专业大类维度，大学可以分为综合类院校和专业类院校，综合类院校学科门类比较齐全，办学规模较大，综合实力较好，诸如北京大学、浙江大学、深圳职业技术大学、金华职业技术学院等属于综合类院校；而专业类院校的学科或专业的类别相对单一，但行业特色鲜明，在本领域内有较大影响力，涉及众多行业领域，诸如农业、林业、医药、政法、财经、通信、交通等，代表性的院校有中国农业大学、北京师范大学、浙江金融职业学院、贵州交通职业技术学院等。

2. 选专业

专业是普通高校和职业院校进行人才培养的基本单位,也是学生选取具体学习领域的主要路径。专业教学活动依据专业教学标准、专业人才培养方案、课程标准等开展,是学生学习专业知识、技能及综合素养的渠道。选择专业一方面需要考虑自身是否感兴趣,未来是否愿意从事与专业相关的工作;另一方面需要了解学校专业的建设水平,可以通过了解专业的教师队伍、课程资源、实习实训基地、毕业学生发展等情况来了解专业建设情况。我国教育行政部门在推动专业建设过程中,实施了一系列的建设项目,并对专业进行遴选或重点支持,这些是反映专业建设的重要指标。以高职院校专业建设为例,国家为推动职业教育内涵发展,在 2006 年实施了国家示范性高等职业院校建设计划,在全国范围内遴选了 100 所高职院校,对每个学校重点支持 5 个专业(群)建设,国家投入专项资金,这极大地推动了职业院校的专业建设;2019 年国家实施中国特色高水平高职学校和专业建设计划,遴选了 253 个高水平专业群,每个专业群由 3~5 个专业按照一定逻辑构成,国家给予专项资金进行为期五年的持续建设。这些专业一般都是该学校建设水平较高的专业,个体在专业选择过程中可以重点考虑,因为学校会根据国家要求及自身建设目标,进行人力、财力、物力的投入,这些专业与其他专业相比拥有更多的发展资源和建设条件。

个体在填报志愿的时候,需要统筹考虑拟报考学校和专业两个方面,选择一个喜欢的大学和感兴趣的专业是最优的,但还存在喜欢的大学没有感兴趣的专业,不喜欢的大学有感兴趣的专业等情况,这需要学生及家长进行综合评估。在学校维度,大学的精神、文化、所在城市、教师、校友等会广泛地影响个体的发展,所以需要着重考虑学校综合环境。在专业维度,专业所面向的职业、岗位以及教学条件是大学发展中的小环境,影响深刻且长远,尽管很多单位在招聘员工过程中已经放开专业的限制,但是大学所学专业对个体思维、知识、能力等产生的作用不可小觑。这需要个体及家长专业地咨询和科学地评估，从而能读喜欢的大学、感兴趣的专业，为个体职业生涯发展打下坚实基础。

八、一个叫家的地方

朋友讲了一件事情：一天傍晚，他骑新买的电瓶车带八岁的儿子去学羽毛球，回到家的时候电瓶车差不多没电了。他便让儿子回家拿硬币和充电线，而他则在地下车库等待。因为是新买的电瓶车，又是第一次充电，他和儿子都不清楚电瓶车的充电口在哪里。

父亲："儿子，这该怎么办？"

儿子："爸爸，找啊，看有没有跟我们家型号一样的电瓶车！"

小朋友便在周围找了起来，他转了一圈没有发现，又继续寻找，结果找到了一辆插着电线的电瓶车，他发现充电口是在车后轮的一侧。

儿子兴奋地说："我发现在哪里了！"

朋友的儿子便来到自家电瓶车跟前，在相同的位置找到了充电口，还说上面写着"充电口"呢，就是光线不好看不清。

接下来是投币确认，朋友说他是第一次充电，没有操作过，他儿子便拿着硬币自告奋勇要试一下。小朋友先是读了操作说明，"请先投 1 元硬币，再按对应插座号白色按钮。1 元 8 小时，2 元 16 小时，以此类推"。

儿子："我们家电瓶车充 8 个小时足够了吧？"

得到肯定答复后，小朋友便按照说明进行了正确操作，最后还不忘去确认一下是否充电成功。

回到家后，朋友把这件事情给家人讲了一遍，儿子在一边静静地听着，他能感觉到儿子是很有成就感的。朋友说，其实他知道怎么操作，但他想把机会留给儿子,结果儿子做得很好,出乎他的意料。

或许在一些事情面前,父母退后一步,孩子就会前进一步,孩子能做的就不要替他包办,因为孩子会在一次次的实践中积累经验,而这些经验就是他成长的财富。

家庭是社会的基本单位,是个体社会关系的起点。个体不可能脱离家庭而独立存在,所以说,家庭环境的好坏对个体的影响是深刻的,对于个体职业的选择与发展也是影响巨大的。

1. 家庭影响因素

对于个体来说,家庭环境是一个总变量,其中包含多个子变量,包括家长职业、家长文化水平、家庭气氛、家长期待、家庭结构等。这些影响因素主要分为两个方面:一是客观因素,是以社会事实为基础的,主要包括家长职业、文化水平、家庭结构、经济条件等,这是个体成长发展的基础条件,也是家庭之间进行比较的基础。二是主观因素,主要包括家庭关系、父母教养方式、生活态度等,直接影响着客观因素的功能发挥。家庭对个体的影响正是在主客观因素相互作用下形成的,如果说学校教育对于个体的影响是阶段性的,那么家庭对个体产生的影响是持续性的,将伴随个体的一生。

家庭环境是社会环境中最微小的单位,个体对人、事、物等基本态度的形成起源于家庭。吴康宁在《教育社会学》一书中指出,文化层次不同的家长所使用的语言具有不同的文化代码特征:文化层次越高的家长,其语言越带有精致代码特征;而文化层次越低的家长,其语言代码越带有受制代码的特征。所以,在不同文化层次的家庭,儿童生活在具有不同语言代码的环境之中,结果是形成了相应的文化特征。可见,想了解一个人,了解他的家庭环境是非常重要的,一个人现在的样子在很大程度上是由其家庭环境决定的。

2. 家庭角色关系

个人的发展是多种角色协同发展的结果，角色与角色之间相互影响，这些影响可以分为正向和负向两类，正向的影响主要是指一个角色的成功会帮助另一个角色更好地履行职责，例如，个体在职业上的成功带来的资源优势可以转换成其扮演父母角色的条件。但也可能是负面的，例如，个体将过多的时间、精力投入职业发展中，而忽略了对家庭成员的关心，可能导致家庭关系的矛盾甚至破裂。在中国社会中，对于一个人的评价不会局限在个体事业发展中取得的成就，也会关注其在教育子女、赡养老人等方面的表现。

学者认为，子女与父母在幼年建立的关系会持续一生，而积极的亲子关系能够帮助子女在成年后获得更多的心理能量，并投入职业发展中；消极的亲子关系会影响个体自我概念、自我效能及与他人关系的处理，间接或直接地影响其职业发展。尽管个体在进入大学或者组建新的家庭之后会离开原生家庭，但家庭对于个体的影响并不会因此而停止，而会持续地影响着后续的工作和生活。在中国的家庭中，一般子女与母亲的关系会优于与父亲的关系，一方面，母亲是孩子最早的照护者，与孩子有更多更深的时间、情感等的投入；另一方面，父亲在语言、情感等的表达上往往弱于母亲，承担更多的经济、安全等方面的责任。但健康的家庭关系是既分工又合作、共同作用的结果。

3. 家庭职业谱系

父母的职业不仅影响着家庭的收入及社会地位，还影响着子女对于职业的理解。个体可以从学校、书本等获得专业的知识、技能，但对职业的认同的产生需要真实的职业体验及环境，个体时常因为父母从事某一职业而进入具体的职业场所，直观地获得对职业的态度。同时，专门的教育或培训，以规范、流程、理论等内容为主，一般难以让人获得行业或工作内部的信息,而个体可以从父母职业活动中获得正式渠道里难以获得的信息,进而强化对职业的情感认同。

在传统社会中,子承父业是家庭对个体职业影响的经典表述,现代社会中,个体可以根据自身的兴趣、能力等获得工作,家庭在表现形式上对个体从事具体职业的影响在减弱,但实际上父母对待工作的态度也是影响子女工作态度的重要方面。老话说,门里出身,自会三分,讲的正是家庭环境对个体职业潜移默化的影响。父母从事某一职业,个体会拥有更多相关的机会和资源,父母的能力、人脉、阅历等直接影响子女的职业生涯发展。

九、备一把降落伞

梦想犹如一颗种子,当人们把它种入土壤之后,便会生根发芽、抽条长枝、开花结果,一个人坚持梦想,正是将努力付诸实践的过程。每个人都可以借助职业的平台,实现自己的人生梦想。当然,在实现梦想的过程中,人们需要一把降落伞,从梦想的天空降落到生活的目的地,无论它的式样是什么,适合自己的就是最好的。一个人有意向从事某个行业的时候,不仅需要了解即时的信息,还需要通过系统的研究来了解这个行业的过去、现在和未来。要与本领域的人进行深入交流,阅读大量的专业书籍,如同海绵一般,尽可能多地去吸收相关的行业信息。

职业世界的信息浩如烟海,如果没有得当的工具可用于检索、获取有用信息,那便只能在海岸望洋兴叹。多数的青年人搜集、检索职业信息的能力是比较薄弱的,因为他们长期处在传统的教育模式下,习惯了接受被父母、教师、组织等过滤过的正确信息。但是,在现实的世界面前,每一个青年人都应该主动出击,掌舵人生的航船。只有具备了收集、分析、评估和运用职业信息的能力,才能够在进行职业决策的时候更加地从容和淡定。

1. 关注专业领域微信公众号

微信是提供即时通信服务的应用程序，微信公众号则是组织和个体推送各类资讯的平台，政府机关、行业企业、个人等运营账号并推送信息。在自媒体迅速崛起的背景下，关注公众号已经成为个体了解网络信息的方式，公众号通过文字、图片、语音、视频的全方位互动，形成了一种主流的线上、线下微信互动营销方式。随着公众号的功能持续拓展，它具备了更多的信息服务功能。很多大学的老师会要求学生关注专业领域的微信公众号，以便及时了解专业最新的信息，如班级学生的专业是金融管理与服务，便引导学生关注诸如中国人民银行、银保监、四大国有银行、金融时报等的微信公众号。纵使学生不会点击浏览所有的推送，但对自己感兴趣的内容有所涉猎，也有利于了解行业动态。

2. 跟踪头部企业动态

头部企业是某一领域众多企业中在技术、管理、影响、资本等多方面处于前端者。尽管不是所有的人都有机会进入领域内最优秀的企业工作，但是了解这些企业的发展动态应该是每个有意向从事该领域工作者的自觉。以优秀者为榜样，自己才有可能变得优秀，甚至超过榜样。一个人想要了解行业的发展趋势，就需要用一定的时间去关注其过去及持续发展中的未来。例如，投资保险专业的学生，从大学入学就应该关注国有企业诸如太平保险有限公司、中国人民保险集团股份有限公司、中国人寿保险（集团）公司，民营企业诸如泰康人寿保险股份有限公司、新华人寿保险股份有限公司、中国太平洋保险（集团）股份有限公司等的发展动态。即使将来无法到头部企业工作，也可以借鉴乃至使用行业内优秀企业的经验。

3. 浏览政府专门网站

在互联网时代，几乎所有具有一定规模的组织都建立了自己的专门网站，随着技术的发展，网站的资讯数量及其建设质量已经成为评估其综合实力的表征。网站不仅是组织进行信息发布的平台，还是社会了解信息、进行监督的渠道，发挥的作用越来越强、越来越大。现在各级政府及政府的各职能部门均建立了门户网站，发布各类政策及资讯，成为社会了解公共政策及国家发展方向的窗口。教师群体会关注教育部、省教育厅的网站，了解国家关于教育的政策法规；还会关注与教育有关的网站，诸如国家统计局、人力资源和社会保障部等的网站，了解我国经济社会发展的主要数据，关注国家人力资源的情况。这些官方的政策、数据、情况，成为教师做好教育理论研究、开展教学等的重要因素。

4. 进行专业就业咨询

就业，对于国家来说意味着民生，而民生是重中之重；对于社会来说意味着经济，社会功能的实现需要就业支撑；对于个体来说意味着价值，是个人自我实现的前提，也是自身综合能力的检验。通常，某一岗位的用人要求是稳定的，不会在较短时间内发生巨大变化，所以多数人在即将毕业就业的时候才会关心、关注就业的信息。尽管大学会开设职业发展与就业指导类的课程，但许多大学生在整个就业过程中较少接受专业的帮助和指导，不知道大学有专门为大学生就业提供咨询的部门、人员、网站。个体若想成功就业并在职业发展中获得优质发展，应该到学校的就业指导中心或职业发展咨询等场所获取专业的资源，以便获得更多的职业信息。

5. 进行生涯人物访谈

职业生涯人物访谈作为大学生对自己感兴趣职业从业者进行的访谈，可以帮助大学生了解更为详细的职业信息，它区别于其他来源的职业信息的优势，主要在于其是在互动过程中获得动态信息。但是需要注意的是，生涯人物访谈的对象应该在三个以上，因为每个人的认识、理解和关注点是有差异的，访谈的对象越多，获得的信息就越全面。如果条件允许，建议访谈的对象应该是不同年龄阶段或不同层级中的代表人物，访谈新入职员工容易出现访谈对象的认识片面导致访谈质量不佳。大学的一名班长接待行业来校交流人员,她在接触互动后将自己的心得体会分享给了班级同学:"我们和张老师(某农村信用社人力资源部门负责人)进行了一个小时的交流,对自己的岗位有了更清晰的认识。认识到了自己目前的水平和转正要求的差距,接下来也有了更加清晰的努力目标。"

6. 获得实习锻炼机会

实习可以帮助个体进入某一领域,使个体从内行人的角度发掘真相,不论个体与多少人交谈都比不上在实际工作中感受。但必须清楚一点,实习期间个体接触的多数是底层基础工作,倘若个体想成为这个行业中的佼佼者,那实习往往无法让个体得到真正想要的体验。在高校的专业人才培养方案中,会对学生的实习实训给出具体的规定,例如一般需要至少半年的实习经历才能达到毕业的要求。实习也成为学生了解行业、强化认同的重要途径。一位在银行实习的学生在实习周记中写道:"之前听闻在银行现金柜台要常换手机壳,因为每天接触现金,手机壳难免会沾染上钞票的颜色。果然,我的手机壳在经历了半个月的柜台实习之后也泛出了微微的红色。这说明我确实是经常性、长期性地在接触现金的。我觉得,实习的日子对于个人来说是一种耐力的锻炼,谁能把日复一日、年复一年的工作做出新花样,让内心的感受每天不一样,把工作融入生活,谁未来就一定会成为一个出彩的职业人!"

第四章 决策的本质

一、未选择的路

黄色的树林里分出两条路，

可惜我不能同时去涉足，

我在那路口久久伫立，

我向着一条路极目望去，

直到它消失在丛林的深处。

——罗伯特·弗罗斯特《未选择的路》

人生的道路不是笔直的，而是弯弯曲曲的，遇山翻山，遇水渡船。人们时常需要在几个可能中选择一个。站在十字路口，不想原地踏步就需要选择一个方向继续前行。人生的选择远非这么简单，而是受到个体的、组织的、社会的等诸多因素影响，一些个体可能进行改变，而一些又只能去适应，这是对人的考验。正如哲人的祈祷：请赐给我宁静的心，去接受我不能改变的一切；赐我勇气，去改变我所能改变的一切；并赐我智慧，去认清这两者之间的分别。如何在人生的岔路口做出选择，如何接受选择带来的结果，如何让生命更有意义,是每个人在生涯中必须面对并慎重考虑的问题。

1. 选择:来到人生的岔路口

职业生涯是一个长期发展的过程,犹如人们驾驶一辆车,不仅需要确定前进的方向,还需要良好的驾驶技术。有效的经营和管理是职业生涯成功的关键,这受到时间和发展机会等的限制,人们无法尝试所有的工作,只可能在一个或几个领域中选取自己倾向的工作来获得发展的空间。面对选择,人们会犹豫苦恼,总是担心选择的不是最优的道路,而生活中哪里又有最优的道路,所谓的最优就是人们走出来的那一条。可是,选择本身就是一种幸福,当只剩下一个方案或一条路的时候,没有其他的选择,也意味着没有其他的可能,处于一种困顿的状态。做决定的时候,主体通常不可能拥有全部的信息,这意味着大多数的决定都有预测的成分,具有不确定性和风险性。伴随着社会分工和技术的发展,人们对于某一特定领域的研究越来越专业,个体或组织可以借助专门的机构来对某一类问题进行咨询,帮助了解事物发展的信息,做出最优的选择。

决定的本质是个体基于环境的适应性策略选择,不论人类社会还是自然世界,都是一个庞大而复杂的系统,系统在各要素的相互作用、相互影响下按照事物本身的规律演进。个体对于整个系统信息的掌握总是不完全的、部分的,这需要主体基于部分确定的信息对未来的可能性做出判断。根据对事物发展信息掌握的多少,可以将决定分为确定的决定和不确定的决定两类。所谓确定的决定,是指主体掌握事物的主要信息,对选择的结果是确定的,例如从杭州前往北京,可选择的交通方式主要有飞机、高铁、汽车等,飞机的速度最快,汽车最慢,高铁居中,个体可以根据行程的时间、资金、天气等因素做出选择,即使会受到一些临时性政策的影响,但基本情况不会有太多变化。所谓不确定的决定,是主体不能掌握事物的主要信息,选择的后果难以确定,例如,同样是自然现象,人类目前可以较为准确地预报天气,但尚未掌握地震的发生机制,不了解其发作的规律,只能做一些有可能的判断。

2. 目标:为了更好的生活

父母常会对孩子说,现在你好好学习,将来读一个好的大学,学个好的专业,然后找到一份好的工作,成家立业、生儿育女,人生就完美了。其中有一个逻辑主线,即学习是为了工作,工作是为了生活,事实上,学习就是生活的一部分,工作也是生活的一部分,生活由无数个部分组成,而人们对待每一个部分的态度就是人们的人生态度。美好的人生不在过去,也不在未来,就在当下。更好的生活并不意味着所有的决定都是正确的、有利的,事实上这也不可能,纵然结果可能是错误的、不利的,那依然是生活中的重要部分。正如《道德经》所讲的"有无相生,难易相成,长短相形,高下相倾,音声相和,前后相随","祸兮,福之所倚;福兮,祸之所伏"。

儿子二年级时,一次数学单元测试的成绩不太理想,我以不满的态度要求他针对做错的题目向我讲解正确的解题方法。当我们两个躺在床上的时候,我想给他分享一个关于鸡蛋的故事,他表示期待。我说,一个鸡蛋如果是从外部破壳,那是别人口中的食物;如果是从里面破壳,那它是一个生命。学习也是如此,如果总是需要父母、老师、他人要求、督促,那永远是别人期待的结果,而一个人自己要求学习,那他就是一个了不起的自己,可以成长为更好的自己。儿子以谨慎的口吻说,爸爸,那个从里破壳而出的小鸡辛苦长大不还是人的食物吗?这样的商榷,让我一时没有了答案,但我还是及时说,破壳了那便是一条生命,它拥有啄食、感受、生长等多种的生命体验,也将拥有成为鸡爸爸、鸡妈妈等的可能,就像人一样,不能因为有朝一日会死去就选择了不生。活着本身就是意义,生活本身就是目标,在生涯中诸多的结果都是生活这篇文章的逗号。总而言之,生涯发展的目的是让我们生活得更好、更有意义。

3. 结果：选择了便不再后悔

生活中，人们无时无刻不在做决定，这些决定有的容易、有的困难，有的简单、有的复杂，不论如何选择都会产生一定的结果。做决定要三思而后行，决定的背后总是有一定的风险，人们需要为后果承担责任。个体一旦做出决定，就意味着要为该决定可能的结果承担相应的责任。个体无法保证决定总是对自己有利，当做出的决定产生不利影响的时候，个体会产生一定程度的焦虑和不安，这需要个体及时做出应对策略，尽可能地减轻不利影响，因为人具有适应环境的能动性。不冒风险的人可以逃避挫折和悔恨，但同时也会丧失难得的学习、感受、成长的机会，其实，人的一生中最危险的事情就是不去冒险，被稳定、熟悉的环境持续影响。人的成长不仅需要成功，也需要在失败中积累经验，再次出发。

正是因为凡是决定就有风险，这导致了一些人采取听天由命、他人代劳、随波逐流等逃避的方式来适应。影响事物发展的因素是多方面的，尽管一些因素不以个体主观意志为转移，但一些因素在主观能动作用下，可以通过条件、资源等的改变改造结果，只是很多人很多时候难以意识到，或者意识到了也难以行动罢了。人的一生中，总是需要做出许多决定，可能一些容易而一些困难，当你犹豫不决的时候，不妨选择困难的，因为你需要付出更多的努力，因为你需要更大的勇气，因为即使失败，你也将拥有一笔再出发的财富。

正如《未选择的路》一诗结尾所写：

> 也许多少年后在某个地方，
> 我将轻声叹息把往事回顾，
> 一片树林里分出两条路，
> 而我选了人迹更少的一条，
> 因此走出了这迥异的旅途。

二、目标就是力量

人生短短几十载，如果一个人对某一件事情没有十分的热忱或欲望，那么就不要把它转化成行动的目标，因为人实在没有多余的时间和精力去做自己并不期待的事情。如果个体对目标有热烈的爱，那便勇敢地去表达，做出行动承诺，即使失败了依然会得到生命的收获。萧伯纳说，理性的人通常一无所成。乐观地对待目标，或许并不够理性，但他们往往能够成功，非理性中往往蕴含着人的主观能动性；消极地对待目标，或许他们足够理性，但他们却可能失败，过于理性的人往往是过分地依赖既定的事实和道理。所以，人需要有远离日常生活的伟大抱负，有拓展人生边界的冲动。

1. 质量：宏大与具体

远景目标：人们设定的多数目标背后，都有一个终极目标，而设定目标的第一步，就是要弄清楚自己的终极目标。人们时常因为不知道自己真正想要什么而无法得偿所愿。在不同的发展阶段，个体会拥有不同的发展目标；在同一时期，个体也会在不同方面拥有不同的目标，尽管这些目标存在差异，但是目标背后共同指向的内涵，则是宏大的终极目标，这需要觉知诸多目标的内在关联以及目标背后的意图。不论是个体还是组织，既然存在，那便具有价值和意义，这也是个体与个体、组织与组织之间存在差异的标志。正如一个人在人世间所追求的那样，有的人希望为国家或民族做出贡献，有的人希望在某个领域实现突破和创新，有的人希望为家人带来快乐和财富，因为有不一样的人生追求，便决定了不一样的生活目标、职业目标。

具体目标设定：设定目标是为了约束行动，而非为了目标而目标，制定后束之高阁，那将失去目标的价值和意义。而笼统的目标则是阻碍其实现的"敌人"，目标应该是清晰具体的，这样才可能评估和测量。人们在阅读或讨论的过程中,时常会迸发出许多有价值的观点,但如果不能及时将其记录下来,这些观点很容易随着时间的流逝而消失。同样,大脑也不是储存目标的最佳地方,将想要达成的目标逐一地写下来,记录的过程本身就是目标变清晰的过程。有人说,目标是个体除了健康之外最宝贵的资产。如果一个人能够清晰地将自己的目标列成清单,那便是个人的一张财富清单。宏大的目标需要具体的目标做支撑,正是因为达成了一个又一个小目标,才可以实现宏大的目标。

2. 时间:长期与短期

长期目标:在时间上,长期目标的实现一般需要五到十年乃至十年以上,是设定比较长远的目标,需要持续地为之付出努力才能够实现,对个体而言,长期目标的实现是人生目标实现的重要节点。因为长期目标的时间跨度较大,目标本身会随着环境的变化而发生变化,这需要个体根据变化及时做出调整,对目标做出调整并不意味着时常改变目标,优质的目标管理是根据条件的变化持续丰富目标内涵的过程。例如,一个入职高校辅导员岗位的人,在工作之初的职业生涯规划中将其长期目标确定为成为一名全国知名的学生管理工作者,但三年之后在学校岗位调整中,他/她离开了学工工作,开始做教学管理,这时设定的长期目标需要随之改变,他/她将目标调整为成为有影响力的教学管理人员。

短期目标:在时间上,短期目标的实现一般在三年以内,通常包括个体需要掌握的知识技能和工作技能,对个体而言,短期目标是个体检验自我能力的指标,需要个体通过学习训练来实现。在目标管理过程中,不论是远景目标还是长期目标,都需要分解、细化成短期目标,由具体的行动来达成,这也是目标层次性的体现,也称为"目标金字塔"。行动要脚踏实地,但目标要高远。短期目标可以根据生活、学习、工作的实际进一步细化为年目标、月目标、周目标、日目标,目标分解得越细致,对个体行为的约束就越强,但面临调整的可能性也越大,一方面个体需要以强大的意志力克服困难,另一方面也需要对外部环境的变化有预判,这样才能保障细化目标的有效达成。

3. 主体:个人与组织

个人目标:个人目标以自身发展需要为基础,受到个体能力、工作、家庭等多方面的影响。人在一生中扮演着不同的角色,任何一个角色的发展都有特定的任务,这需要个体通过设定目标、采取行动来完成。作为子女,在家庭的再生产中,个体需要婚姻、生育等,而事实上婚姻不仅取决于个体的主观意愿,还受到社会阶层、从事工作、经济收入等社会因素的影响,个体想要实现结婚的目标就需要在收入、住房、地位等具体方面具有优势,如偏远地区大量单身汉的存在就是经济因素导致的结果。个人目标需要与家庭目标、组织目标、社会目标保持一致,才能在系统的发展中实现自我的发展,个人目标与组织目标的一致性越高,其实现的可能性就越高;个人目标与组织目标的异质性越高,其实现的可能性就越小。需要处理好个人目标与组织目标之间的关系。

组织目标:美国著名的管理专家德鲁克提出了目标管理理论,他对组织目标进行了系统的研究和论述,认为目标的管理是一种以工作和人为中心的管理方法,强调人在组织目标实践中的地位,目标能够以最经济有效的方式将组织里人员的思想、意志、行动统一起来。组织从本质上而言是一个利益共同体,将有共同意向的个体汇聚在一起,通过分工协作的方式发挥个体优势,进而实现组织目标,发挥组织作为社会重要单位的功能。组织目标是组织存在的前提,也是组织开展活动的基础,是组织中各类人员共同的行动指南,组织目标的实现意味着组织的发展,目标的受阻意味着组织的困顿或停止。而组织的目标又以社会的需要为依据,是组织功能发挥的条件,在某种意义上,组织是一个大"我",只是其运行机制、影响要素更加复杂。

三、哈佛故事

在职业生涯规划领域中,流传着一则哈佛大学关于目标对人生影响的跟踪调查,调查的内容是针对一群智力、学历、环境等各方面都差不多的人,调查他们的人生目标的有关情况,根据设定目标的时间长短和清晰程度,将群体分为四类(见表 4-1)。研究团队进行了 25 年的持续跟踪,结论是目标设定得越清晰、越长远,则个体发展的状态越好、成就越高;目标设定得越模糊、越短暂,则个体发展的状态越差、成就越低。该调查论证了目标对人生有着巨大的导向性作用,反映了一个人选择什么样的目标,就会有什么样的成就,过上什么样的人生。

表 4-1　哈佛大学关于目标对人生影响的跟踪调查

前期的调查情况		25 年后的跟踪结果	
目标情况	调查统计	社会阶层	生活状态
清晰而长期的目标	3％	社会上层	各界的顶尖人士
清晰而短期的目标	10％	社会中上层	生活状态稳步上升
较模糊的目标	60％	社会中下层	安稳地生活与工作
没有目标	27％	社会底层	生活不如意、常常失业

这项调查流传甚广,但有人怀疑其跟踪调查的真实性,因为检索材料源头的过程并不顺利,尽管如此,人们对这项调查的兴趣也没有减少。之所以人们愿意相信这项调查,可能有两个方面的原因,一方面,调查的冠名研究者是哈佛大学,作为世界一流大学,哈佛大学天然给人值得信赖的心理暗示,这给内容本身带来了光环;另一方面,调查结果有着明确的因果关系,目标清晰且长远的人成为各个领域的顶尖人士,没有目标的人则生活失意、人

生颓废,对比鲜明,容易使人相信目标对人生的重要作用。同时,个体的经验也强化、印证了这一结论:往往身边发展好的人会有明确的目标,反之亦然。

1. 觉知:寻找人生路线图

目标作为指引获得工作、生活中想要的东西的路标,是个体对生命意义觉知的表现。一个有着明确人生目标的人,往往清楚地知道自己想要什么、适合什么、能做什么,有强烈的使命感和责任心。这看似简单,实则并非易事,无数的人忙忙碌碌、东奔西走,看上去好像知道自己人生的追求,实际上是家庭、单位等外部力量在强行推动,例如一些人从工作岗位上退休后难以适应生活,乃至意志消沉。当一个人觉知到人生使命的时候,他才会持续、主动地将时间和精力投入某一项活动或事业中,直到生命的结束。

觉知人生的目标本身就是一种能力和智慧。王阳明十一二岁的时候,跟随做官的父亲在京师读书,一天他郑重其事地问老师:"天下什么事情最重要?"古板的老师回答说是读书考取功名,结果王阳明说人生最重要的事情恐怕不是及第做官,而是读书并成为圣人。王阳明这一问不仅问倒了教书的先生,还表明了他人生追求的目标。分析其中可能的缘由:一方面,王阳明天资聪颖,有着良好的家庭教育;另一方面,他能够省思常识,知道自己想要的是什么。不是所有的人都能觉知人生的使命,故而多数人或平庸、或平凡地度过了这一生。

2. 聚焦:瞄准人生任务单

人的时间和精力总是有限的,世上有趣的事情千千万万,如何把有限的资源配置到更重要的事情,不仅考验一个人的能力,还考验他的意志。一滴水的力量是微弱的,对一块石板而言几乎没有威胁,可是如果一滴接着一滴,在经年累月中可以在石板上滴出小坑,甚至可以击穿石板,这便是"水滴石穿"成语的本义。目标有着多方面的作用,但使个体的心智、资源聚焦是最重要的功能,可以避免有限的资源被纷杂的琐事消耗。目标管理者时常提醒人们，不要在忙碌中盲目，不要在盲目中迷茫，当一个人对自身处境失去监控的时候，很容易被事物及环境的力量左右，导致自我的行动偏离既定的发展方向。

目标越清晰就越聚焦，越聚焦就越具体，越具体的事情越容易解决。"把信送给加西亚"，反映的正是基于目标的执行力，不论过程中有多少的艰难险阻，只要有明确的目标和坚强的意志，就能够把看上去不可能的事情变成可能。人一旦把一个宏大的目标书写到人生的任务清单，就需要放弃短暂的自由和快乐。愿意放弃一些东西是个体成熟的重要表现，左右为难、瞻前顾后都是不肯放弃而想两者兼得，这也有了孟子"鱼我所欲也，熊掌亦我所欲也；二者不可得兼，舍鱼而取熊掌者也。生亦我所欲也，义亦我所欲也；二者不可得兼，舍生而取义者也"的感慨。

3. 力量：汇聚人生蓄水池

有目标意味着有力量。人的能力是持续发展的，在量变的过程中实现质变，厚积薄发、盈科而进，个体想达成一个目标则需要将大目标分解成小目标，将小目标细化成系列行动，系列行动需要由具体行动实现。尽管目标分解得越来越小，但是汇聚的能量会越来越大，正是因为有了前期的持续投入，才会有距离目标越来越近的可能。我有一位同事，她毕业于某大学的师范专业，对教学有着天然的热爱，所以当她从事学生管理、教学管理的时候，依然坚持课程教学，在教学过程中反思教学问题、改革教学方式、创新教学管理，积极参加学校组织的教学技能比赛。尽管每一次都很努力，但一直未能走上学校比赛的舞台，她从 2018 年一直坚持到 2020 年，才有机会代表学校参加省里高职院校教师教学技能大赛，由于经验不足，当年只获得了省二等奖，但对个人而言已经属于突破，她和团队并没有就此停止，而是继续参加学校比赛并在 2021 年再次代表学校参加省里比赛，最终获得一等奖，给多年的坚持画上了一个句号。不同的人有不同的人生目标，迥异的人生目标需要积蓄不一样的能量,只要坚持积聚便有蓄满的时候。

4. 成长:安排人生时间表

目标是对未来可能发生事情的具体化,个体管理目标首先需要配置好时间资源。时间对每个人都是公平的,每个人的一天都是 24 小时,每年都是 12 个月,但个体对时间利用的效率却千差万别。如何将有限的时间资源用于尽可能多地完成目标,需要个体掌握时间管理的策略。在现实中,人们不同程度地存在着遇事拖延的问题,很多事情不到最后一刻都无法完成,结果是做事的状态不稳定、质量没保证。

学者从重要不重要、紧急不紧急两个维度,将人们要做的事情分为四种,一是既重要又紧急,需要个体马上完成;二是重要但不紧急,需要个体制定计划、有序推动;三是紧急不重要,个体可以暂缓执行;四是不重要也不紧急,个体可以不做。一个优秀的目标管理者是将重点放在重要不紧急的事情或目标上,通过有效配置时间资源,优先保证重要目标,尽量减少紧急又重要的事情,避免做管理的"消防员"。能够达成目标的人是知道如何有效管理时间的人,合理安排时间,科学规划人生,在有限的时间里做出非凡的成就。与时间做朋友,让时间成为人生成长最好的帮手。

四、好用的 SMART 原则

目标是个体生涯管理的工具,没有目标,管理就失去价值;目标不清,管理就容易混乱。随着现代管理理念的普及,人们已经认识到目标对个体及组织发展的价值,也越发强调明确目标、制定计划。在技术迭代加快、社会变革加深背景下,发展的不可控因素不断增多,目标能否被事先预设成为讨论的话题。

在稳定的环境下,人们可以根据以往的经验和现实的状况制定未来的目标，经验在确定目标的过程中发挥重要作用，例如在农业社会里，父母生活的经验就是子女学习的榜样。在多变的环境中，由于未来难以预计的因素增多，无法仅凭过往经验来确定目标，即使确定了的目标也可能与实际情况存在较大差异，似乎目标的作用和价值在减弱。其实，环境虽然变化，但目标对于个体或组织的作用不会减弱，只是对目标的制定提出了更高的要求，需要目标具有适应多变环境的张力。目标成为一个区间值，而非一个固定值，个体在既定的区间完成目标就是完成，只是浮动的范围增加了。

在目标管理过程中，人们对优质目标的特征进行概括，认为一个高质量的目标应该遵循具体的、可衡量、能实现、相关联、有时限等原则，这几个原则的英文首字母刚好组成 SMART 一词，SMART 原则也称为目标管理原则。

1. 具体的（specific）

具体是目标管理的第一原则，目标越具体越容易执行，目标越模糊越难以实现，所以目标的表述要简明扼要、易懂易记。明确目标是为了有效地配置资源，既然个体的资源是有限的，那就需要集中力量完成重要的事情，具体的目标对资源的要求也更清晰，所谓的"集中力量办大事"讲的正是这个道理。具体对应的是抽象，尽管远景目标具有抽象的特征，但这并不影响其作用的发挥，抽象是基于事实的概括总结，有更广的适用范围。但通常制定目标要避免"假大空"，"假大空"容易让个体陷于不论结果如何均可以自圆其说的状态，也就失去了目标引领方向、汇聚资源、凝聚力量的作用。例如，有的人将一生快乐奉为人生目标，从人生的意义来看并没有对错，但是从目标管理的角度而言则是一个不具体的目标。

2. 可衡量（measurable）

可衡量是对具体的进一步要求，如果目标无法衡量，个体将无法检查实际结果与期望之间的差距，不能帮助改进工作，无法将目标的作用发挥到实处。在目标表述上应该尽量使用是否、数字、程度等客观词语,避免使用形容词、副词等词汇,基于此,衡量的方法应该是客观的、公认的标准或尺度。例如,一些大学毕业生在描述就业目标时,常说找一份好工作,所谓的"好"是一个形容词,不同主体对"好"的理解存在巨大差异,为使就业目标尽可能量化,可以表述为"在省会城市找一份月薪 5000 元的工作"。个体在工作前的两个限定条件一个是"省会城市",一个是"月薪 5000 元",最终是否实现可以看工作地点是否在省会城市,月薪是高于还是低于 5000 元,在目标的表述中最好有限定条件或公认的标准、具体的数字。

3. 能实现(attainable)

目标不能实现则失去意义,目标应尽可能合理,处于"跳一跳摘桃子"的效果最佳,目标过高或过低都会影响个体生涯的发展效能。具有挑战性的目标需要个体在现有能力、资源、环境等的情况下,发挥自身主观能动性,通过努力提高能力、集聚更多发展资源、优化内外部环境等来实现目标。挑战性过高容易导致个体付出极大努力而仍无法达到预定目标,影响后续活动的积极性;挑战性过低容易出现个体不需要付出自然而然就轻松过关,失去激发潜能的机会。如,一个普通本科毕业的学生,在没有具体工作经验的条件下计划在毕业三年内成为某国有企业的中层,根据国有企业员工晋升的条件,这个目标显然是设定过高了;而将目标调整为 10 年左右担任国有企业中层职位,则有一定的挑战性,需要个体付出努力才有可能实现;但若将目标调整为 20 年甚至更长时间内担任该公司中层职位,则可能因为时间久远等影响个体的主动性。

4. 相关联(relevant)

人生的终极目标需要被分解成若干个中期目标以及更多的短期目标,个体在不同的角色中也会有不同的目标,但这些目标应该具有内在联系,在最终的指向上是一致的,这样才能够帮助个体实现最终的、宏大的目标。从个体发展目标出发制定的各目标之间多数有着内在的联系。例如在工作上以 10 年完成从职员到中层晋升的目标，与在家庭中希望把更多的业余时间留给家人的目标，两者看上去没有明显的关联，但是个体工作价值的实现也能够给家庭生活提供更有力的保障。从个体发展与组织发展出发，个体接受组织分配的工作任务可能与自身的发展目标存在矛盾，例如完成组织分配的销售任务需要投入大量业余时间，会影响个体陪伴家人的时间，这需要个体进行协调，并通过适当的方式强化目标之间的关系。目标之间的关联不是绝对的，而是根据个体的发展及观念不断调整的。

5．有时限（time-bound）

事情的发展有始有终，制定目标需要有起点、终点和一定的时间段，没有确切的时间要求就无法及时检验目标的实现效果，即没有截止时间就永远不会完成。不论是政府发布的工作任务还是公司制定的工作计划，都会有明确的时间限制，规定在一定的时间内完成相应的工作。因为组织无法监控个体的所有行为，只能通过监控时间间接地管理行为，让行为服务组织目标。在职业发展中，个体容易出现缺乏外部监督而将目标无限延期的问题，这将降低目标的完成进度。如，在一份大学生学业规划书中，个体将英语等级证书、计算机等级证书、职业资格证书等的考取时间明确为大学毕业前，尽管该生对目标的完成时间进行了限制，但这样依旧笼统，应该根据自身专业课程开设的情况，将不同的证书考取目标放置于对应的学期，一则可以强化课程学习效果，二则可以优化学习时间管理，当前置目标没有完成时，可以做出相应调整，而都放在大学毕业前完成，容易出现考试时间过于集中而无法达到预期效果，如果失败则没有再次考试的机会。

SMART 原则让制定目标更容易，让人生奔赴的未来更可期。

五、1＋1＝?

在数学的世界里,1＋1的答案似乎是简单的;但在认识复杂世界的时候,部分与部分之间的复杂程度远超人的想象。一个系统功能的实现,有一个其组成部分之间紧密联系、相互影响的过程,在横向上形成联系的网络,在纵向上形成递进的层次,要素的变化影响结构及功能,使其在动态、开放的状态下按照自身的演进方向发展变化。职业生涯规划的理论、工具、方法帮助个体澄清事实,做出决策,推动个体更好地发展职业。

1. 识别势差

常言道,人往高处走,水往低处流。变化的本质是主体间力量的此消彼长,力量处于相对平衡状态而非绝对平衡,绝对平衡的出现意味着势差的消失以及状态的凝滞。从内部剖析,个体因为没有获得工作才会积极参与招聘,没有获得满意的岗位才会考虑工作变动,一定是个体的期待与现实之间存在差距,个体才会有规划调整的意愿。

从外部剖析,个体在工作稳定后容易处于自我满足状态,而一旦与群体中其他成员进行比较,个体处于相对优势或劣势的时候,才会强化自我概念,当处于相对优势时,个体通常感觉良好,肯定自我的工作状态;当个体处于劣势时,个体会意识到问题及可能的后果,在情绪上表现为焦虑不安,在工作中采取行动、调整状态,以期扭转某种不利局面。

从组织管理的角度看,为了调动成员的主动性,提高生产服务的效率和质量,管理者会设计职务、薪酬、专业技术职称等的势差通道,以规范的制度约束成员的行为,进而达成组织的目标。高等学校的专业技术职务晋升制度就是势差的具体应用,让教师从讲师到副教授再到教授,教授又分四级、三级、二级等,为了提高专业技术职称,教师就需要按照晋升条件完成工作业绩,而这些业绩则是学校发展看重的指标。

2. 分析综合

如何消弭理想与现实之间的差距是个体职业生涯规划的重点,这需要个体盘点自身的情况,清楚自身能做什么、不能做什么,外部环境是有利还是不利,身边的人是支持还是反对等。个体借助生涯理论、工具及方法,可以知道自己的职业价值观、职业兴趣、职业性格、职业能力等,可以了解经济社会发展的基本情况、行业发展趋势、企业运行情况等,这都是对职业发展的分析,个体掌握的是诸多侧面或部分,还需要借助综合的方法将各部分关联起来,形成对职业发展的总体判断。

美国实验主义代表人物杜威认为,每一个判断,只要它运用辨别力和鉴赏力把重要的和无价值的区别开来,把无关的末节同关系结论的要点区别开来,便是分析;每一个判断,只要是在头脑中把选择出的事实安置到范围广泛的情境中,便是综合。在职业生涯发展中,选择是分析的表现,而行动则是综合的结果。分析导向综合,综合改善分析。分析与综合同时进行、互为前提,概括来说,分析即综合、综合即分析,个体在职业生涯中任何一个方面的进步或突破,都将会对整体产生直接的影响,而整体的变化又会影响到部分的内涵。

3. 制定目标

不论是个体心理特征分析的结果,还是外部职业环境,都支持多种职业可能,如何进一步缩小范围,选择出最适合自身发展的职业目标,需要个体的智慧。事实上,不论个体选择怎样的职业目标,就个人而言没有对错之分,所谓的对与错很大程度上都是他人评价的结果。

一个喜欢跟数字打交道的人,在面临职业选择时,既可以从事会计工作,也可以从事财务工作,还可以从事审计工作。假如个体选择了从事会计工作,在互联网、大数据、人工智能等技术的影响下,传统的会计岗位面临调整,个体原本擅长的珠算、手工做账等都失去应用的场景,将给个体职业发展带来挑战。

从发展结果看,个体选择会计的工作不如选择财务和审计,但若干个目标同时被确定的时候,个体是基于当时的情况选择的,随着行业的变化和发展,这些职业目标也被赋予不一样的内涵,如十年前的会计和十年后的会计尽管名称一样,但其工作的对象、规则、工具、方法等都发生了不同程度的改变。可见,制定目标是基于当时的判断,目标的内涵随着内外部环境的变化也会发生改变,个体不能以静态的思维来看待动态的职业及职业目标。

4. 付诸行动

能付诸行动的目标才是目标,无法付诸行动的目标则是空想。行动让目标拥有了牵引个体向前的力量,行动的力量让个体的职业发展成为现实。生涯规划是一项贯穿个体一生的系统工作,而职业生涯规划是其中重要的一个子系统,职业中的角色会对个体其他角色的扮演产生深刻影响。尽管事业成功与家庭幸福之间没有必然的联系,但是从个体人生幸福的角度看,职业的发展、事业的成就影响着家庭、生活等诸多方面。

行动是有力的,可以帮助个体接近职业目标,达成职业发展的预期。在行动中,个体进一步加深对自我及环境的了解,觉察实现职业目标可能存在的威胁和挑战。在头脑中的反复思索都不如一次积极的行动,所以才会说"行动是检验真理的唯一标准""理论是灰色的而实践之树长青"。个体职业目标的实现不仅受个体自身能力水平的影响,还受组织环境、社会环境等外部因素的影响,个体不能忽视不可控因素带来的作用。例如在行政职务中,个体能走到一个较高的位置,是因为能力、机遇,更是多方面综合作用的结果。

个体想制定一份有效的职业生涯规划,不仅需要了解自己、熟悉环境,还需要在知己知彼基础上制定职业发展目标,进行可行性评估,最后通过系列行动完成既定的职业目标。这一过程是系统连贯的,不是零散割裂的,任何一个环节的失败都有可能导致目标的失败，而在发展过程中，前端环节出现差错将直接影响后续环节乃至结果，个体在执行过程中意识到某一环节存在问题或风险，应当通过及时的修正，最大限度地减少问题可能产生的不良影响。

相信自己，用行动证明；相信未来，用目标来引领。

六、最难的是决策

在求学的路上，人们因为考试而做过无数的选择题，有单选题还有多选题，正确的答案都是唯一的。正确率越高，意味着个体的知识掌握得越牢固，运用方法的能力越强；反之，正确率越低，代表着个体的知识掌握得越不稳固，运用方法的能力尚有不足。正是这一道道选择题，影响了个体的学业成绩，而学业成绩又影响了个体的求学情况，乃至人生。在某种意义上，每一道选择题犹如一个微型的决策。如果说把人生比作一张试卷，那人生遇到的诸多选择，就是一道又一道的选择题，只不过这一次没有标准答案，自己认为正确的就是适合的。往小了说是选择，往大了说则是决策，自己都要为做出的选择承担责任，而职业决策则是职业生涯规划中最重要的部分，将深刻地影响着个体的发展。

1. 前提：明确的目的

在管理学中，流传着这样的一句话：没有目标就无从决策，没有问题则无须决策。可见，存在问题、解决问题是决策的前提条件，而目标就是解决问题的结果。为了做出决策，需要对问题进行澄清，问题越清晰、越简单，则越容易进行决策，而问题越模糊、越复杂，对于决策者的决策能力要求越高。一旦问题明确，也意味着目标即解决问题之道的确定。职业决策是个体职业生涯规划的关键一环，而在个体的职业发展过程中，关键性的决策并不多,概括起来主要包括读什么样的专业,选择怎样的行业,在行业中选择何种岗位、工作地点、生涯发展的路径等。其中,个体职业发展的初期尤为重要,选择进入某一个行业或领域,将直接影响着后续的发展。所以,个体进行职业决策时,首先需要明确自己的职业目标,伴随着个体及其环境的变化,职业目标的内涵或外延会发生变化,但是任何一个职业目标的确立对个体的发展都十分重要。可见,优质的职业目标对个体职业生涯规划及职业发展的影响之大,个体要想进行高质量的职业决策就必须明确职业目标。

2. 条件:若干个方案

在生活中,如果人们的眼前只有一条路,那便会毫不犹豫地向前走;当来到岔路口,眼前有多条路的时候,人们便会犹豫选择哪一条。在职业决策的过程中,如果只有一个方案,人们没有办法对其进行比较,也没有选择的余地,只有存在多种方案或多个可能的时候才需要进行决策,故多方案抉择是科学决策的重要原则。例如,在改革开放之前,农村青年受户籍管理制度的影响,其出路是非常少的,可选的路主要有做农民、参军、做工匠,连做工人的机会都非常少,人们面临职业选择的机会也非常少。改革开放之后,随着市场经济的发展、户籍管理制度的改变,越来越多的农村青年可以到城市里谋生,各行各业需要各类人才,个体选择从事怎样的工作成为重要的决策内容。人们面对的环境越复杂,可选择的机会越多,对决策能力的要求越高。在可供选择的方案中,方案的差异性越小,决策的难度越低;方案的差异性越大,决策的难度越高。不同的方案可能带来迥异的结果,这将直接影响个体职业发展的走向和未来可能取得的成就。

3. 方法:横向的比较

比较是人类认识事物的一种方法,是人们区分事物的工具。在职业决策过程中,能够入围个体职业选择的方案,均有其可取之处,但也可能存在着不足。因此,个体需要对可选择的职业方案进行系统分析、全面评估,确定每个职业方案对职业目标的贡献程度和可能存在的风险。个体通过对备选的职业方案进行比较,才能够掌握各方案之间的优劣,进而为职业决策奠定基础。比较是方法,比较的维度则是核心。比较的维度是个体看重的内容,个体与个体之间存在着差异。有人说,天底下所有的不满都是比较的结果,既然是比较就会有优有劣、有好有坏、有喜有忧。比较对于个体做出职业决策而言是简便易行的方法,能够帮助个体快速地选择自己倾向的职业方案。对于同样的备选职业方案,有人会着重从职业发展的机会比较,也有人会着重从薪酬进行比较,这是由个体所看重的职业价值、家庭环境等来决定的。需要注意的是,选择比较的维度时要考虑到未来的发展。以薪酬为例,当下某一职业的报酬可能是比较低的,但随着职务的晋升、专业技术水平的增加,个体的报酬也会随之增加,个体不能因一时而误一世。

4. 结果:满意的选择

职业决策最佳结果是选出最优的方案,但是事实上最优是不现实的,个体满意则是职业决策的主旋律。之所以说最优不易实现,是因为个体掌握的信息是不完全的,不论在备选的职业方案的数量还是质量上,还是在个体分析的维度上,都可能存在不足。同时,随着目标和资源的变化,最优可能不再是最优。而满意则是一种主观的感受,个体可以通过改变态度、认知思维来不断地修正。即使最优方案存在,个体也需要付出更多的时间和精力去搜集、寻找,这也意味着时间成本、机会成本等的增加。在个体职业决策中,选择去何地就业是一个重要的命题,大城市有更多的就业机会和发展空间,但也意味着高房价和更高的生活成本;小城市尽管发展机会少、空间相对较小,但是生活成本较低,幸福指数更高。无论个体选择何种城市,只要个体对结果满意便是职业决策的理想状态。

5. 本质:主观的判断

尽管职业决策有一定的程序和规则,但总是受个体职业价值观以及经验的影响。在分析判断时,决策者的价值、准则、经验会影响目标的确定、方案的提出、比较的维度等,实质上决策是个体基于客观事实的主观判断。正因为职业决策是主观判断的过程,所以对于同一个问题,不同的人有不同的选择,选择更没有对错之分。一个有健全判断能力的人,在任何事务中,不论其学识如何或价值立场怎样,在处理事务中都能体现出他是有教养的人。判断的前提是标准和尺度,这样个体才不会在不同的情境中摇摆或犹豫,之所以坚定不移,是因为明是非曲直。事实上,学问并不等同于智慧,知识也并不能保证良好的判断;学问可以靠钻研或记忆获得,而智慧一定是基于情境的优化体悟。一个判断形成以后,它就成为决定,判断就终结了,或者说争论的问题便结束了。

七、SWOT 分析法

SWOT 分析作为市场管理和营销中常使用的决策方法,是个体对内部条件以及外部环境进行有效分析的操作工具,有助于个体正确看待个人能力与环境因素的关系,有利于个人与环境的互动和平衡,进而增进个体职业生涯发展的可持续性。SWOT 分析的两个维度是内部条件的可能性和外部环境的挑战性,在内部主要是从个体具备的优劣势进行分析,在外部主要是根据机会和威胁进行评估。个体进入职业生涯决策阶段后,已经处于身心发展的成熟状态,储备了相应的专业知识,具备了一定的职业能力,形成了有关的职业倾向,这是个体从事职业的基础和前提。

1. 分析维度

所谓的优劣势是个体基于环境对所具备条件做出的判断,考虑的一方面是岗位对求职者职业能力的要求,另一方面是和竞争者或潜在竞争者之间比较的结果,是相对的而非绝对的。同样的条件在不同的求职环境中会发生优劣势的转变,以语言为例,为了便于工作和交流,对服务行业人员有普通话水平的要求,一个熟悉某种方言的个体在使用普通话的群体中没有明显优势,但是当客户群体主要是当地人时,他/她的方言能力就可以转换成优势。

所谓的机会与威胁,是指基于个体自身条件可能带来的职业发展的外部挑战,面对机会和威胁,个体以适应为主,通过抓住机会、应对威胁来实现自身的发展。在事物发展过程中,机遇与挑战通常是并存的,不存在绝对的机会,也不存在绝对的威胁,化危为机本身就是对个体积极适应的要求。以升学为例,随着我国高等教育的普及化,个体有越来越多的机会进入大学接受高等教育,但在就业市场中,也存在着学历贬值的情况,越来越多的岗位提出了更高的学历要求。本科、研究生招生人数的持续扩大,为个体学历提升提供机会,但也因为越来越多的个体希望通过学历提升来改变就业条件,在一定程度上增加了升学的竞争压力。

2. 策略选择

在不同的发展处境需要不同的适应性行为策略,选取适宜的策略是个体发展的现实需要,也是外部环境推动的结果。职业生涯发展是持续的过程,其中职业决策是个体处于一定发展阶段的适应性选择,需要个体根据内外部的现实及职业发展目标,选择有利的发展条件,进而实现个体的职业目标或职业理想。个体内部的优势、劣势,以及外部环境的机会与威胁两两组合形成了四类发展情境。

一是优势与机会组合。个体具备完善的发展条件,这是个体职业决策过程中重点考量的部分,多数情况下个体最终的就业将在这个领域。该情境中,个体识别职业发展机会是前提,抓住发展机会是关键。例如,不少高职院校与行业企业组建"订单班",即学校和企业在大二下学期的时候联合选拔优秀学生,进入校企共同培养阶段,大三上学期在校接受学校教师和企业骨干的教学,大三下学期到企业岗位实习,毕业后直接进入企业工作,实现毕业就业零过渡。面对这种优质发展机会,个体抓住机会就意味着提前锁定就业岗位,而一旦错失机会则只能在毕业季与成千上万的人一起竞争工作岗位。

二是优势与威胁组合。个体具有一定的发展可能,这需要个体对现有的条件进行完善和提高。个体需要借助自身的优势降低外部环境威胁,具备较强的化危为机的能力,这对个体的综合素质有较高的要求。例如,在演员行业,个体的容貌、身材、气质等都是重要的职业资源,而一些个体也可能在这些方面存在劣势,如果一个容貌不具备足够优势的人朝着"丑角"方向发展,就可以将自身在行业发展面临的威胁转化成机会。

三是劣势与机会的组合。个体具有一定的发展可能,但关键是要转换或改变自己的劣势。如果个体无法实现自身的跃升,发展的可能性将会减小。在个体职业决策中,劣势可能是相对的,诸如与高学历求职者相比,专科学历求职者存在劣势,但是与高中学历比较则存在优势;个体也可能存在绝对劣势,个体在这种情况下需要清楚自身存在的不足,并对改变劣势需要的时间、可能、成本等做出判断。

四是劣势与威胁的组合。个体一般不具备发展的条件,这是个体需要识别并避免的情况,一旦个体做出错误的选择,从事本身既不擅长、外部环境又恶劣的工作领域,将严重影响职业发展。知道自己可以做什么重要,知道自己不擅长做什么更加重要,个体在职业发展中,限于对自身及外部环境认知的不足,可能高估自身的水平,并对后果严重性的估计不充分,这需要引起个体的警醒。当然,个体可以借助专业的咨询机构及人员,分析可能存在的劣势和威胁,避免做出错误的职业决策。

3. 操作过程

SWOT 分析是一种直观、可操作的分析工具,不论是在市场管理领域还是在个体职业生涯规划中均有着广泛的应用。使用SWOT分析的前提是个体对自身情况和外部环境进行了了解和澄清，基于此，个体通过评估自身的长处和短处，分析个体所处的环境，论证职业目标的可能性和可行性，进而做出职业判断。一是寻长觅短，发现自身的长处和不足，便于放弃自身不擅长、技能要求不达标的职业，做到扬长避短。二是识危见机，通过全面、系统、准确地分析自身可能面临的威胁和机会，做到机会面前当仁不让，威胁面前化危为机。三是定位立标，确定自身职业发展的定位，明晰准备从事怎样的行业，拟谋求怎样的发展目标，将个体的职业发展与企业乃至行业发展联系起来，顺势而为，乘风破浪。四是分析可能，确立目标只是发展的第一步，是否可行、如何实施才是重点，这要求个体对可能的事情进行透彻分析，为实施具体行动提供方案。

在实践中，SWOT分析法运用起来简单方便，既是寻找职业目标的有效手段，又是验证方案可行性的实用方法。需要注意的是，通过反复练习和实践才能熟练掌握一种方法，个体在掌握了SWOT分析的基本理论内涵之后，需要结合自身关注的问题进行训练，掌握操作SWOT分析方法的技巧和适用范围，为个体科学职业决策提供方法保障。

八、你需要决策平衡单

职业发展作为个体社会化的集中体现，也是个体生涯发展的重要支撑。在学习生活中，人们时常会遇到两难的选择，鱼与熊掌不可兼得，有的人会向父母老师求助，有的人会独立判断，还有的人不做选择、任其发展，不同的选择会有不同的结果。在向外积极寻求帮助的同时，个体也可以借助科学管理的工具进行自我澄清。个体在面对既重要又复杂的职业决策的时候，需要进行系统分析、全面考虑，也需要简便好用的方法或工具。决策平衡单作为个体职业决策的工具,在一定程度上可以将复杂问题清晰化,以直观的方式为个体呈现职业决策需要考虑的内容;为职业决策提供参考。

决策平衡单主要从选择项目和考虑维度两个方面出发,其中选择项目主要是备选的职业,考虑维度主要从物质—精神、自我—他人等两个方面进行得失考虑,具体分为自我物质的得失、他人物质的得失、个人精神的得失、他人精神的得失。其中,自我物质的得失主要包括职业的收入、升迁机会、工作稳定性、工作环境的安全、休闲时间、对健康的影响、就业机会、足够的社会资源等方面;他人物质的得失,主要指与个体关系密切的重要他人诸如父母、配偶、子女、师长等,涉及家庭经济、家庭地位、与家人相处的时间等;个人精神的得失,主要涉及兴趣的满足、能力的满足、价值观的满足,生活方式的改变、成就感、自我实现的程度、挑战性等;他人精神的得失,包括成就感、自豪感、依赖、贡献度等,也包括对组织、社会等更大群体范围内精神的塑造和影响。

以上四个方面的若干维度是个体职业决策时参考的内容,因为个体之间存在较大的差异,可根据自身实际情况进行选择,不用拘泥于提供的维度,可以适当增加或减少,只要能客观全面地反映自身对职业的判断即是合适的。尽管决策平衡单易于使用,但仍需按照使用规范操作,以保证使用效果。其使用流程可以概括为以下五步。

1. 列选项

在职业决策过程中,个体有多个备选职业目标是使用决策平衡单的前提,如果一个人的职业目标非常清晰,那该表单的作用将会十分有限,只能用于个体前后的对比。所以,使用决策平衡单的第一步是列出 3~5 个潜在职业目标,排列在决策平衡单的顶部,便于基于同一维度进行比较,帮助个体澄清不同职业目标可能给自身职业发展带来的影响。不论是从个体职业兴趣、职业性格、职业能力等的适应范围,还是外部职业环境发展的需要,多数情况下个体会有多个潜在或可能的职业目标，例如，一个财经商贸大类专业毕业的学生，可能适合从事银行柜员、企业会计、行政管理等多个工作岗位，当个体犹豫或不确定时，就可以使用决策平衡单进行明确。

2. 判得失

任何一个工作都无法满足个体对生涯发展的所有期待，由于不同工作的属性不同，在经济社会发展中的地位不同，工作之间在经济报酬、休闲时间、社会地位、自我实现等方面存在或大或小的差异。个体职业决策需要考虑得失的主要内容包括个体物质、精神得失，他人物质、精神得失。对个体而言，工作不仅给个体带来收益，也可能带来不利影响，需要注意的是得失以职业后果为事实，因人而异，没有统一的标准。以个体休闲时间为例，一位决策者的职业目标分别是外贸公司销售、行政管理、英语培训教师，因为外贸公司销售业务繁重，又多与外国进行联系，存在工作时间不规律等情况，会影响休闲时间，这可能给个体带来"失"，而其他目标职业可能有较好的休闲时间，则可能给个体带来"得"。

3. 赋权重

决策平衡单中的权重是个体在若干个方面根据对事实影响的大小而确定的系数，权重的取值范围一般是 1～5，个体根据自身的需要赋予项目权重，权重越大代表个体越看重，权重与得失数值的乘积即为该项目的得分。以经济报酬为例，同样的一份工作，同样的经济报酬，对于家庭经济情况不太理想的求职者而言，薪酬可能比较重要，权重可以是 5；但对于一个家境殷实的求职者而言，薪酬可能并不是影响自身的关键方面，权重可以是 1。可见，权重是个体主观判断的结果。

4. 打分数

决策者为每个项目评分并赋予数值，在操作中，得分的区间一般在 -10～10 之间，得用正数计数，失用负数计数。在打分数时，可以按照职业目标纵向维度逐一打分,也可以按照考量方面的横向维度逐一打分,两者的主要区别是前者具备完整性,后者具备一致性,尽管两者存在一定差异,但对最后结果的影响是微小的,一般不会使结果产生显著性差异。

5. 计总分

计总分是使用决策平衡单的最后一个环节,主要是逐一计算各职业选项的得分,与权重相乘,计算各项总分。需要注意的是,在总分计算过程中,一是每一项的得分要是权重与打分的乘积,个体计算过程中容易忘记权重而直接合计分数;二是职业目标最后的量化得分是正向计分和负向计分之和,个体计算中容易忘记减去负向分数。还需要注意的是,备选职业目标最后的分数是个体职业决策的重要参考,而不是唯一参考。

受个体生活阅历、工作经验以及身边重要他人等的影响,个体在填写决策平衡单的过程中会基于当时的考虑。随着内部、外部的变化,个体可能会对同样的维度,职业目标产生不一样的评判。既然是工具,其效用就是有限的,解决的问题也是有针对性的,个体应该意识到决策平衡单的局限性,不能盲目更不能依赖。

决策平衡单作为一种决策工具,其适用范围不局限在职业决策过程,还可以拓展到工作生活中的其他方面。例如,个体决定购买一套住房,在初选若干房源之后,也可以使用决策平衡单,从经济压力、交通便利、教育资源、工作便利等方面进行比较,帮助个体澄清对购买住房的模糊认知。

九、出彩人生我做主

旅行是选择适合的交通方式朝着目的地出发,带着某种心情,在前行中遇到无数的人,看过沿途的风景,直到来到目的地登上期待的山,看到碧绿的水,遇到心上的人,然后折返回到最初出发的地方。人生亦如此,职业生涯亦是如此，人们在旅行中，认识自我，探索世界，获得发展，实现成长。

做出选择是生活的主题。有人会问，人们真的可以自由地选择自己的职业吗？这里有许多的答案，一种观点认为，个体可以自由地决策，个体可以用逻辑的、理性的分析、比较、综合等来决定自己的生活及自己的职业，这种论点被称为职业决策的理性派，个体通过收集、整理自身的个性心理特征，特别是职业兴趣、职业价值观、职业能力等，来对个体职业决策发挥关键作用。另一种观点认为，职业决策并不自由，受到不可控外力的影响，因为个体无法控制社会文化环境，如种族、性别、家庭背景、父母收入、社会环境等，这种观点的支持者被学者称为社会文化决定派。

人类以社会的方式进行生产，个体作为社会中的一员，在继承中创新，在依赖中独立，在面对人生职业发展问题的时候，更多的人的自由是有限的，需要平衡理想与现实、个体与社会、工作与生活等之间的关系。尽管如此，个体在职业发展中应主动思考、主动分析、主动规划、主动省思，尽可能地实现个体职业发展的目标

1. 主动思考

思考作为一种抽象能力，要想充分发挥其作用，不仅需要对事物的发展形成判断，更需将思想认识转化为书面文字的能力，进而有助于撰写职业生涯规划书，将个体的职业目标和职业决策转化为行动方案。很多人在撰写职业生涯规划书的过程中，会出现文字能力不足、文本撰写不规范等问题，突出地表现为不能很好地以文字的形式呈现个体的思想认识，为解决此问题，一方面，需要在教育过程中注重提升自身的文字能力；另一方面，需要个体时常以文字的形式呈现思考的结果，培养将思考转化成文字的自觉意识。

在职业决策中，个体应该具备一种辩证思维，能够从哲学的视角观照职业的世界，具备理性思考的能力。一是历史的观点，基于时间的维度，来考量人们选择的职业的发展处于怎样的阶段，从哪里来，要走向哪里去。二是

分析的观点,个体使用的测量职业性格、价值观、兴趣、能力等的量表工具都使用的是分析的思维,将整体分解成部分,通过部分来认识整体。三是联系的观点,自我的分析要和职业的分析联系起来,现实的自己要和未来的自己联系起来,长远的目标要和短期的目标联系起来,知己要与知彼联系起来。四是发展的观点,进行职业生涯规划不是一劳永逸的工作,随着个体的发展和社会的进步,生涯规划会需要调整和完善。

2. 主动分析

职业生涯规划与指导作为一个比较成熟的理论与实践领域,在一代代学者及咨询专家的研究下,形成了系统的理论体系,开发了诸多的实用工具,个体想进行科学的职业决策,需要主动进行内外情况分析,更加了解自己和环境,更好地适应职业发展需要。概括起来,个体主要可以使用三类分析工具。一是自我分析工具,主要包括职业兴趣、性格、能力等的测量量表,帮助澄清自己。职业兴趣即喜欢干什么,职业能力即能够干什么,个人特质即适合干什么,职业价值观即最看重什么。对自己进行全方位、多角度的分析。二是职业分析工具,主要包括职业世界地图、生涯人物访谈、PLACE职业分析法,帮助分析家庭环境、学校环境、社会环境、职业环境的情况,了解外部环境,特别是结合行业进行职业环境分析,比如金融类工作岗位的内容、工作要求、发展前景,金融企业的企业文化、发展阶段、产品服务、员工素质、工作氛围等。三是职业决策工具,主要包括SWOT分析法、决策平衡单、决策树,通过SWOT分析个体内部的优势、劣势,外部的机会、威胁,两两组合形成职业策略;通过决策平衡单或决策树,比较目标职业对自己、他人、社会的利弊得失,帮助选出最优的目标职业。

3. 主动规划

职业规划是个体职业生涯发展的重要环节,是朝向目标的系统化安排,尽管规划重要,但按照计划行动更重要,这需要持续提升个体将工作计划转化为实际行动的能力。个体通过明确职业目标，并根据职业目标制定近期、中期、长期的实施计划，通过不同阶段计划的实施帮助实现阶段目标，进而实现最终的职业目标。其中个体需要规划五方面的内容，即自我分析、环境评估、职业定位、计划实施、评估调整，个体可以对自己未来的规划进行设计和陈述，既可以接受师长的指导，又能与同学切磋交流，还可以作为职业生涯发展的记录，以阶段性成果的形式呈现出来，为下一步发展指明方向。同时，个体需要协调子女、学生、休闲者、公民、工作者、持家者等多种角色。其中，处理好个体承担的多种角色的关系是生涯规划的应有之义，也是生活世界的现实需要。

4. 主动省思

省思来源于现有的事物暗示了别的事物，从而引导出信念，而此信念以事物本身之间的实在关系为依据。其实质是一个由此及彼、由浅及深的过程，个体的职业生涯规划不是一劳永逸的，是需要根据个体及环境的发展不断地进行修正，而修正就需要对发生的事实、现实存在的问题进行省思，帮助个体调整下一阶段或未来职业的发展，强化个体将实践经验转化为理论方法的能力。职业生涯规划的过程是一个具体实践的过程，撰写过程是个体对理论、原则等不断应用的实践。个体一般能够较好地应用操作技能，但是存在不能够很好地总结实践经验、缺乏理论思维素养等问题。这需要个体注重总结提炼能力的培养，进而提高理论思维水平。

如果说人生是一场旅行，就要用心去享受沿途的风景；如果说人生是一本书，职业生涯规划就是目录，想描绘书中最美丽的彩页，就要用手中的笔去书写。回味昨天，把握今天，展望明天，让人生有更多出彩的机会！

第五章　选择去行动

一、实践的魅力

实践是将抽象的认识具体化的路径,也是个体获得直接经验、认识客观世界、改造主观世界的途径。没有实践就没有个体的持续成长,也就没有个体职业生涯发展的经验积累,个体在实践中应用掌握的知识、规律,在具体实践过程中涵养思维的发展。费孝通说,从具体事物里提炼出来的,那就得不断地在具体事务里去核实,逐步减少误差。可见,实践是修正个体认知的路径,个体在实践中获得成长的素材,提升思想境界,所以才有人说,圣人是肯做功夫的庸人,庸人是不肯做功夫的圣人。

1. 家庭实践

家庭是个体成长的第一场所,是生命诞生、发展、延续的地方,个体诸多的技能都是在家庭中获得的,个体也是在参与家庭活动中获得最初的经验。蒙台梭利说,学会走路对儿童来说是第二次降生,他从一个不能自助的人变成了一个主动的人。这番努力的成功是儿童正常发展的主要标志之一,但在这第一步之后,他们仍然需要经常性地实践。不论是走路、吃饭,还是交谈、冲突，甚至成功、失败等，最初都是从家庭开始的，个体从具备一定活动能力开始，直到生命的结束，都与家庭有着紧密的联系，所以个体从小应积极承担家务劳动，这不仅是作为家庭成员应该承担的责任，也是个体融入社会、走进职场进行工作实践的"实习"。

个体的很多能力源于经验，经验需要实践，个体在实践中发展自我。在个体成长过程中，特别是童年时期，生活的空间主要集中在家庭，在父母的指导或帮助下能够整理房间、打扫卫生、洗衣做饭等是个体后续独立生活的重要支撑，也是个体终身受用的通用技能。许多父母在教育子女时，注重引导孩子做家务，享受劳动带来的喜悦，本身就是发挥实践对人成长的重要作用。例如，在家庭教育中，一些父母时常把自己能够完成的任务，留给自己的孩子。个体正是通过在家庭中的一次次实践，积累了丰富的成长经验，提高了自身的行动能力。

2. 学校实践

学校作为一类非营利的社会组织，是个体学习知识、掌握技能、培养素质的地方，尤其是高等学校，更是个体进行专业学习的场所。在大学中，个体课业安排不同于中小学，大学生有更多的自由时间安排自己的学习生活，这一时期的校园实践也是个体进入社会的重要基础，个体在大学期间积极参加校内实践，可以为后续职业发展积累经验。

一是担任学生干部。为提高大学生自我管理能力，高校设有团支部、学生会、班委等学生组织，个体参加这些组织一是可以服务大家，二是可以提高自身综合能力。竞选班级干部或学生会干部是大学生常见的校内实践活动，个体担任学生组织中的某一职位，就需要完成对应的职责，做好沟通协调工作。学生干部需要在同学和老师之间起到沟通连接的作用。大学经常组织各类活动，这需要学生干部进行组织、协调和管理，而这些实践活动可以帮助个体提高自身的组织管理能力及人际交往能力。

二是积极勤工俭学。为帮助家庭经济困难或有意愿参加学校事务的学生,高校会设置一定数量的勤工俭学岗位,学生不需要到社会上,就可以根据自身的课程安排利用业余时间进行勤工俭学。学校各职能部门的工作人员需要勤工学生处理一些基础的、简单的日常事务,一则可以让教师抽出更多的时间精力做其他的工作,二则可以培养学生的做事能力。例如,一位高校的教师表示他在读研究生时,就担任了学院兼职辅导员,其间帮助专职辅导员进行学生管理、材料整理、活动组织等工作,提高了自身的能力,也为日后毕业报考高校辅导员岗位奠定了坚实的基础,积累了丰富的经验。

三是参加技能竞赛。为提高学生的专业知识技能水平,学校会组织各类的学科竞赛、技能比赛等,这些活动从狭义上讲属于专业教育,但从广义上讲也是一种特殊的校园实践,因为这些活动不是人才培养方案规定的课程。根据我国高校各类竞赛的规则,只有最优秀的学生才有机会进入备赛团队。为争取优异成绩,学校会安排专门的辅导教师进行专业指导、系统训练。以职业院校为例,每年国家会组织全国职业院校技能大赛,若能代表学校参加全国专业比赛,对个体的专业能力、综合素养及后续的职业发展都有着十分重要的影响。

3. 社会实践

顾名思义,社会实践是指个体在社会中进行的实践活动。与校内实践活动相比,社会实践对个体有更高的能力要求,校内实践中,教师会遵循"教育为主,锻炼为辅"的原则,而社会实践就是按照组织运行的规则要求个体完成相应的工作。寒暑假期间,高校会组织专门的社会实践,诸如"三下乡"活动等。个体通过社会实践能够更好地接触社会,将掌握的专业知识应用于工作实践,发现自身在实践中存在的短板和不足,为后续提升专业能力奠定基础。同时,也帮助个体了解社会的用人需要,发现现实社会中存在的问题。

例如，某高校教师带领学生到宁波开展社区银行暑假社会实践活动，活动期间组织学生设计问卷、走访校友、调研银行、访谈居民、撰写报告等，这些实践活动是学生综合应用专业知识的机会，也是学生群体相互帮助、建立深厚友谊的良好时机。有队员说，本次社会实践活动锻炼了自己的能力，也发现了自己经验不足、处理问题不够成熟、书本知识与实践结合不够紧密等问题，在今后的学习和生活中，要更加珍惜在校学习时光，努力掌握更多的知识，并不断深入实践，去检验自己的知识。也有队员深情总结道，"实践是最美的青春，宁波之行是我夏天最美的回忆，相信人与人的每一次心动，相信善意，相信不计回报的付出，相信黎明和朝阳，也相信我们与这个世界温暖相依"。

实践是培养行动力的最佳方法，也是个体成长的有效途径，个体在实践中经风见雨、茁壮成长。在实践中发现自身的优势，为个体职业发展打下基础；在实践中发现自身的不足，通过持续学习克服存在的问题，让个体的职业发展有更大的可能。所谓天下难事，必作于易；天下大事，必作于细。成功的背后永远是在实践中艰辛地付出、持续不懈地努力。只要坚韧不拔、百折不挠，成功就会在前方等待。

二、王阳明知行合一的启示

王阳明是明朝中期的思想家、军事家、教育家，是心学的集大成者，他的思想、功业对当时及后世中国乃至世界均产生了深远影响，是中国古代的"文化巨人"。他出生于浙江余姚的官宦之家，其父亲王华于成化十七年状元及第，官至南京吏部尚书。王阳明少有才名，一生有"五溺三变"的经历，他曾沉溺任侠、骑射、辞章、神仙与佛氏之习，也在教育中经历知行合一、静坐澄思、致良知的三变之境。他也是中国历史上立德、立言、立功"三不朽"

的圣人，他的品德修养、思想著述、军功民绩都取得了非凡的成就，是文人治军的杰出代表。

对于王阳明学说中的知行合一，不能简单地将"知"理解为认知，把"行"理解为行动，这其实是用现代的哲学内涵去理解古人的思想。实质上，阳明先生的知行合一不是局限在思想、意识和实际行为相一致，"知"是指他心学中的"良知"，属于道德范畴，也是阳明心学的关键，理解起来是指道德意识和道德实践的内在统一。这也是阳明先生在社会治理、军事行动中，感慨"灭山中贼易，灭心中贼难"的哲学实践，其中"心中贼"是"山中贼"的渊薮，"心中无贼"则"天下无贼"。黄仁宇也指出，王阳明认为知识是一种决断，必定引起一种行动。这把握了知行之间的内在关系，以及知与行对个体生命的价值。

1. 知中有行，行中有知

阳明先生在论述知行关系时，注重从知与行的辩证关系着手，强调两者是一体两面，是阴阳之道的表征，不论是知还是行，脱离一方面谈论另一方面都无法理解两者的关系，也无法窥探其中的道理。故阳明先生说，"知行原是两个字，说一个功夫"，知中有行行有力，行中有知知天理。"知是行的主意，行是知的功夫；知是行之始，行是知之成。若会得时，只说一个知，已自有行在，只说一个行，已自有知在。""知之真切笃实处，即是行；行之明觉精察处，即是知。知行功夫本不可离。"一言以蔽之，知即行，行即知。

知行是一个功夫的两面，是生命觉知行动的质的规定性，正是因为人具有知与行合而为一的本能，才有灿若繁星的光辉。知是个体行为的指导思想，贯彻行之始终，行是知的贯彻、落实，知是行的发动者，行是知的结果。知与行两者是人们语言、文字解构的结果，是分析思维的产物，正如在人体解剖课程里，会将人分解为若干个器官组织，各器官有不同的结构和特点，但人体器官功能的发挥依托于生命整体的效能，没有某一个具体组织可以独立存在。所以，知与行联系在一起，不是不能分离，而是无法分离。知而不行，不是真知，而是妄想；行而不知，不是笃行，而是冥行。

2. 以知促行，以行求知

尽管知行是一体的，两者在生命的实践中是难以割裂的，但因为人类社会的组织方式，以及文化知识的传承，客观上形成了知的独特存在形式。因为人类发明了文字，掌握了记录历史、技术、文化等的方法，人类通过书籍保存实践的智慧，又通过教与学的方式将前人或他人的智慧转移到其他个体，实现技术、文化等的扩散和传播。《中庸》有言"好学近乎知，力行近乎仁，知耻近乎勇"，也是从不同的视角对知与行进行理解，知不以人的主观意志而改变，也可以以符号的形式保存，但行必然需要知的涵养，需要知的指引，人在知与行合一的过程中完成生命实践的意义。

个体通过器官获得外部信息，信息通过神经传导系统抵达大脑即信息处理中枢，根据个体本能、认知图式等发出行动指令，在极其迅速的时间内完成接收信息、处理信息、采取行动的过程。个体为了更好地适应生活，掌握职业技能：一方面，以知促行，坚持学以致用、解决实际问题。个体接受学校教育通常都是系统学习专业知识，提高思维能力、认识水平的过程，特别是个体大学阶段接受的专业教育，更是以学习专业理论为主，并进行一定的实践锻炼，这实际上是通过知促进行的过程。另一方面，以行促知，实践是个体学习过程中最好的课堂。古人云"纸上得来终觉浅，绝知此事要躬行"，知识、理论在具体实践中才有旺盛的生命力，个体在实践中才能深刻、准确地理解事物本身以及事物之间的联系，生命的意义也是在实践中得到升华。

3. 在做中学，在学中做

"在做中学，在学中做"与"以知促行，以行求知"的内核是一致的，再次阐释学与做的关系，也是将知行合一的理论应用到个体的成长实践中。因为知有先天之知和后天之知，良知是先天的，是人生而具备且圆满的；后天之知是个体需要掌握的知识、技术、文化等,需要通过记忆掌握、借助内化完成提升,帮助个体的行动更好地适应外部环境的变化。其中,在个体职业发展中,需要的专业知识技能多是后天之知,需要个体接受专业的教育,而学习最适宜的方式便是在做中学,在学中做,将做与学有机地统一。

有学者指出,人是在做事中成长,不是等成长了再做事。个体的职业发展也是如此,职业能力、职业发展、职业成就不是等来的,也不是盼来的,而是个体在做事、做人中积累而来的,行动了的生命才有力量。生活中,追求完美的人时常会因为准备得不充分、条件不够成熟而把想做的事情往后推迟,希望等到条件具备的时候再开始行动,事实上,当做事的诸多条件都具备的时候,可能已经错失最佳的做事时机,正是因为条件的不成熟,才有更多的可能。个体的职业发展需要行动来支撑,也需要在行动中发现向善向上的力量。

阳明先生的一生是传奇的,他用生动的人生故事给后人留下了丰富的遐想,用深邃的哲学思想给后人留下光辉的典范。尽管古代没有职业生涯规划的学科范畴,但这并不影响他们对人生的思考,王阳明年少即立志做圣人,他也用自己的行动去践行圣人的品格,终成一代大师。他的思想内核有心即理、知行合一、致良知等内容,其中知行合一的思想对当今的人们的生涯实践有着重要的启示,借助知行合一思想可以帮助个体更好地工作生活,在生涯实践中实现个体的发展。

不是人人都有机会成就阳明先生一样的功业,但人人都可以践行阳明先生知行合一的智慧。

三、梦想的梯子

一个人的人生梦想是基于自身发展而又根植社会需要的目标实践,其中个体的职业目标、职业理想是支撑人生梦想的力量。梦想源于现实又高于现实，在实现梦想的进程中，个体达成一个个小目标，犹如登梯子，一步步迈向更高的位置，直到最后站在人生的高峰。不同的人怀揣不同的梦想，但实现梦想的过程都如同爬梯子，自身的条件和社会的需要构成了梯子两侧的支柱，做人做事就是攀登的过程。一个人不仅要知道人生的梯子在哪里，知道如何爬梯子，还要清楚自己的梯子会支撑自己爬到哪里。

1. 目标链：学业—职业—事业

梯子需要一阶一阶地攀登，目标需要一个一个地实现。在不同的阶段，个体有不同的发展目标；在同一时期，个体不同的生涯角色也有不同的目标，不论是横向的目标还是纵向的目标，都不是孤立的而是彼此联系的，目标与目标之间形成了人生的目标链。对于大多数人而言，人生梦想的实现需要经历学业、职业、事业等几个阶段，个体从幼儿园、小学、中学、大学一路十几年一级一级地完成学习任务，掌握知识、获得技能，为进入社会获得工作奠定必要的基础。在职业发展中，个体将自身的发展目标与社会需要结合起来，实现个人的价值，在特定的领域或方面成就事业。

一是学业为基。强大的学习能力是人类创造文明的重要前提。在现代社会，接受教育是个体自身发展的内在要求，也是参与社会分工的必要条件。需要特别指出的是，学习不仅仅局限在学校，在任何地方或情境都可能发生学习行为，产生学习效果。个体学习的结果伴随人的整个生涯，也是个体持续发展的基础，所以说学业是职业生涯发展的基础。影响个体职业发展的因素很多，既有外部的也有内部的，但是内部的学习能力是个体发展的重要能力。在某种意义上，这一差异在职业情境中不断放大，成为人与人职业发展差异的推动力量。学业优异的人未必在职业发展中一定成功，但职业发展成功的人学习能力一定优异，任何活动或工作的完成都需要学习来保障。

二是职业为径。职业是现代人融入社会、获得个体生存必备资源的基础。一个人获得一份体面的工作远比人们想象的困难，在城镇化快速发展的背景下，大量的人口集聚在城市，每个人都需要参与社会分工、获得工作来实现生存。有人说，天下有才干的人无数，但是能将才干与职业匹配并非易事，这也有了"千里马常有而伯乐不常有"的感慨。尽管如此，获得工作机会、从事职业活动，是个体职业发展的必然路径，个体需要职业，需要在职业活动中实现自身的价值。纵然一个人十分优秀，如果没有机会从事适合的工作，那个体具有的才干也将失去其价值。

三是事业为重。事业不同于学业和职业，是指个体将一生的志愿与从事的职业有机地融合在一起并愿意为之奋斗不止的工作。个体自觉地把自身发展与职业发展融合是成就事业的前提，每个人都会从事职业，职业也伴随人的一生，但是一个人能把职业做成事业则是一件了不起的事情，这大概也是只有少数人能做成一番事业的原因。个人自我价值的实现离不开事业的发展，但也需要为之投入大量的时间和精力，事业的成功可以帮助个体更加接近梦想。事业一定是个人所热爱的，因为热爱才愿意投入，因为投入才可以成功，而成功才能成就事业，实现人生的梦想。

2. 能量场：为人—行事—处世

人与人相互影响形成社会场，在社会场中形成群体力量，推动整个社会系统的发展。尽管人与人在生理方面存在差异，但这只是人与人差距的一小部分，人与人之间的差距主要是由抽象的能量来决定。不论在一个家庭还是一个单位，总是有少数的人发挥着较大的影响和作用，个体作用的发挥需要相应的能量作为支撑，两者呈正相关。职业的发展与个体做人做事的水平相关，但做人与做事之间的关联性因人而异，有的人善于做事但并不善于与人交往，而一些人则是善于与人互动但不擅长做事，不论是何种情况，个体善于发挥优势都是职业发展的宝贵资源。

一是为人之要。人无德不立，立德树人，德立而百善从之。社会上流传这样的话，"有德有才是正品，有德无才是半成品，有才无德是危险品，无德无才是废品"，可见德才兼备是个体成人成才的必备条件，而德又先于才。从蹒跚学步到咿呀学语，从步入学校到青春少年，从走向社会到成家立业，品德影响着一个人的一生，在一定程度上，一个人有怎样的品德就会有怎样的人生。品德涉及个人的修养、作风、习惯以及个人工作生活中处理家庭成员关系、朋友关系、同事关系的规范，主要强调与父母、与兄弟、与自己、与社会等方面。一个人要想职业发展持续长久就需要良好的品德，德正位正才能有正途。

二是行事之机。职业活动需要通过做事来体现，一个人想做事需要具备相应的能力，更需要掌握事物发展的规律，把握事物发展的趋势，能够顺势而为，控制做事的结果。做事是个体围绕一定人或物组织系列行为的过程，推动事情朝着预期的方向发展。在《童年的秘密》中，蒙台梭利认为一个人是通过手的劳动构造自身的，在手的劳动中，他把手作为他人格的工具，用来表达他的智慧和意志，这一切有助于他去支配他的环境。他强调了手在个体行动中的重要作用，也指出了智慧与行动的价值，诚然，做事归结起来是智能与行动的有机配合，智能水平越高，行动力越强，则个体做事的能力会越强；智能水平越低，行动力越差，则个体做事的能力也越差。一个人做事的能力不是天然获得的，都是在不断的社会实践中逐渐养成的。

三是处世之境。处世是个体从生涯的视角处理人与人、人与社会、人与自然之间关系的方式，与个体的人生观、世界观、价值观紧密相关。有的人对生活积极乐观，也有人消极悲观；有的人嫉恶如仇，也有人事不关己高高挂起，在职业生涯中，处世是个体基于自身做事做人之后的综合反映。美国社会学家、经济学家孙末楠认为，人类先有行为，后有思想。决定行为的是从试验与错误的公式中累积出来的经验，思想只有保留这些经验的作用；自觉的欲望是文化的命令。可见，一个人处世的境界与其人生阅历直接相关，经历的诸多事件都成为个体理解生命的素材，正是在这些繁杂的素材中，个体用心智淬炼生命的价值。

梦想不在远处而在脚下，攀登梦想没有捷径，也不能走捷径，个体正是在一步步艰辛攀登中接近梦想、实现梦想、放飞梦想。

四、召集支持者

如果梦想是光，那它一定在人的眼睛里，眼中有光的人，对过去充满善意，对现在充满热爱，对未来充满期待。一个人能够推动自己向前进，那一定是因为他有梦想的力量支撑。头脑中的梦想总是近乎完美，然而在未知的世界里，人们时常充满恐慌，这个时候，人们需要勇气和安全感。

现代社会中的每一个人看上去都是自由的，可以选择自己想要的生活，毫无疑问，这是生命中最宝贵的礼物。但自由并不意味着这个世界或者说这个职业世界按照人们的意图去运行，为了更好地适应这个世界，人们不得不去放弃所谓的个人自由，而融入集体中顺从集体的意志前行。诚然，这个社会也已经意识到了这点，一个人的力量是非常有限的，大家需要形成团队，为了完成某项任务而组建多个支持团队，形成支持系统，形成集聚合力。作为社会人，不论是生活还是工作，个体都需要支持者，当然支持是相互的，你是我的支持者，我也是你的支持者，它是双向互动的结果。

1. 生活的支持者

谈到生活，衣食住行、喜怒哀乐都是脱不开的话题。可多数情况下，一个人没有办法自己给自己造屋子，自己给自己做饭；自己让自己开心，自己让自己难过。这几乎是办不到的，人们不仅需要与他人进行物质交换，还需要进行情感乃至精神世界的交流。生活的支持者要解决人们的物质需要，这是个体生存的必要前提，也是个体生活拓展的基础。在一个人的一生中，早期生活和晚年生活都需要他人的照顾，一个新生的婴儿，从什么都不会到能够独立生活，离不开亲人在物质和精神上的悉心照顾。无论支持者有多少，纵然只有一个人，那样的照顾也令人终生难忘。在内心深处，个体可以敏锐地感觉到，在艰难困苦、茫然无措之中有人支持的价值和意义。

正是个体与照顾者的互动形成了一个人最早的依恋关系。亲人是个体最早的支持者，所以个体与亲人之间形成的关系伴随一个人的一生，其质量也在一定程度上影响着个体生命的质量。也因此有了幸福的童年治愈一生，而不幸的童年需要一生去自愈的说法，强调了个体早期社会支持系统的重要性。同样，当个体的生命接近终点，个体的生理机能开始严重退化，再次进入需要他人照顾的状态，强有力的支持系统能够让个体安享晚年，享受生命的温度。生活的支持者主要包括亲人和朋友，如果说人们想探寻一个人对待生命的态度，去看他身边的人就会发现很多的线索，万事万物皆有缘由，谁在默默地支持你，你就会成为谁的样子。

2. 工作的支持者

在这个水泥浇筑的世界，在人类操控的机械世界里，人与人之间的竞争从未停止，国与国之间的竞争也从未停止，拥有竞争能力成为个体适应发展的必备条件，而这个社会能给予个体的支持却十分有限，需要自己去挖掘、寻找支持者。当个体真的需要找一份工作的时候，去靠近梦想的时候，需要学会建立自己的支持团队。当个体孤立无援的时候，个体的勇气会渐渐消散，害怕面对前进中的诸多困难和不确定；当个体有支持者的时候，可以勇敢地去释放自己的能量面对困难和挑战，可见，社会支持系统对个体发展的重大意义。

在校期间，个体的学习任务多数是独立的，学校对个体的评价主要来自对个体学习成绩的考核，考试成为主要方法。个体一旦进入职业世界，就会发现工作中各个岗位之间相互独立,又相互依赖,通过分工合作来实现组织目标。在现代管理中,特别强调团队对个体及其组织发展的作用,而组织中的团队,就是为完成某种使命而组建的,需要每个成员勠力同心。一个团队犹如一支球队,尽管每个人做着不一样的工作,但都为了一个共同的目标而努力,最终的结果是大家协作的结果,而不是由某个人或极少数人主导的。

事实上,个体进入职场后,能够进入一个优秀的团队,是快速成长的关键,也是个体工作过程中获得强有力支持的关键。讲到团队,四大名著之一《西游记》中师徒四人就是一个经典的团队,孙悟空能力出众但不受管束,猪八戒善于交际但贪懒馋滑,沙和尚忠诚可靠但能力相对较弱,唐僧作为这个团队的负责人,信念坚定但心善易骗。这样的一个团队,每个人既有优点又有缺点,当他们团结起来的时候,却成了一个无坚不摧、攻坚克难的战斗团队,他们经历九九八十一难,最终完成了终极目标,抵达西天取得真经。可见,一个人融入一个优秀的团队并发挥出自身的优势对其职业发展的重要性。

3. 精神的支持者

人们尽管生活在物质的世界里,却也都有着一个丰富的精神世界,个体不仅需要物质的支持,同样也需要精神的支持,精神的支持又不局限在他人的给予,也可以是文化的符号,或者说某种信仰。政权构建了现实世界,让人们在这个可见的世界里生活,而宗教则构建了人们的精神世界,让人们超脱现实世界中的苦难烦恼。在中国社会,祖先崇拜有着悠久的传统、深厚的文化,构成了中国人精神世界的重要支撑,所以说中国人祭祀祖先,本身就是对自我精神世界的完善。

如果说现实世界中的支持者可能会离开、背叛,那精神世界的支持者则非常可靠,这也是一个人既需要现实的支持者,也需要精神支持者的缘由。现实中,一个人很多时候无法直接向亲人、朋友、同事倾诉内心的痛苦挣扎,他需要自我排解，而精神的支持者就是其倾诉的对象和化解自我内心不安的力量。当然，除了宗教中的神祇、人类的祖先，精神的支持者还可以是历史上的人物。在中国的历史长河中，涌现了一批又一批杰出的人物，他们用一生的言行功业，塑造了中华民族的性格，也成为后人的精神支持者。例如，很多人都以明朝的心学大家王阳明为精神支持者，通过阅读他的著作、聆听他的故事、讨论他的功绩来获得精神的力量。

在追寻梦想的道路上，个体需要有信任的人，并且信任的人要能够发现个体的天赋。请相信，这样的支持者一定有，如果说现实世界找不到，那也可能在精神世界里。

五、彩排

尽管时间过去了十多年，但是我依旧清晰地记得，为了准备面试而与同学在寝室进行模拟面试，从进门到离开，我们两个一丝不苟地进行着角色模拟，就这样反复多次，直到我们觉得疲惫。这样努力的模拟也为后来正式的面试做了充分的准备，最后我成功地获得了高校的工作岗位，开启了职业生涯的第一站。可见，彩排对于成功组织活动的价值。活动可以进行彩排，但人生没有彩排，如果人生真的有彩排，又有多少人愿意去进行彩排，然后再演出呢？当工作和生活中一切的内容都是安排好的，没有了可能性，生活和工作也将失去其独特的魅力。

在职业生活中，个体无法彩排所有的工作情境和可能发生的事情，但个体需要积累相关的工作经验。在正常的工作状态下，难以直接发现和察觉一个人的经验多与少，但是发生意外问题的时候，从个体处理的方式中就能够推断出个体经验的丰富程度。通常来说，缺乏经验的人容易失去平衡，不知道该从哪里着手处理相关内容，并且恢复期比较长久，甚至可能会选择放弃。而经验丰富的人则不同,当他们遇到问题时,可能也会失去冷静,但是他们会很快平静下来,并立即转入解决问题的状态。如果一个人希望自己成为经验丰富的人,那他就需要经历一些坎坷,在解决问题、适应环境中不断提升自我的能力和经验。

1. 选择一个练习的目标

彩排需要投入的成本较低、风险较小,且收益较大,正因为如此,个体才能够进行彩排。之所以需要彩排,是因为一方面,彩排可以帮助个体积累经验,通过经验的积累,为个体真正从事某一项活动提供必要的准备;另一方面,就算彩排失败或者出现错误,产生的影响也是在可控的范围内,不会对个体的发展产生不利影响,更何况从失败中汲取宝贵的经验是一件好的事情。所以,个体想实现自己的人生理想,就需要积累成功或失败的经验。个体需要选择一个练习的目标、一个感兴趣的内容,这个目标是人生理想中的一个小目标或阶段目标,帮助个体把掌握的知识、方法应用到实践。

例如,一名大学生的人生理想是成为一名优秀的管理者,更确切地说,他希望自己可以成为国家公务人员,并成长为具有一定职级的领导者。正是因为有了这样明确的人生追求,他在大学期间对学习管理和参与社团活动非常积极,不仅拿到了国家奖学金,还成功地当选了学院的团总支副书记。他通过开展学生工作,锻炼了沟通协调的能力,积累了一定的管理经验,他的这些行动为他实现职业目标打下了良好的基础。后来,他又成功地考取了硕士、博士研究生,向实现自己的职业理想更进了一步。大目标的实现需要小目标来支撑,丰富的人生经验需要在一次又一次的历练中不断积累,每一次小目标的达成都是一次彩排,是对实现人生理想的一次彩排。

2. 寻找一个合适的舞台

人们常说,梦想有多大,舞台就有多大,在人生的舞台上,每一个人都是主角,通过角色的演绎来表达自己的情感,展示自己的能力,实现自己的目标。在生涯发展中，人们时常强调平台对于个体成长的意义，平台不仅意味着资源，还意味着机会，获取宽广的发展平台，是个体职业生涯成功的关键之一。多数人也知道平台对其发展的意义，但是很多人都会感叹，找到一个适合自身发展的平台是那么的不容易，事实上，很多平台是个体努力争取得来的，而不是平台主动找来的。

如果说大的平台无法轻易获得，那么许多小的平台和机会是可以通过努力而得到。一个喜欢歌唱的孩子可能很难进入国家大剧院去表演，但是他可以在学校的舞台或者班级的舞台进行展示，舞台有大有小，但是当他站在舞台上进行歌唱的时候，积累的经验不会因为舞台的大小而有根本性的差别。当然，个体也可以通过其他的方式来想办法获得大的平台，如利用逆向思维帮助自己，即先把预期的目标亮出来，然后倒推出需要的条件。对于一个大学生来说，他想要当选学生会主席，那就需要问自己，什么样的人、拥有怎样的条件才能当选学生会主席？人们可能会说，需要良好的语言表达、较强的组织能力等。然后再对照每一个条件进行分析，当多数条件都具备的时候，那个舞台就可以支起来了。

3. 进行多次投入的练习

人生无法彩排，但是生活或工作中的某种情境，却可以反复练习，尽管称之为彩排，可那依旧是生活的一部分，只是在反复练习中，能力逐渐达到自己的最高水平。多数人对于梦想的态度令人遗憾，当个体许下一个愿望的时候，人们时常会想这么远大的梦想大概不可能会实现，尽管他还没有做出任何的尝试。梦想就是梦想，梦想是个体发展的重要引领，不要把梦想丢到角落里。一旦人们有勇气去行动，那梦想距离人们便会越来越近，看上去再高不可攀的目标，也是由人实现的并必将由人来实现。一个伟大梦想的实现不可能一蹴而就，需要持续的追求、反复的练习，当个体愿意进行多次练习、彩排的时候，梦想便会主动靠拢。

有这样的一个故事,班级里有一个技能拔尖的学生,她出生于江西一个普通的家庭,父母未曾受过高等教育,为了给孩子更好的生活,背井离乡来到杭州工作,从小懂事的她暗下决心要成为父母的骄傲。中考失利让她只能进入中职学习,但她不服输,越不被看好就越要证明自己。她开始在技能训练上下苦功夫,代表学校参加比赛,并以 10 分钟 52 把的成绩打破了杭州市多指点钞纪录,荣获杭州市中职会计点钞技能大赛单项一等奖。进入大学后,她依旧以技能立身,一有空就扎进技能训练室练习,常常忘了天已黑夜已深,楼里的管理员每每看到教室里只有她一个人,总会好心提醒她早些回寝室,后来熟络了,也被她的努力感动了,特意为她留一扇训练室的门。最后,她凭借着优异的技能水平,代表学校参加全国职业院校技能大赛高职"银行业务综合技能"比赛并荣获团体一等奖。

没有谁可以随随便便成功,所有成功的背后都是千锤百炼、千辛万苦、千方百计。

六、挂图作战

挂图作战就是明确目标,让目标一目了然,让作战意图明确、按步骤实行。从字面意思看,挂图作战指按照既定的方案进行作战,转换到职业生涯规划中,则是指按照个体的职业生涯规划进行职业行动。从适用范围看,挂图作战适用于各类目标,个体排除干扰,将主要时间、精力以及资源投入既定的目标之中,进而确保目标的达成。之所以强调挂图作战,是因为现实中个体容易受限于执行能力,导致一拖再拖或半途而废,进而影响职业生涯规划活动的开展。概括起来,挂图作战就是按计划、按目标、按进度、按要求完成职业生涯任务。

1. 方案：按计划布置

计划是个体或组织在未来将要做的事情，制定计划是明确工作方向、汇聚行动资源、评估最终结果的一种有效方法。计划广泛地应用于个体的生活、工作、学习等方面，是个体自我管理的重要内容。从时间维度，计划可以分为近期计划、短期计划、中期计划、长期计划等。从计划的呈现来看，可以分为头脑中的计划和文本中的计划，通常只有对重要的工作内容，人们才会以文字的形式呈现计划，目的是帮助明确任务，便于分工协作。

头脑中的计划缺乏外在的监督，个体容易根据事物的变化而随意调整计划内容，这也是强调要将头脑中的计划以文字形式呈现的原因。一旦计划转化成了文字，便是一种承诺和契约，有助于个体澄清计划的内容及对计划的推进。挂图作战中的按计划布置，就是指要严格执行计划的内容，一般不会因为行动中遇到阻碍而改变原定的计划，这也是其显著特征之一。例如，个体计划参加一个面试，需要准备面试的材料，那个体必须严格按照对方面试的要求做好相关准备，不能因为其他方面的情况而停止面试材料的准备和活动的参加。

2. 任务：按目标执行

任何一个目标都需要同时具备若干条件才能实现，这些条件既包括主观条件，也包括客观条件，主观条件主要涉及个体的态度、能力、价值观等，客观条件主要涉及活动的人、财、物、信息等。如个体想考取专业的职业资格证书，那就需要参加有关部门组织的考试，并且在专业知识、技能等方面达到相关要求。例如一个人想考取教师资格证，主观方面，他不仅需要具备教育领域的知识，还需要具备教学的能力；客观方面，他需要达到相应的学历、专业、普通话水平等客观要求。之所以强调按目标执行，是为了避免在执行过程中偏离既定的目标，这也是目标管理的重要内容。

3. 时间:按进度实施

活动伴随着时间的延展而推进,管理时间其实就是管理项目,在个体的职业生涯规划中,时常因为外在环境的干扰而影响既定活动的开展。计划实施失败或者缓慢,没有达到既定的效率,通常原因在于时间管理不当,抛开客观原因,主观方面主要包括抓不住重点、做事拖拉、过于注重细节、缺乏条理、不懂得拒绝他人等。例如,一个人一天内要做一份年度工作计划,但是在制定的过程中有其他人来寻求帮助,他不懂得拒绝,把自身的时间、精力用在了帮助他人完成任务,结果导致自己的工作计划没有办法正常完成,这就是典型的不懂得拒绝他人而影响自己工作效率的表现。

一旦个体错过了一个时间节点,那么极有可能严重影响工作任务的完成进度。例如,不论学校还是社会组织的各类考试,都有明确的考试开始时间和结束时间,如果个体没有按照指定的时间到达考场,则会被取消考试资格,那么个体原本准备好的考试会因为时间把握出现问题而失败。职业生涯规划就是以时间为经、以角色为纬,有计划地安排个体的发展目标,最终帮助个体实现职业理想。而人的一生又可以分为不同的阶段,不同的阶段有不同的任务,前一阶段任务的完成情况会直接影响后续阶段的发展,一旦错过了最佳的发展时机,个体很难通过其他方式达到原来的目标。

4. 标准:按要求推进

《论语》有言"取乎其上,得乎其中;取乎其中,得乎其下;取乎其下,则无所得矣",大概意思是想要得到上等的结果,可能实际得到的是中等的结果;想要得到中等的结果,可能实际得到的是下等的结果;想要得到下等的结果,可能什么也得不到。这也反映了个体想要达到预期目标,就需要付出诸多的努力,只有付出了超出正常的努力,才有可能实现既定的目标。

按照要求推进,为的是保证预期结果的各项前提条件正常进行,个体想要获得一家大型企业的岗位,那他就需要对照岗位要求来提高自身的综合能力，但实际上个体即使达到了相关条件也未必能成功获得某份工作，其影响因素既有客观因素、理性因素，也有主观因素和非理性因素。但个体拥有了这样的条件，那么可以降低要求到一家中型企业进行应聘，那他的能力将超出岗位要求，个体也将有更多的机会。可见，人们时常是要超出要求，才能有更多的把握保证预期结果的发生。

在这个纷杂的世界，人们时常被外界的信息诱惑、干扰，无法专注于要做的事情或既定的目标，这也是很多人无法取得成就的原因。所以，一个人想在某一个领域取得超出常人的成就，那他就需要具有超出常人的专注和坚持，而挂图作战就可以帮助个体对照目标，采取行动，朝着既定的目标持续努力。

七、第一份工作

履历档案：

1984.08—1985.01 中国人民银行杭州市分行计划处计划员；

1985.01—1991.02 在中国工商银行总行工作，任杭州市分行计划处副处长；

1991.02—1993.06 中国工商银行杭州市分行西湖办事处副主任、主任；

1993.06—1994.04 中国工商银行杭州市分行计划处处长。

这是金融领域一位成功人士工作的第一个十年，其间，他的工作单位从中国人民银行（公务员系统）转入中国工商银行（国有企业）；他的职务从计划处计划员晋升为计划处处长，升了四级，但是他的工作地点一直是浙江杭州。他的职业发展领域主要是金融领域，在后续的发展中他一路攀升，先后担任中国工商银行党委书记、董事长，中国证券监督管理委员会主席、党委书记,成为该领域一位有影响力的人物。分析之后,不难发现,他的第一份工作便是在中国人民银行,可见其职业发展的起点之高。

人生有无数个第一次,第一次吃饭、第一次上学、第一次外出,还有第一次工作等等,每一个第一次对个体而言都有着重要的人生意义,因为这意味着在人生的道路上又迈出了新的步伐,拓展了新的环境,也留下了深刻的体验。个体从学校进入社会,获得的第一份工作对职业发展同样有着重要而深远的影响,它综合反映了个体的实力,也是个体职业生涯的起点,将影响后续的职业发展乃至人生的道路。个体应该认识到第一份工作的重要性并尽可能寻找优质的工作岗位,为后续职业发展奠定基础。

1. 反映实力

尽管职业不分高低贵贱,但是职业对个体的能力要求有着高低之分,纵然是同样的工作岗位,在不同地方、不同组织中要求也不尽相同。从在就业市场中获取某一份工作的难易程度来看,竞争越是激烈、要求越高的工作一般含金量也越高,福利待遇相对也更好。当然寻找工作的难易程度因人而异,这是由个体的能力决定的,能力越高的人获取工作的难度越低,而能力越低的人获取工作的难度则越高。从整体情况分析,一份工作的经济报酬、社会地位等因素能够反映个体就业的综合实力,尽管人们不能用有色的眼镜看经济社会中各行各业,但各行各业在经济社会中的处境确实千差万别。在目前的劳动力市场上,个体不必为某一家企业服务一生,而可以根据个体的能力和发展重新选择工作,但是第一份工作依然反映个体初次就业时的综合水平。

个体都希望能在就业市场中获得一份满意的工作,但这并非一件易事,就业不仅受个体综合能力的影响,还受经济社会环境影响。个体的综合实力是影响个体初次就业的决定因素,在劳动力市场中,不同的工作岗位有着不同的工作要求和福利待遇,这就筛选了潜在目标就业群体数量,如外资企业一般都对外语水平有较高的要求，一是为了适应内部的管理，二是出于业务开展的客观需要，对外语水平的要求直接将不懂外语或者水平较低的人群筛除，能够进入面试阶段者通常有着较好的外语水平，毕竟会外语、懂业务的求职者数量相对较少，这也是外资企业薪酬待遇较高的原因。

2. 关乎起点

人们在运动赛场上的起点是相同的，先到达终点者便是本场比赛的获胜者，事实上人生也存在起点，个体出生的家庭就是人生的起点，家庭的经济、文化、教育等水平直接或间接影响着个体的生涯发展。每个人都希望自己拥有最优秀的家庭，但现实却很残酷，多数的家庭总是存在这样或那样的不足，需要家庭成员共同去克服。个体无法选择家庭的起点，但有机会选择职业生涯的起点，因为个体进入劳动力市场的时候已经是成年人，具备了独立的思考能力和判断能力，拥有选择自己喜欢或期待工作的主观条件。人们时常鼓励自己的学生和身边的人，在寻找工作的时候，要尽可能尝试有挑战性的工作，不是为了高薪或者地位，而是为人生的职业发展选择一个高的起点。

尝试了就有可能，人们不要奢望在就业的过程中一次成功，如果真的一次成功了，既值得祝贺也要警醒，因为人的能力和可能适合的工作绝非唯一的。不过，如果个体对某一份工作已经进行了充分的了解、长期的跟踪，那另当别论。当然，一个人的职业起点是基于个体的综合能力，并非主观意愿所能左右的，也不倡导大家不切实际地进行职业定位，之所以强调起点是希望个体在选择职业的时候，选择一份与自己的能力相匹配的工作，为整个职业生涯的发展选择一个尽可能高的位置。一份较高起点的工作，能够帮助个体获得更多更大的职业发展机会，能够帮助个体在工作环境中快速成长，这种成长很多时候是适应性的，是在不知不觉中完成的。

3. 影响经验

生活是一个无法分割的整体，个体从事的任何一项活动都可能或多或少地影响着后续的工作或生活。今天的自己都是昨天系列化行动和环境的结果,任何人都无法脱离过去和环境,因为人本身就是它们的产物。个体的职业发展是持续连贯的,早期从事职业活动所积累的经验将影响后续的职业发展。经验是主客观环境作用于个体而产生的感受,经验是个体认知、思维、思想的基础,也影响个体的心理、境界乃至世界观、人生观、价值观。教育教学十分强调个体经验对人发展的作用和价值,因为一个人的认知和行为难以超出自身已有的经验范畴,在一定程度上,经验的丰富性、复杂程度等影响着个体的发展可能性。

个体的第一份工作是其积累工作经验的开始,是个体形成职业判断的基础,一份没有挑战的工作所形成的经验对个体的职业发展作用是有限的,而个体面临的复杂工作情境所产生的经验将推动个体职业的持续发展。工作环境与个体的职业成长是相互形塑的过程,个体的水平影响工作环境,而工作环境反过来也影响个体。例如,会计岗位因工作内容,对从业者要求认真仔细、精益求精,不能出现差错,个体在从事这项工作中容易形成细致严格的品质,这就反映工作与个体发展之间的某种关联,所以个体应重视选择工作,人从事的工作不仅影响职业发展,也影响人生的发展。

找到一份适合的工作,开启一段崭新的职业生涯。

八、挫折不可避免

在人生的道路上,成功是每个人所渴望的,失败是每个人畏惧的,但成功或失败总是都会发生在个体的身上。尽管已经竭尽了全力,但结果依旧不尽如人意,似乎成功的次数要远少于失败的情境,这也有了人生在世不如意事常八九的说法。事实上,成功与失败只是诸多结果中的两种典型,许多事情的结果是中间的形态,结果既有失败的也有成功的,只是比例不同而已。在职业生涯发展中,个体职业发展也是如此,有失败也有成功,更有中间状态。但职业生活中的挫折不可避免,其原因一则是自我的不足,二则是外部环境的作用,个体应该理性看待职业生活中的挫折,并以积极的心态和行动去面对。

1. 人生的真相

一是成与败。一天,我看到一个人在凌晨两点发了一条朋友圈,内容是网络流行语:人生的上半场我已经输了,但没关系,还活着,先让我缓缓,下半场我会用尽全力,要么出现奇迹,要么出丑到底。在夜深人静的那一刻他认同了这句话,或许是遇到不顺心的事情,或者正面临着其他的困难,他需要表达,也需要周围的人知道他发出的信号。在人生的道路上,每个个体的发展都有自己的独特性,也会遇到只属于个人的困难或逆境,这是世间的真相,也是人成长的必经之路。有赢就有输,有成就有败,特别是在竞技性活动方面,这是必然的结果,在横向比较方面更是如此。

二是进与退。人生的赛场上有输有赢,但人生更多的是有进有退,不到生命结束的那一刻,都不适宜谈人生的成功和失败,有的人甚至在去世多年后,生前的成就才获得世人的认可,以致成为影响世界的艺术家、思想家,凡·高就是一个典型的例子,活着的时候得不到爱、得不到认可,更没有事业的成功,去世后,他的作品成为世界级的艺术品,其价格之高,他也许做梦也不会想到。可见,在个体生涯发展中,需要使用纵向维度来看待自身的发展及职业的成就,生活的样子、职业的发展证明自身在持续发展,便是人生最好的样子,无须过多地与他人比较,更不应该过分看重一时一事的得失。

2. 挫折的价值

淡然面对人生的得失成败本身就是一种了不起的能力,很多人都会因为失败、挫折、困境等怀疑人生的价值、奋斗的意义,有的人在困境中沉沦,也有的人在困境中奋起,结果可想而知。人们常说,良好的开端是成功的一半；也有人说，糟糕的开始预示了成功的结局。成功的结局未必有一样的开端，道路千万条，一个人在哪里转弯、哪里跌倒都因人因境而异。一件事情因为有困难才更值得去做好。人生就像是在攀登，本身就是一件不易的事情，都知道下坡路最容易，就像一个人的堕落，多年的修炼可能毁于一旦。坚持攀登，勇敢地去克服攀登路途的困难，人生才更值得拥有，更值得珍惜。不经历一番煎熬，怎能烙出人生的美味佳肴。

3. 逆商的衡量

现代社会为个体的发展提供了广阔的空间，为人们实现人生梦想提供了诸多机会，但人们也无法忽视现代社会的发展越来越超出人类的认知，在技术的演变中失去控制，复杂的社会环境让个体的发展面临更多的挑战，既然是挑战，结果就会有成败，人们之间竞争的加剧对个体面临困境的能力水平提出了更高的要求，逆商成为专家研究人持续发展的内容。逆商也称逆境商数，是指人们面对逆境时的反应方式，综合反映个体面对挫折、摆脱困境和超越困难的能力。贝利·阿拉德说，找到工作可能要靠智商，但保住工作要靠逆商，这也反映了抵抗挫折对个体职业发展的价值。

一是掌控水平。掌控感是个体在面对事件及其走向时对自身参与完成情况的自我估量，它是个体内在的综合感知，因人而异。从心理学的视角分析，掌控水平与个体的自我效能感相关，是自我效能感在挫折事件中的具体体现。逆商高的人通常对生活中的各种事件有较强的掌控感，个体认为自己通过行动能够达成预期的结果，而逆商低的人在生活中对事件的发展缺乏掌控感，个体遇到事情的时候首先会怀疑自己，担心自己的能力，认为事件涉及的能力已经超出了自身的范围，个体的行动在强大的外部力量面前显得微不足道。不论是高逆商还是低逆商的人，都会随着生涯的发展出现累积效应，掌控感强的人会随着实践的增多而掌控感越来越强，反之亦然。

二是担当能力。行为影响结果，担当是个体对行为结果的接纳程度，个体在职业活动中，会根据组织的安排及要求而采取系列的行动，其结果是个体职业行为的产物。因为人们的行为活动并不总是按照期待的结果产生，结果令人满意的时候，人们会认为是自己努力的结果，但结果不如预期的时候，个体之间就会产生较大的落差，一些人能够担当后果，而一些人则会推卸责任或否定结果与自己相关。事实上，逆商高的人更能从事件中汲取教训，并能够从自身寻找原因，他们愿意承担困境产生的后果，不管事情的起因是什么都会这样行动，而逆商低的人则更容易归结外部，不愿意承担行为产生的不利后果。

三是影响程度。逆境会对人们生活的其他方面产生影响，高逆商的人能够把挫折事件的影响控制在事件场景本身，而低逆商的人容易把挫折事件的影响蔓延到其他方面，波及更多更深。在职场中，人们会在人际交往、客户沟通、工作任务等方面产生各种各样的问题，会对个体的情绪、身体等产生直接影响，个体工作、生活中切换角色或场景的时候容易自觉不自觉地将不良的情绪迁移到无关的人或事上，这反映了个体逆商的影响程度，程度越低逆商越高，程度越高逆商越低。这也是人们在生活中谈论的，不要把工作中的不愉快带到家中，也不要把夫妻之间的矛盾冲突换种形式发泄到同事身上。

四是持续时间。事件发生后，其产生的影响不仅涉及影响的范围，还涉及持续的时间，逆境对个体工作生活影响时间的长短也是反映个体逆商的维度之一。逆境事件影响的时间越短则个体逆商越高，反之，影响的时间越长则个体逆商相对较低。持续时间一方面与个体的遗忘能力相关，另一方面与个体对待事件的态度相关。求学读书时，大家都有学习之后的遗忘，有人会觉得遗忘是一件糟糕的事情，然而人类在历史进化中获得这样的功能也带来了收益，遗忘不愉快的经历和体验就是正向效果，可见，人们认识事物要一分为二辩证地看待。遗忘是必要的，不然个体头脑会积累大量无效或不利的信息，但是一些经验教训也应该为个体后续的发展提供警戒，让个体避免在类似的问题上反复出错。

如果有成功的那一刻,那背后一定是有许许多多默默的付出和别人并不曾关注过的失败与落寞。生活的真相告诉人们,人生的道路上不可能诸事顺利,也不可能一路平坦,人们也总会遇到各种各样的坎坷和挫折,在不可避免的挫折的面前,需要迎难而上,以积极昂扬的姿态看待人生的真实。

九、成功的感觉

对成功下定义是一件有趣的事情,不同人生阶段的人、不同文化背景的人针对相同的内容会给出迥异甚至相反的答案,可见成功会因个体或文化的标尺不同而有差异。有的人认为事业成功就是人生的成功,也有人认为家庭的幸福美满才是人生的成功;对于读书的孩子来说考取优异的成绩就是成功,对于工作的人而言得到同行的认可就是成功,对于退休年老的人来说健康快乐就是成功。成功的定义有千百种,成功的方法也数不清,但成功带来的感觉应该是一致的,那就是内心的获得感、满足感,以及对自我的肯定。

1. 获得感

尽管成功具有显著的主观特征,但不是脱离实际的空想,而是基于客观事实的主观判断。个体为解决某种问题而采取系列行动,最终产生预期的结果,这是个体获得感的来源,如果一个人没有付出而得到了意想不到的有利结果,那内心更多的是意外之喜而不是获得感。在职业生活中,个体的发展来源可以分为内部发展和外部发展,所谓内部发展是指工作者在职业活动中个体能力、水平、思维等(包括荣誉等精神奖励)的提升,一般是难以觉察或者短期内难以觉察的,需要较长的时间才能感受到;而外部发展是工作者在职业活动中获得的报酬、职务晋升、办公环境改善等,是直观而具体的,个体能够直接感受外部发展对其生活产生的影响。

个体做任何事情都可以产生获得感，但成功完成某项活动或工作带来的获得感有其自身的特点和作用。成功之后的获得感是正向、积极的，让个体的心理及精神处于愉悦的状态，是个体持续发展必不可少的。在求职的过程中，如果个体一直处于失败的状态，那么这样的结果会对个体产生不利的影响，会出现沮丧、难过、失望等负面情绪或认知，但在多次失败后，个体成功获得了一份理想的工作，那这一次成功所带来的积极状态将扭转之前的不佳状态。尽管人们说失败是成功之母，但是不能否认成功对个体身心所产生的巨大影响。个体的发展需要将成功事件作为标志，帮助个体获得更多积极、正向的心理能量。可以说，失败不要紧，但是一定要有成功，只有感受到因成功而获得的力量时，个体才会有强劲的动力去继续奋斗。

2. 满足感

蒙台梭利说，秩序是生命的一种需要，当它得到满足时，就产生了真正的快乐。生命需要秩序，正如同生涯需要职业，个体参与了职业活动，才能参与社会分工进而获得个体生存所必需的物质的、精神的条件。成功就业是个体职业生涯的开始，事业成功则是个体职业发展的目标，多数人可以成功就业而获得基本的满足，但只有少数人可以因为事业成功而获得人生的满足感。在某种程度上，不同的成功事件给予个体的满足感是有区别的，这由成功事件的投入及产出来决定。之所以说事业成功对个体产生的满足感影响大，是因为事业成功需要诸多成功事件支撑，个体将诸多成功集成后才可能获得事业的成功。

满足感因需要而产生，前文探讨职业价值观的时候，重点介绍了马斯洛的需要层次理论，讲到人们的需要主要涉及生理、安全、尊重、归属与爱、自我实现等。尽管不是所有需要满足的时候都需要借助成功事件，但自我实现的达成一定需要成功事件支撑。自我实现是高层次的需要，它因个体追求的发展目标不同而不同，例如在战争年代，无数的革命烈士之所以不畏惧死亡、恫吓、酷刑等对生命安全的威胁，就是因为他们有更高尚、更伟大的革命理想，会为最高理想的实现而放弃其他需要。可见，成功带来的满足感因个体设定的需要而不同，其产生的个体价值则是深刻的。

3. 自信心

一个人的自信心来源于在工作、生活中行动之后得到的反馈，没有反馈，个体就很难认识到自己的状态和水平。个体正是在行动—反馈循环往复中发展能力，并对自身的能力有一个主观的认识；而自信心就是个体相信自己可以完成尚未发生事情的心理水平。个体在行动之后获得成功，就会得到正向反馈，正向反馈会促进个体能力的提高，并建立持续发展的心理机制。在职业发展中，个体的自信心与其工作能力紧密相关，通常工作能力越强，个体的自信心水平也越高。而较高的自信心水平也可以帮助个体在职业活动中取得更好的业绩，对工作有自信的人能够调动自身的潜能并充分发挥。

自信心与个体的自我效能感关联，两者都指向了个体对自我能力的主观认知，这也说明个体的实际能力与主观认为自己拥有的能力是不一致的，在一些人中甚至存在较大的差距，存在低估自我或高估自我的情况。考试之后，分数未发布之前，考生对自己考试分数的估计就能反映个体自我效能感的水平，一些人会感觉良好并相信自己能够取得满意的分数，而也有一些人认为自己考得不理想，难以取得令人满意的分数，这样的感受最后与实际分数之间的差距就反映了个体自我效能感偏离实际水平的程度。

如果说目标是灯塔，挫折是风浪，能力是风帆，那成功就是平安抵达港湾。追求成功是人生的使命，因为每一次成功都使个体更接近自己的梦想，也更能证明自己的能力和水平。很多时候，纵然失败千万次，只要一次成功就可以改变局面，当然谁都不会嫌弃成功太多，成功是多多益善，失败则是越少越好。

第六章　变还是不变

一、《周易》的智慧

书籍是人类创造的产物，能在历史长河中保存下来的经典更是智慧的结晶。不论是明朝编撰的《永乐大典》，还是清朝编修的《四库全书》，都收集整理了诸多的古籍，保存了中国古人的智慧。在众多的中国古籍中，哪一本书最能体现中华文明的智慧？有的人可能会说《论语》，也有人会说《道德经》，一千个人可能会给出一千种答案。

之所以说《周易》是一部天下奇书，就在于它如同一个宝库，谁走进去都可以得到想要的宝藏，启迪人生的智慧。孔子晚年十分喜爱《周易》，"韦编三绝"讲的就是他对这本书的喜爱达到了痴迷的地步。人们普遍认为《周易》中的《十翼》是儒家的作品，并将其纳入儒家典籍之中。

河流有源才能奔腾千里归东海，文明有根才能延绵百代启后人，若一定要在灿烂的中华文明里寻找一个源头，《周易》就是其中之一，它被儒家奉为十三经之首，也被道家尊为经典，在春秋战国争鸣的诸多学派，不论其观点认识如何，细究其内涵都能寻找出《周易》的影子。《周易》不仅影响了中国的文化性格，也塑造了中国人的生活方式。

1. 变化的道理

《周易》也称为《易经》，"易"是这本书的核心，从字的结构来看，"易"是上下结构，上面是一个日，下面是一个月，日和月上下合为"易"、左右合为"明"，太阳和月亮曾经是地球上的主要光源，尽管月球也是"借"了太阳的光，但毕竟是它在太阳不出现的时候给古人的黑夜带来最动人的光亮。在古人直观的认知中，太阳的出现与隐匿产生了白天和黑夜，月亮的圆与缺昭示了可见的变化，"易"这个字指向的是变化，是人们对变化的认识。有易学专家把易概括成三个层面，即变易、不易、易简，变易指的是变化，不易指的是不变，可能有人会疑惑，前面还在阐释"易"是变化，怎么突然又说是不变呢？这是因为变化不是杂乱无章的，而是有其自身发展规律的，这些变化的规则是不变的，正所谓"变化有变化的规则，规则是不能变的"。易简之易代表时间，而简代表空间，所有的变化都在时空中发生。

如果要对"易"进行概括，莫过于《易传》中"易有太极，是生两仪，两仪生四象，四象生八卦""一阴一阳之谓道，继之者善也，成之者性也"，这是人们认识《周易》的一把钥匙。或许，有人会困惑这样的道理似乎还是与人生没有太大的联系，更感觉不到与职业发展有何关系。从哲学的高度来看人生或职业活动，就能发现这都是"现象"，在"现象"的背后有着自身的规律，而《周易》就是对这些规律的系统总结，有人甚至说天下纷纷扰扰都脱离不了一阴一阳，世间的千变万化都在六十四卦之中。不妨看，这人类有男有女才有繁衍，如同这一阴一阳，事物在阴阳变化中幻化万物；又如人的职业发展有起始、发展、结束，如同这卦象由下往上地发展，这也有了乾卦中"初九。潜龙勿用""上九。亢龙有悔"，表述了事物从开始到结束的发展过程，而每个阶段都有自身的特点。

2. 学习的方法

很多人都听说过《周易》，甚至还把这本书或者相关的书买回了家，希望通过学习神奇的《周易》启发自己的智慧，帮助自己打开困境的大门。秦始皇焚书的时候把《周易》当作占卜之书而留存，也因为《周易》与占卜的联系，在千年的流变中很多人直接将《周易》当作算命、看相等相关的图书，实际上这是对《周易》的误读，或者说这些"小用"只是《周易》诸多用途中的一项罢了。要想学懂《周易》绝非易事，《周易》的发展主要经历了伏羲画八卦、周文王写卦辞、孔子及其弟子作《易传》阐发义理等阶段，其中文王写卦辞的时代背景决定了其选取的物象主要是当时的见闻，这些内容对现代人而言是陌生的，其内涵也难以理解。

尽管《周易》难学，但毕竟这本书已经流传了数千年，古人在学习《周易》的过程中积累了不少的经验和教训。比如有人就将八卦编写成了口诀，如"乾三连，坤六断；震仰盂，艮覆碗；离中虚，坎中满；兑上缺，巽下断"，把抽象且容易混淆的八个卦象形象化、具体化，便于初学者记忆。《周易》的内涵博大精深，人们可以从不同的通道进入学习，但概括起来主要是"义理"和"象数"两类，义理主要讲求通过《周易》学习人生正确的道理，培养自己的德行，儒家对《周易》内涵的阐释就属于这个方面，这也是比较容易入门的内容；象数主要涉及可以用数字来表达的卦象等内容，包括阴阳家的五行理论、占卜等，这一方面入门难，走向深入更难，多数的象数派都不得要领，在《周易》这个大宅院门口徘徊。就生涯规划而言，个体适宜以义理学习为主，认识变化的规律，学着以适宜的方式应对变化才是正途。

3. 人生的智慧

傅佩荣在《易经与人生》中讲，对自己来说，知道为什么要修德，清楚什么时候要使用什么样的行为，就能对自己的生命掌握主动，增长智慧，发展能力，且又有德行，这是《易经》的最高境界。《周易》八八六十四卦，其实是阴阳变化的 64 种情况，基本概括了人生可能遇到的境况，也就是说六十四卦如同人生的 64 个锦囊，个体要知道每个锦囊针对的问题，遇到困惑的时候取出并采取行动就足够了。在人生或者职业发展中,可能会遇到成千上万的问题,但导致问题的机制应该不会太多,而《周易》就是对变化的情况以及产生的结果进行了分类。

人生的走向没有固定标准,用同样的方法,有人成功也有人失败,因为不同人的条件不同,把握的时机也不同,一旦条件或时机有了变化,那需要应对的方法也将发生变化。正如发展中的中国,改革开放之后,中国经济社会的活力被激发,各行各业的人们获得了极大的发展,那高速的发展会永远持续下去吗?答案是肯定不会,因为事物的发展达到一定水平之后必然会放慢脚步。人生中的很多事情,就如同乾卦中的爻辞,从"潜龙勿用"到"见龙在田",从"飞龙在天"再到"亢龙有悔",讲的正是变化的人生,不同的阶段做不同的事情,需要根据处境做出合适安排,从而遇见更好的自己。

《周易》的智慧如宝如藏,要想获得就需要走近它、了解它,它不会吝啬自己的智慧,也会为靠近的人提供智慧。

二、此消彼长的力量

人的一生是发展变化的一生,当人们用时间尺度看待人生的时候,会感慨时间这个最伟大的设计师在人身上留下来的痕迹,但在发展的过程中,人们又几乎察觉不到个体的变化,因为这细小的变化让人难以察觉。当然,在不同的发展阶段,可见的变化存在较大差异,例如在个体的青年早期,身体发展迅速,在较短的时候就能看到个体的变化,而身体发育成熟之后,变化开始不易被察觉。

在亲子关系中,孩子从时刻需要被照顾到后来只需要较少的陪伴,从什么都愿意接受父母的建议到有自己的想法,亲子互动中的力量明显发生了变化,很显然,父母在亲子互动中的力量在减弱,孩子的力量在增加。看看现在我与父母的互动情况，更是如此，因为空间距离的阻隔，亲密互动的频率也低了许多。在家庭关系中，亲子关系如此，夫妻关系也是如此；来到职场，人与人之间的关系更是如此。家庭以血缘和情感为关系纽带，大家是以期待的态度对待人与人之间关系的变化、彼此力量的改变，而职场中，人与人之间的关系多数是以直接或间接的利益关系为纽带，彼此力量的增强或减弱，也就意味着利益格局的改变，这是影响职场中人与人之间关系的根本力量。

1. 力量的增长

在职场中，力量的主体可以是个体也可以是组织，但从职业生涯发展的维度看，个体力量的变化是其发展最重要的力量，因为再强大的外部力量一旦没有个体的转化都将失去作用。从个体维度出发，个体的力量体现在个体内部的发展力量和外部赋予的权利。个体内部的力量主要包括职业能力、职业价值观、综合素养等，具体表现为个体完成工作任务时发挥自身作用的情况，这也是职业发展中个体进步的核心力量，与个体的天赋、努力、教育等有显著的关联。在个体内部力量基础上，组织根据管理、发展的需要，会将权力分解并赋予有关个体，形成组织的管理体系，这便是权力的来源，职场中的人根据自身的权力行使职权，一般而言，在管理体系这个金字塔中层级越高的人权力越大，对整个组织的影响也越大。

权力的大小，意味着个体调动资源的多少。尽管权力越高承担的责任越大，需要处理的问题也越复杂，可能带来的风险也越高，但权力对职场人的吸引力是天然的，很多人内心都有当领导的期望，尽管这种期望的实现对多数人而言是渺茫的。之所以这样，是因为在组织中个体获得的管理权力越大，通常获得的收益也越大，在企业中职位越高，薪酬也越高，个体权力的增加就意味着有形的福利待遇的改善，以及群体中无形的尊敬、服从等的获得。古今中外，个体为了能够获得更高的职位，拥有更大的权力而使尽浑身解数,甚至触碰人伦、法律的底线。可以说,个体内部发展的力量是以客观为基础的,也是容易被利用的力量,但获得外部赋予的权力的复杂程度极高,主观方面的影响因素较大,也会受组织高层领导偏好影响。

2.力量的消减

古代不少帝王有得道成仙的愿望,他们把国家的权力留给自己的子孙还不够,还希望自己长命百岁永远做帝王。秦始皇失败了,汉武帝也没有成功,后世想长生不老的也没有一个实现。可见,人类遗传的基因就决定了生命的周期,人会经历一个由弱到强、再由强变弱的过程,也就是说个体生命的力量是有自身规律的。人们无法对抗,只能适应,这要求人们理性对待个体生命不同阶段的力量。总的来说,个体的职业能力会持续发展,但达到一定水平之后会处于停滞或缓慢发展的状态,在个体身体机能衰退中,个体的职业能力也开始减弱或停止发展。

某日,一位55岁的女性同事光荣退休,身边的年轻同事羡慕不已,大家不约而同地想着要是自己也能早点退休该多好,但现在国家的政策是要延迟退休,多数的"80后"可能要65岁才能退休。普通人希望自己早点退休,享受大把的自由时间,没有组织的约束管理,不需要承担繁重的工作,但并不是所有的人都希望早点退休,还有人希望自己晚点退休,其中不少人是组织中拥有较大权力的人,因为他们一旦失去组织赋予的权力,原来享受的待遇、可调动的资源及隐形的收益,多数也将失去,不愿退休是不愿放下手中拥有的权力。

3.力量的作用

就个体而言,力量有增加的时候也有减弱的时候;对组织内部而言,一个人权力的增加就意味着另一个人权力的减弱,因为组织内部的管理权力是相对稳定的,一般不会在短期内发生较大变化,管理人员中权力的大小、增减直接影响着群体之间的关系。业务部门、人事部门、财务部门等是支撑组织的梁柱，也是权力对抗比较集中的地方，没有业务，单位就没有存在的价值，所以分管业务的主要领导在组织中一般有较大的话语权，业务对组织发展是极为关键的。发挥权力的关键在于人事安排，把怎样的人安置在什么样的位置，什么样的权力授给何人等，是组织力量较量的主战场。人事没有变动则权力不易被觉察，而人事一旦变动，就是力量较量的结果，必定有一方占据主动并影响了最终结果。

"人事变动不是权力较量的结果，而是制度安排的结果"，理论上存在这样的情况，但实践中一般不会发生或者很难发生。人是活的，制度是死的，活人怎么能让条条框框给憋死。更何况，再精妙的制度也不可避免地存在或多或少的模糊地带，所以许多制度才有了最后的"本办法最终由某某部门解释"，若有解释的空间，也便有操作的余地，这也给权力较量留下了空间。如果制度能够对任何情况都给出明确的操作规范，那掌权者也将无法体验权力的滋味，更何况人们无法在持续变化的世界中提前安排好这个世界的秩序。一个人在职业发展中，如果不喜欢权力的较量，可以选择发展内部力量来获得发展，但个体再怎么逃避都不可能不受任何影响，权力如同空气一样，既然你要呼吸，就必须接受空气。

有人说，人生最高级的自律便是把工作当作修行，环境不论怎样变化，都是个体修行的条件，生命内在的体悟才是最高境界和最终的归属。

三、新旧交替

"沉舟侧畔千帆过，病树前头万木春。"新旧是对事物发展的描述，也是发展进程中的两种典型形态，新旧是相对的，也是可以相互转化的。新事物的产生不是凭空而来的，是在旧有事物中酝酿发展而来的；新事物也不是永远静态的，而会在发展中成为旧事物，不论新还是旧都是事物发展的结果，两者本身有各自的特点,各有优势和劣势,不能简单地认为新的就全是进步的,旧的就全是落后的,需要辩证地看待新旧的内容及两者之间的转化。

康有为在《应诏统筹全局折》说,《大学》称"日新又新,其命维新";伊尹称"用新去陈,病乃不存"。故新则和,旧则乖;新则活,旧则板;新则疏通,旧则阻滞;新则宽大,旧则刻薄。夫物新则壮,旧则老;新则鲜,旧则腐;新则活,旧则板;新则通,旧则滞,物之至理也。法既积久,弊必丛生。故无百年不变之法。他基于时代,高度肯定了新的价值和效能,这与他所处的境况有关。当世界各国在深入推动改革时,清政府却因循守旧、停步不前,必须以革新的方式来推动社会发展。尽管戊戌变法失败了,但其革新思想的种子却在当时中国的思想界生根发芽。

国家需要革新,组织也需要革新,旧事物要托举新生命,新事物要传承好传统。在职业生涯发展中,个体不仅需要自身变化,更需要适应外部环境的变化,特别是要以合适的方式应对新问题、新情况、新技术等等,这对个体的适应能力提出了较高的要求。个体不能适应新的发展要求,不能把旧有的资源转化成新的发展动能,就有可能在发展的道路上停滞甚至倒退。个体需要处理好发展过程中新旧的关系,特别是在新旧交替的时候,更考验个体的智慧。

1. 有新旧就有对比

在职业发展中,新旧交替主要出现在制度变革、人事更替、岗位调整的时候,不论对个体还是组织都是发展的关键时期。新要求的出现、旧规范的废止,新领导的上任、原领导的离开等均会对个体的职业活动产生各种各样的影响。如 2022 年 4 月 20 日,第十三届全国人大常务委员会第三十四次会议审议通过修订的《中华人民共和国职业教育法》,是自 1996 年立法以来,时隔 26 年的一次大的修订工作。为了更好地学习新修订的职业教育法,有专家学者将新旧两个版本进行逐条对比,让大家可以清楚地看到修改的地方,这是快速全面地学习职业教育法的方法。

在个体的职业生涯中,时常会遇到制度修订的情况,而新旧对照就是最有效的学习方法。制度的修订一般不会发生颠覆性的改变,多数是在原有基础上进行部分修改和完善,个体需要知道为什么删除了旧的内容,多数是因为它们已经不能或者很难适应新的要求;为什么增加了新的内容,主要是因为现在的发展需要新的规范来支持。既然是修订,一定是基于现实发展及未来走向的需要,如果修订的是无关紧要的内容,那么修订则是形式大于内容,是为了应付管理要求或外部规范的结果,个体对这样的规范制度只要知道就可以了。在职场中,单位主要领导的变动对个体的发展会产生深刻影响,在中国有"新官上任三把火"的说法,讲的就是新领导对旧有制度安排的改变,可能会影响群体中既得利益者,这需要个体觉察变化并积极应对,以适应组织环境的变化。

2. 有新旧就有衔接

春节期间,"辞旧迎新"是个高频词,强调了旧年的结束和新年的开始,除夕这天,家人们会在一起熬夜守岁,孩子们常常把这当成一件有趣的活动而乐此不疲。但实际上,其背后蕴藏着文化的内涵、人生的智慧,在新旧交替的时候大家应该高度重视、小心谨慎,很多问题的出现就是因为新旧交替不畅,或者无法有效衔接。衔接不好就会掉链子,掉链子就会影响全局。在新旧交替的过程中,温和的方式对各方都是有利的,而激进的方式可能一时有利,但从长远发展而言仍是下策。

在职业发展中,尤其是组织的主要负责人交替的时候,个体需要留意发生的变化和可能出现的问题。人的一生,很难一辈子都做同样的工作、周围的人永远不变化,随着个体职业能力的发展、专业技术职务或职位的变化,个体工作的场景和内容都可能发生变化,出现新旧交替的情况。在面对新旧交替时,个体需要对自身及环境进行充分的分析,判断可能出现的问题、自身具备的优势和劣势,通过主动作为、积极适应,谋求职业发展新旧的有序衔接,进而实现个体发展的平稳过渡。平稳过渡也成为新旧交替理想的状态,因为衔接不佳需要付出代价,甚至产生不可估量的后果。

3. 有新旧就有进退

有新有旧,在新旧交替中有进有退,这是事物发展的规律。按照理想的状态,人、事、物都是在革新中求进步,但人、事、物不可能一直保持进步,在内外力量的综合作用下,很多时候是螺旋式、交替式发展。事物发展到一定阶段后就需要调整,在修正之后继续发展,如此反复。组织的发展也大致如此,但在市场经济中,很多企业会因为经营不善、市场定位不准、发展决策不佳、团队建设不力而衰退,如果及时发现问题、采取有效措施则有可能改善不利的局面,如果不能及时发现问题则可能面临退出市场的后果。可见,企业在不论内部还是外部面临新旧交替的关键时期,均需要慎重对待、科学决策。

对企业员工而言,新旧交替的情况更要谨慎对待,敏锐觉察,尽可能采取适宜的行动策略度过职业发展的关键时期,因为不进则退。当然也可以以退为进,个体在既定的发展路线上无法进步的时候,可以采取迂回的策略,诸如在薪酬、职位、岗位等方面进行调整,通过后续的努力、等待,寻找新的发展机会。因为人的发展不是线性的,职业的发展也不都是一帆风顺的。所以,个体要科学地看待职业发展中的新旧交替以及可能带来的进和退。

人们无法阻止事物的变化发展,也不能否认自己的持续改变,需要个体通过努力,以积极的态度看待新旧事物的产生、发展及转化,在适应变化中持续发展,并保持发展的优势。

四、无限的可能

在职业生涯发展中，今日之我是昨日之我与环境塑造的结果，以此类推，今日之我与环境也将塑造明日之我。前面的点滴积累都是后面的无数可能，没有今日之功莫念他日之名，有功才有名。黄仁宇说，生命不过是一种想象，这种想象可以突破人世间的任何阻碍。人作为高级生命，关键是拥有超越现实的想象能力，既然能想象出来就极有可能创造出来，一个人在现实的世界中会受到阻碍，但在头脑中却可以实现最大限度的自由。

1. 历史之流浩浩汤汤

每一个人的生活都是历史的细节，想要了解历史的真相，有必要去看生活在其中的个体一生的是是非非、酸甜苦辣、喜怒哀乐。谁都无法脱离历史而独立存在，人们幻想的桃花源终究是找不到的，这是由人类社会的发展规律决定的。对天下大势只能顺势而为，一个人想与历史的大势对抗，无疑是蚍蜉撼树，注定会失败，想一想，清朝灭亡之后不论是张勋复辟，还是袁世凯称帝，虽然能集聚一些支持者，但终究还是以失败告终。无疑，支持复辟的人未必人人真心，但是借机求官得利者不在少数，树倒猢狲散，最惨的或许反而是被大家高高举起的人。

有人说，历史没有可能，只有必然，这或许正确，但历史中的个人依旧有无限的可能。尽管，个体无法摆脱历史的影响，必须顺应历史的大势前进，但个体在一定程度上可以创造性选择个体倾向的生活或工作态度，在小范围内实现自己追求的生活方式、工作场景。历史也有"打盹"的时候，社会倡导的也未必永远正确，反对的也未必永远错误，是非曲直需要历史检验。历史如此，人也是一样，"觉今是而昨非"的事情时有发生，在滔滔历史的洪流中，在不可逆的人生中，看清历史的真相不易，所以请给自己留有修改的可能,因为你抱着不肯松手的或许不是宝贝。

2. 组织之变有起有伏

在职业世界里,一个人一生多数要在若干个组织中度过,一辈子在一家单位工作而无须变换到其他工作单位是难得的。个体可以用一生的工作时间去感受组织的发展变化,因为有前后的对比,感知会更清晰。在工作中,个体认为原本不能发生或者很难发生的事情,极有可能后续真的发生,很多时候人的思维应该开阔一些,不能把一些制度或者规定当成一成不变的信条。如,专科层次的高职院校能否升格本科层次学校的问题,国家在这方面的政策不断调整。2019 年之前,专业层次的学校升本的路径主要是高等专科学校或民办高职学校升格为普通本科学校,2019 年开始升格为职业本科学校,升格后的专科学校或民办高职学校名称为"职业大学"或"职业技术大学",国家在政策上不允许公办高职学校升格为本科,直到 2020 年公办的南京工业职业技术学院升格更名为南京工业职业技术大学,才破除了公办专科高职学校不升的限制。而到了 2022 年新修订的《中华人民共和国职业教育法》颁布实行以后,法律允许优质专业学校升格为职业本科学校或举办职业本科专业,这标志着国家在发展职业本科教育政策上的转变。可见,原本认为不可能的事情,后来却发生了。

3. 自我之化日新月异

一个人每日吃喝的食物最后转化成了行动思考的能量,一个人读书、阅读的内容转化成了我之为我的原因。在有形无形的能量支持下,人们持续地塑造着自己。小时候我一直想,什么时候可以长大,吃棒冰不用再征求父母的意见,后来真的长大工作了,自己完全可以决定是否要吃棒冰了,可总觉得现在的棒冰没有小时候的好吃。读书的时候,一直想什么时候可以不需要父母给生活费,自己养活自己,可以没有消费的顾虑,后来真的长大工作了,自己有了独立的经济收入,却发现花钱的顾虑更多了。这是人的成长，也是人生的变化，给人的行为和思想留下了痕迹。在人的发展中，个体期盼的会发生，很多时候比想的还要容易，但是当期待的结果到来时，个体又会发现获得的感觉与期待的感觉并不相同。

在职业生涯中，环境在变化，自己也在变化，在外部变化与内部变化作用中，一切的不可能都有可能。事物发展变化就是为改变现状而做出的努力，所以心中时常埋下看似不可能的期盼，或许在未来的某一天就会实现，这是一种希望，也是一种信念，是支撑一个人持续努力奋斗的强大动力。当一个人觉得当下所有的事情都是最好的，认为不会再有更好的时候，那么这个人未来的可能或许真的会越来越小。

当阳光再次照进窗里，新的一天开始了，无限的可能也开始了，你准备好了吗？相信未来的可能，其实是相信自己的可能。

五、每一次都不一样

古希腊哲学家赫拉克利特说，"人不能两次踏进同一条河流"。可见，事物是变化发展的，在一定程度上，变化是绝对的，静止是相对的。在生涯实践中，个体应以发展的思维看待周围人、事、物的变化，不能以静止的观点认识周围事物，避免陷入片面的境地。在工作中，个体面对稳定的工作环境、熟悉的工作同事、相近的工作岗位，容易形成一种静态的思维，习惯性地用熟悉的方法、工具等解决面临的新问题。这样虽然可以减少适应新变化的投入，但容易出现掌握的方法、工具不能持续有效解决问题，难以推动事物向更高质量发展的情况。事实上，不论个体还是环境都处于变化之中，个体应该警惕用静态的或惯性的思维看待职业发展中遇到的情况。

惯性思维，也称思维定式，是指个体用熟悉的心理状态或稳定的活动倾向处理将要发生活动的心理准备。惯性思维是一种客观的思维方式，应用在实践中,一方面可以帮助个体快速解决环境变化不大或事件发生条件不变的活动,提高工作效率,促进活动高效开展;另一方面会阻碍个体在面临新问题的时候采用新的方法解决,特别是在环境已经发生巨大变化的时候,使用惯性思维将会严重影响问题的解决,也会影响个体的主动性和创造性。个体在职业发展中,对自身已经掌握的知识技能、形成的思维方式、养成的生活习惯等应有一个理性的认识,需要根据事物的发展、环境的变化等采取适宜的措施,尽可能因人、因时、因势采取适宜的行动策略。

1. 因人而异

因材施教是教学的重要原则,教师需要根据学生的个性特点、学习基础、发展意愿等采取适合的教学策略,帮助个体在现有的基础上实现提高,而不是面对不同的学生采取同样的策略,这样将严重影响教育教学的效果。实际上,教学作为一种特殊的工作,其要求也适用于其他工作场景,应根据不同人的特点选择合适的行动策略,尽管很多时候组织的管理制度是强制且刚性的,不会根据不同的人采取不同的制度规范。

在工作生活中,人们时常是不患寡而患不均,希望被一视同仁,但人们又时常会想,自己的情况与别人不同,怎么能都被一样对待,这看似矛盾实则具有内在的一致性。在刚性制度面前,应该对所有人一视同仁,不能因人而异,大家讨厌组织为了少数人而修改制度或者提供特殊对待;但制度不能规范所有的行为和情形,在有弹性空间的时候应该根据实际情况给予有针对性的对待。当然在理论上这是成立的,也是应该的,但在实际操作和实践中,度的把握对个体有很高的要求。

子路问:"闻斯行诸?"

子曰:"有父兄在,如之何其闻斯行之?"

冉有问:"闻斯行诸?"

子曰:"闻斯行之。"

公西华曰："由也问，闻斯行诸？子曰，'有父兄在'；求也问闻
斯行诸，子曰'闻斯行之'。赤也惑，敢问。"

子曰："求也退，故进之；由也兼人，故退之。"

在孔子与学生对话的过程中，可以发现尽管子路和冉有向老师提出了相同的问题，但孔子却给出了不同的答案，理由是子路和冉有做事的风格不同，应该根据学生的特点采取适宜适合的策略。如在企业人力资源部门，会同时遇到多位员工请假的情况，但多人同时请假会影响部门运转或产品生产，负责工作的管理者需要根据员工请假的原因区别对待，兼顾员工需求与工作需要，对可以延缓请假者给予解释并做好后续请假安排，尽可能保证大家都能够接受，防止引起不必要的矛盾而影响组织正常运行。

2. 因时而动

对待不同的人，个体应该采取不同的行为方式；对待同样的人，在不同的时候也需要采取不同的策略，因为人是发展变化的，个体在不同的压力情境下会采取不同的应对方式。时过境迁，在环境已经发生变化之后，主体也必然会发生或多或少的改变。在中国传统文化中，特别注重因时而动的智慧，诸葛亮躬耕南阳不是因为没有才华，而是在等待赏识他的明主；袁世凯蛰居安阳洹河之畔不是不想出仕，而是在等待博取更大政治发展的机会。

一个人若生不逢时，那他的才华志向都将淹没在历史的长河之中；一个人若生逢其时，那他的聪明才智将在发展大势面前释放巨大能量。在不同的职业发展阶段，个体有不同的职业发展重点，应该根据所处的发展阶段及其面临的环境做"正确的事情"。通常，个体刚进入职场时应该以熟悉环境为主，同时观察识别环境的特点。

在职场中，个体应该根据组织的发展需要展现自己的才能，个体尚未熟悉组织发展方向、不清楚组织发展目标的时候，容易给自己的职业发展留下不确定。凡事讲求时机，关键时候不能解决问题就会给组织留下不好的印

象,"吕端大事不糊涂"讲的就是关键时候发挥关键作用的重要性。这也不是说,平时日常工作应付了事,只需要在关键时候发挥作用就行,实际上在职业发展中能抓住机会、关键时刻能做事的人,都是在日常工作中不断积累、持续努力的人,看到时机、抓住时机需要长时间的关注,才有可能一鸣惊人。

3. 因势而为

世人常说,做人不能势利,不能因为张家富裕就高看一眼,也不能因为李家贫贱就轻视怠慢,"三十年河东,三十年河西",在发展的大势下,谁看准了时机并下了手就有可能获得成功的机会。一个家庭好不好、行不行,不是看他家吃穿住行,而是看他家儿孙学不学好,这是他家未来的方向。父母教导的这些内容,小时候或许不觉得怎样有道理,但长大后发现其中蕴含着深刻的人生道理,如果一个人只盯着眼前的得与失,或者只管自己的一亩三分地,那这个人很难有更大的发展,也很难取得了不起的成就。因为不论是人还是事都有其发展的趋势,顺势而为则会事半功倍,逆势而上则可能事倍功半。

改革开放以来,我国各行各业都得到了长足的发展,其中房地产行业的发展取得了令人瞩目的成就,很多人因为从事房地产工作而获得了巨额的财富,也有很多人因为炒房实现了财富自由,更多的人因为买房而提高了身价等。这些成就的取得与个体的努力有关系,但更重要的是房地产行业处在发展的大势之中,因为国家快速的城镇化推动了个体买房的需求,在国家城镇化到达一定水平之后,房地产行业的发展速度和趋势也会放缓。可见,个体在选择从事行业的时候需要考虑自身的兴趣爱好、能力水平、性格特征等内部因素,也要兼顾行业的发展趋势,尽可能实现个体的职业选择与行业发展相一致。

变化无处不在,变化时刻发生,个体在工作生活中应以适应变化、顺势而为的姿态对待发生的一切。既然人们不能静止不前，那就接受变化带来的机遇和挑战，抓住机遇成就自己，克服挑战突破自己。

六、在变化中保持优势

人无千日好，花无百日红。人生的发展有起有伏，一个人的一生不可能总是顺心遂意，总会遇到或大或小的坎坷，人生如此，一个人的职业发展也是有春风得意之时，遇到伯乐、展示才干、获得成就；有举步维艰之时，发展受阻、无计可施、遭人嘲讽。人们总是希望一切顺利，但顺利与不顺利时常交替出现，犹如一艘航行在大海的轮船，有颠簸、有风浪、有晴空、有乌云。不论职业发展得如何，从自我生涯管理的角度出发，通过一定的方法和工具帮助个体在发展变化中保持优势，才能获得较好的职业发展，为顺利实现职业目标保驾护航。

个体获得一个工作岗位，在理论和实践中都是基于自身优势的结果，如果个体不符合岗位的要求，那组织就不会选择个体从事该项工作。个体顺利就业，是因为具备了从事工作的条件或优势，但行业的发展、岗位的变化会对个体的能力提出新的要求，有时还会对个体提出一时难以达到的要求，这对个体的职业发展而言就是挑战，需要个体做出策略选择，通过学习等方式改变不利的工作境况。在发展变化中，个体持续保持工作的优势是职业生涯管理的重要主题，每个个体都会在职业发展中遇到危机和挑战，需要妥善解决问题并持续获得发展的优势。

1. 认知：天道无吉凶

所谓的吉凶、好坏、是非都是价值判断的结果，是人主观认识的产物，是基于对人类或者个体有利的标准来评判人、事、物的结果。在地球的演变发展中，不论是地震、洪水、干旱，还是酷暑、严寒、病毒，都是发展中产生的自然现象,如同人类出现并创造文明一样,是地球生态系统发展到一定阶段的产物。但人类基于自身的发展,对地球上出现的自然现象进行了价值评判,人们种植了庄稼而久旱不雨是灾难,下雨纾困而积水成河也是灾难,人类总是从对己有利的角度评判这个世界。因为人类有价值判断,自觉不自觉地对大自然的运行进行评价,也便出现了或吉或凶、或好或坏的结论。但天道不会因为人的期盼、判断而有丝毫的改变,所谓"天行有常,不为尧存,不为桀亡",人类能改变的只有自己,通过改变自己的认知、行为、思想等来适应自然。

正如傅佩荣在《易经与人生》中所讲,人与人相处,都是在比较之中,只有相对的好坏,没有绝对的好坏。人类社会由人构建,但人却很难改变社会发展的走向,一个人在职场中纵然是优秀的生产者、销售者、管理者等,也很难改变行业的走势,人们只能了解、认识行业组织的发展趋势并适应。纵然个体能够较好地控制工作过程中的一些情况,但仍旧可能产生不理想的结果。结果一旦发生,必然有一定程度的好或坏,个体需要做的是在顺利的时候不骄傲,提醒自己做好准备以防失败,失败果真发生时,自己能有所准备,降低可能产生的影响和压力。

2. 重点:核心竞争力

在变化中保持优势需要重点考虑哪些方面,是职业生涯发展中需要重视的内容。在职场中,竞争不可避免,如何在竞争中不落后,关键是要拥有从事工作的核心竞争力,个体要能够给组织带来具有竞争优势的资源,并为组织创造价值。在逐利的市场中,每一个员工都是企业需要负担的运行成本,如果个体不能在工作中创造价值,或者创造的价值低于投入的成本,那个体的核心竞争力就会减弱,可能在组织的发展中遭到淘汰或边缘化。企业不会雇用无法为其创造价值的员工,个体的工作能力必须通过市场价值来衡量。个体一时的优势并不能确保其在企业发展中持续产生较高的价值,这需要个体识别组织发展中自身所产生的价值和可能的潜力,确保自身的核心竞争力具有价值并不被替代。

在职业发展中,个体的核心竞争力主要体现在价值性、稀缺性、不可替代性等方面。一是价值性,即个体能为组织创造收益,这是衡量个体工作能力和水平的首要标准,价值性也是企业招聘人才、设置岗位的内在逻辑,市场经济中企业的行为都可以用价值的维度来剖析其产生的缘由,企业的逐利性决定了其不会无缘无故地行动。二是稀缺性,即当资源的需求大于供给,在市场经济中,越稀少的资源成本越高;市场的价值也越高;对个体而言,如果个体在职业发展中具备的能力是稀缺的资源,那个体在工作过程中获得的机会、创造的价值将更高。三是不可替代性,可替代产品或服务是行业形成的基础,但是在职业发展中,个体的能力容易被替代就意味着风险,在人工智能广泛应用于工作场景的背景下,机器换人、智能替代的岗位逐渐增多,如果个体不能适应技术变革对岗位产生的影响,将面临被替代的危险。

3. 策略:优势相对性

个体的优势是因时因势而变化的,在一种工作情境中可能是职业优势的,转换到另一种工作情境也可能成为职业劣势,可见优势具有相对性。当下的职场中,大家经常会讨论内卷,所谓的内卷其实是源于群体水平的整体提升,经济社会系统越完善,其内卷的程度越高,如果个体所处的经济社会系统不能与其他经济社会系统进行良性的互动,群体之间的相互竞争将加剧。不论是社会还是企业,一定的竞争是个体持续发展的有效力量,但是过度的内部竞争会影响个体持续发展,并使企业及个体的资源产生浪费。组织中群体的内卷程度与整个社会经济环境有关,但组织自身的发展情况及制度规范也会进一步加剧内部竞争。例如各高校职称晋升的基本条件并不高,但实际上职称评审过程十分激烈,一个参评教师只具备文件中的基础条件很难顺利晋级,需要有更多的成果来增加晋级的可能性。

为了能够获得持续的职业发展,个体需要在变化中持续保持自身的竞争优势,即"人无我有,人有我优,人优我特"。在现实中,根据个体优势的强弱程度可分为相对优势和绝对优势。一方面,所谓的相对优势是个体在一时一境中具有的优势,通常个体之间的优势比较是相对优势,也就是说每个个体都有自己的优势,也存在自己的不足,个体之间的竞争关系较强,个体若想获得持续的职业发展优势就需要扩大优势。另一方面,绝对优势是指个体具备的优势远远超过组织中的其他成员,其在组织获得权威或主导地位,其他成员更多的是认同和追随,拥有绝对优势的个体容易带领团队,团队的结构也会更加稳定。

七、行者的七十二变

祖师说:"也罢,你要学那一般? 有一般天罡数,该三十六般变化;有一般地煞数,该七十二般变化。"悟空道:"弟子愿多里捞摸,学一个地煞变化罢。"祖师道:"既如此,上前来,传与你口诀。"遂附耳低言,不知说了些甚么妙法。这猴王也是他一窍通时百窍通,当时习了口诀,自修自炼,将七十二般变化,都学成了。

——《西游记》第二回

不夸张地说,《西游记》是中国孩子童年记忆的经典,可能很多人没有看过吴承恩的原著,但绝大多数人看过与《西游记》相关的电视剧、电影、绘本,听过评书、故事等,唐三藏、孙悟空、猪八戒、沙悟净师徒四人的形象深入人心,成为童年想象力的源头。孙悟空作为战斗力强大的代表,也是很多人心目中的超级英雄。我小时候时常想,要是我也有孙悟空的本领该多好,能够七十二般变化,把毫毛一吹就能变出许多一模一样的自己,我也就不用担心自己作业完不成；有金刚不坏之身，也不用担心被老师揪耳朵时候的疼痛了。只可惜，我终究没有孙悟空的七十二般变化，还需要担心作业是否完成，还需要担心老师的批评，但孙悟空这个神话人物却伴随了我的童年，给了童年无数的想象。

从文史的角度讨论，《西游记》中孙悟空的七十二般变化不是指他能变化 72 类东西，根据学者的考证，这是指孙悟空的幽通、驱神、担山、禁水等 72 种能力。孙悟空一会儿变蜜蜂，一会儿变游鱼，这只是他诸多能力中的一种而已。不论孙悟空怎么变化，都要变回原形，变化只是一时的，而回到本相是必然的。如同生活世界中的人们，一个人一会是工作者，一会是丈夫、儿子、父亲，一会是公司的决策者，一会又是问题的解决者，在不同的工作、生活情境中扮演不同的角色，展现不同的能力。

1. 缘起：变化是发展需要

天底下没有无缘的聚，也没有无故的散，人、事、物的形成、发展、流变、消失都有其自身的规律和法则，人有主观能动性，但也只能顺应事物变化的道理，违背则力尽而无成。《西游记》讲孙悟空是天地造化的结果，天为其父，地为其母，这从神话的角度是成立的，后续孙悟空拜师学艺、大闹天宫、降妖伏魔、西天取经，最后取得真经，修成斗战胜佛，孙悟空的诞生看似无缘实则已经注定，若是石猴不降生，似乎西天取经这件事情也不会发生。可见，孙悟空的出现是后续涉及的佛道、天人等力量相互作用的结果，应了"没有需要就没有生产"，生产是适应需要的结果。凡事凡物都是变化中的产物，缘是条件成熟的结果。

如果说孙悟空拜在菩提门下是求学阶段，那入东海、上天庭就是创业初期，直到遇到唐三藏才开始了职业发展的稳定时期，这个过程中有许多地方让人不理解但又觉得应该这样：凭什么他能遇到菩提祖师？凭什么他能加入唐僧取经团队？凭什么最后还是成了佛？看似没有依据实则有其缘故。

孙悟空想长生不老,他才渡海翻山来到方寸山,有了后来的诸多故事,正所谓一念起百事生,一事成诸事了。细想想,每个人心中都住着个孙悟空,在求学、在就业、在创造、在奋斗、在求善果,千般万般的变化都是适应现实需要的结果,都是接近目标的行动。人们之所以变化就是出于个体发展的需要、环境的需要。

2. 形态:变化是一种能力

菩提祖师问孙悟空,想学天罡三十六般变化还是地煞七十二般变化,悟空说自己要学多的,姑且不论天罡与地煞的变化到底谁厉害,由此可知孙悟空有一颗让自己更加强大的心,这也是他事事争先性格的体现。对职业世界中的人而言,个体的工作能力越强就越能适应不同的情境,能够根据工作的需要调整变化,这是职业能力强的重要表现。从本能出发,人身上有天然的惰性,总是希望以最小的变化换取最舒适的状态,尽量不改变现状,享受已经拥有的一切,所以个体因时而变是发展能力的表现。

变化是适应的产物,个体随境变化的情况是适应性的反映。在三维世界中,时间的变化是对物质世界变化的呈现,人们对时间的感知其实是空间位置移动的一种感受,因为没有时间并不影响三维空间中主体的存在和活动。在职业发展中,时间维度是记录个体变化的一种工具,因为个体的机体和环境时时刻刻都处于变化之中,单位按月发工资、按年做计划,都是对人、事、物变化的配置和整合。所以,个体不断提升自身适应工作环境的能力,就是在提高自身变化的能力,如果一个人无法根据发展做出改变,那将难以实现可持续发展。

3. 方法:变化是自修自炼

变化有变化的法门,发展有发展的规律,个体在职业世界拥有的能力,多数不是天然具备的,而是在学习中获得的。菩提祖师将地煞七十二般变化口诀传授给孙悟空,但这并非镀金那般迅速见效,仍需要行者的领悟和修炼。个体的变化需要有意识、有目的地反复练习，正是因为自修自炼，行者才从一个石猴变成了大圣，不能改变自己就无法成就自己，任何一个有成就的人都是善于改变自己、乐于改变自己的人。违背本能的意愿，选择逆向的行动，才会有脱离低级层次的可能，放眼看身边的人，能有所成就的人都是十分自律的人，知道什么是应该做的，什么是必须做的，在做正确的事情中成为期待的自己。

在职业世界中，许多新入职的员工起点都差不多，但是在三年五年之后，人与人在工作成就方面就会出现很大的差距，时间越长，人与人在工作方面的差异就越大，这与个体自修自炼的能力紧密相关。一个人愿意为改变付出努力，那他就收获成长；一个人不愿意付出努力，那他就保持不变，而人与人的差距就是在变与不变中产生的。更何况，许多能力是可以迁移的，诸多道理是相通的，一窍通时百窍通，个体在积累了变化优势之后，会随着发展进一步扩大变化带来的优势，实现发展资源的持续积累。

孙悟空能被称为斗战胜佛的原因有天命、有际遇，但更有他的自修自炼、自强不息。

八、变中的不变

宇宙在变，地球在变，社会在变，个体也在变，变化是事物发展的必然规律，也是世界运行的法则，人们了解变化的法则，掌握变化的规律，在变化的世界中遇见更好的自己。人们知道变化不可避免，但在一定范围内的变化并不会从根本上改变人们的生活，有影响但并不彻底。

尽管整个世界乃至宇宙都在运动，在运动的过程中其内部结构也在发生变化，但只要变化的幅度控制在一定范围内，变化只是人们生活的一种特性罢了。更何况，在漫长的人类社会演进中，人们根据经验发现了一些变化的规律,一年有春夏秋冬,人们有生老病死,当生活有了参照之后,即使面临的工作生活有变化,也不会惶恐和不安,依然可泰然地面对生活中的变化。

生活也好,工作也罢,当人们能够预判事物发展方向,知道变化趋势的时候,便能够依据现实中的内外部条件选取适宜的策略,控制活动的信心,对变化没有恐惧,因为人们掌握了变中不变的一些规律。一旦人们面临从未经历过的事件,或者没有可参照对象的时候,便会产生巨大的恐惧和强烈的不安。如2020年新冠疫情在世界范围内蔓延的时候,大家面对一种新的传染性极强的病毒,不安的情绪在世界范围内蔓延,但随着疫苗的研制成功、防疫经验的积累,人们原本的不安也渐渐减弱乃至消失,因为在与病毒抗争、适应的过程中,人们掌握了部分的病毒变化规律,知道了变中的不变。

不论是世界运行的规律,还是社会发展的准则,都是在变化中有不变。职业世界作为整个社会的一个部分,其变化的规律只是社会发展的一个部分,也遵循着变化规律。在人的一生中,会换工作单位、改生活方式,会在不同的场景中遇到不同的人和事,会在不同的发展阶段遇到不同的机遇和挑战,这并不意味着人就是随风而行的尘埃、随波逐流的叶子,人依然应该有不变的东西,引领方向的力量。在工作和生活的世界中,一个人的志向和底线不应轻易改变,当然前提是这个人要有这两样东西。

1. 志向不变

志向是个体人生追求的方向,而多数的人生志向是需要在职业世界中实现,因为人生的价值不会也不能局限在自身,而应该在个体与社会互动中产生。曾国藩说:"有志,则断不甘为下流;有识,则知学问无尽;有恒,则断无不成之事。"立志并持之以恒是人事业有成的重要保障。个体在职业发展中,会遇到各种各样的问题,原本认为可以实现的目标,可能随着环境的变化而难以实现;原本以为困难的目标,也可能因为政策、技术等的发展变得容易实现;个体也会获得各种各样的机会,一些机会可能是个体努力争取获得的，也有一些机会是组织提供的。在这些或大或小的变化中，面对或主动或被动的机会，个体应该以人生的志向为准绳进行评判和衡量。

自古以来，中国人讲求立志，对立志有着丰富的研究、深刻的认识、受用的智慧，其中"常立志不如立长志"就是人们对立志的总结。在实现志向的过程中，个体可以改变方法或策略、放慢或加快步伐等，但不能因为外部的变化而轻易改变自己的志向，并美其名曰是与时俱进。经常立志实质是没有发现自己内心最坚定的目标，一旦一个人知道了一生的终极追求，他便会积聚资源朝目标努力，正是因为很多人不确定人生的最终追求，才会因为环境的变化而时常调整志向或目标。志向应该是个体世界观、人生观、价值观最内核的具体化，尽管人们的"三观"会随着社会的发展、阅历的丰富、个体的成长等进行改变，但一个人成年之后的"三观"便会处于稳定状态，故而个体要想找出自己的人生志向，可以从自身的"三观"入手，这可以帮助个体更准确地知道自己的志向。

2. 底线不变

如果说志向是一个人的人生"高线"、引领个体发展的话，底线则是人生发展的最低标准。一个人在一生中需要知道自己要做什么、能做什么是宝贵的，但一个人在充满诱惑的世界里更需要知道自己不要做什么、不能做什么。

不要做和不能做是个体守好底线的两个方面。不要做是基于个体的喜好而言，可能个体有完成这件事情的能力，也不会触碰国家法律法规、社会的道德底线，但个体厌恶并有勇气去拒绝做，这显示了个体清楚自身不要做的底线；在实际的职场中，很多人都在做自己不喜欢的工作，没有办法，因为这是岗位的要求，也是自身获得必要生存条件、发挥自身作用的需要，很多人也认为一个人能把不喜欢的工作做好是成熟的标志。

不能做的事情一般是法律和道德约束的内容，尽管法律已经禁止、道德已经批判,在职业世界中依然有不少的人做了不能做的事情,或许个体是身不由己,也或许是没有守住底线。一个人如果触碰了法律的底线则会受到法律的制裁,需要承担法律后果;如果违背了道德底线,则会受到道德的批判,尽管道德对人的约束是软性的,但人毕竟是社会的产物,舆论压力、世人嘲讽等无形的制裁依旧可以摧毁一个人的心智。

在现代社会中,法律面前功过不能相抵,功是功、过是过,不能也不会因为一个人有功于这个国家或社会而消除他的法律责任。个人要坚守的底线就是法律和道德的要求,清楚知道自己不能做什么,这不仅需要个体学习各类法律法规、制度规范,也需要个体在知法懂法守法的过程中学会保护自己。在职场中,一些人本不想去做违法乱纪的事情,他知道会给自己带来怎样的后果,但他有可能受到其他人的施压或威胁,这是对一个人的重大考验,个体必须坚守底线,因为违反法律法规将对个体的职业生涯产生不可估量的后果。

人是能动的人,在发展的过程中需要根据环境的变化采取合适的策略,需要因时因势进行变化调整,但变化不是无限度的,个体需要坚定志向、守好底线,正所谓不忘初心、方得始终。一个人知道变是本领,知道不变是智慧,人们正是在知进知退中走稳走远。

九、百年未有之大变局

2018 年以后的国家重要政策文件中,多次出现"百年未有之大变局"的表述,这是我国经济社会发展进入新阶段之后,国家对国内外大势做出的重要论断,是基于历史做出全局性的客观认识。何成在《全面认识和理解"百年未有之大变局"》一文中认为,百年未有之大变局,变就变在前所未有、百年罕遇,变就变在立破并举、涤旧生新。

百年未有之大变局给出的时间范围是百年，关键是大变局，其特点是影响大、变化深、格局宽，正在发生的变化不是短期、局部的，而是在整体的经济社会、个体的生活生产等方面全面而深刻地变化，对衣食住行、生老病死都产生着不可估量的影响，对各国的政治格局、经济重心、科技发展等也产生着重大影响，特别是在新冠疫情的影响下，世界的形势正在发生重大变化，人与人之间、国与国之间、地区与地区之间都正在发生各种各样的变化。在深刻变化面前，国家需要做出战略调整，个体需要做出积极适应，以主动作为来适应社会发展、职业生涯等的变化趋势。

1. 生活方式之变

人在生活的河流里，难以感知东去的大势，但是沿着河流逆流而上，便会发现变化之大。回顾改革开放初期，将当时的生活与现在进行对比，可谓翻天覆地，若是将自己的生活跟父母、祖父母辈小时候的生活相比，可谓沧海桑田、换了人间。改革开放以来，中国的经济社会发生了变迁，迈向了更高层次，中国取得的成就举世瞩目、令人振奋。正如党的十九大报告指出的，我国社会主要矛盾已经转化为人民日益增长的美好生活需要和不平衡不充分的发展之间的矛盾，大家重视的已经不是有无的问题，而是质量的问题了。就普通大众而言，人们对衣食住行有了更丰富的需求，在科技革命的影响下，人们的购物从线下转向了线上，直播带货、电子商务等领域迅速发展，人们获取信息的方式越来越便捷、成本越来越低。在技术面前似乎世界都变小了，人们从一个地方到另一个地方的时间在缩短，周游世界成了很多人可实现的愿望。

从时间的维度，对比不同年代的生活，不难发现人们生活方式变化之大。生活方式是社会的底色，生活方式的改变意味着社会底色的改变，在可见可感可知的世界里，人们通过技术实现新的突破。在互联网技术的影响下，人与人之间的联系已经突破时空的限制，虚拟世界正在成为人们生活的重要组成部分,所谓的元宇宙在不久的将来也可能改写人存在的轨迹,现实世界与虚拟世界将共同形塑人的生活。虚拟世界的扩张,可能重新定义人的生活,更有可能颠覆人的价值,当下一个人的社会价值主要体现在现实世界,未来一个人的价值极有可能将由现实世界和虚拟世界共同确立。

2. 生产方式之变

美国社会学家奥格本在《社会变迁》中指出,科技变迁了,社会的其他制度也得相应地变迁,不然就会出现社会脱节和失调。科技的进步是人为的,是人用来取得生活资源的手段,其他部门为适应科技也得出于人的努力改造已有的制度。随着信息技术的快速发展,互联网、大数据、区块链、5G 等技术正广泛地应用在社会生产、经营、管理、服务等诸多领域,科技革命正在塑造新的产业形态,智能制造、大数据、物联网等新技术的广泛应用对工作内容产生了深刻而长远的影响。信息技术使得各行各业在组织形式上呈现新的样态,出现了生产的智能化、管理的现代化、产品的个性化等特征。劳动密集型、资源型等粗放发展方式正向创新型、知识型、技术型发展方式转变,加快产业转型升级,优化经济结构,激发创新动能,成为我国经济高质量发展的关键。

随着我国进入人口老龄化社会,劳动力短缺的问题逐渐显现,劳动密集型产业受到的影响更加明显,机器换人成为必然,高度的机械化、智能化需要劳动者具备机器维护、数据分析、问题诊断等高层次的能力。人工智能在工作场景中广泛应用,机械、程序化、固化的工作岗位正在被机器或智能产品替代,越来越多的体力工作正在被替代,而脑力劳动在工作世界的作用进一步凸显,人们面临失业的风险逐步增加,就业正在成为世界性的难题,能否就业已经不再只是个人能力的问题,而是社会民生的核心要义。随着科技的发展,职业世界对求职者的要求越来越高,个体面临的就业压力在不断增加,这要求个体掌握更多更复杂的技术,具备解决复杂问题的能力,以适应不断革新的工作场景要求。

3. 思维方式之变

思维是人作为高级动物的特殊能力，与个体生活方式、工作场景紧密关联。在生活方式、生产方式等方面发生的变化必然会反映到人的思维方面，特别是信息技术正在重塑人们的思维，其中互联网思维成为现代人思维的重要内容。互联网思维十分重视用户思维、简约思维、极致思维、迭代思维、流量思维、社会化思维、大数据思维、平台思维、跨界思维等，这与传统的思维方式不同，正在影响着人们对世界、人生、职业的看法。世界不仅包括现实世界，还涉及虚拟世界，人生的价值不局限在具体的社会活动，也包括虚拟世界的价值，一个人可能在现实世界中默默无闻，但有可能是虚拟世界的领袖，两者之间已经不是对应关系，两个世界相互独立又相互影响。

思维方式的改变受到教育的影响，当下最有价值的教育已经不再是传授知识、演讲道理，而是价值引领、方法习得，个体获得知识的途径、成本正发生根本性改变，数字化教学资源正在改造教育的形态。学习也不再局限在具体的教室、校园等特定场所，线上教学、学习社群已经突破了传统教学的时空，线上线下混合式教学已经将教学的环节提前并延后，教师与学生、学校与企业等在技术上已经可以实现转化，原来学校与企业之间合作的时空限制可以通过技术被打破。教与学场景的变化，影响着人们的思与行，在这个激荡的时代，每个人都需要学习新的本领，掌握新的技能，获得新的发展，因为当一个人无法与时代同向奔跑的时候，则有可能被遗弃。

第七章　不可缺少的发展

一、发展才是硬道理

1992 年,邓小平在南方谈话中指出:"我们国家一定要发展,不发展就会受人欺负,发展才是硬道理。"发展是事物朝着更好的方向、更高水平演进的过程,发展的对立面是衰退,国家需要发展,企业需要发展,个体也需要发展,正如邓小平同志讲的,不发展就会受人欺负,尽管世界有国际法则,国家有法律法规,但这并不能掩盖世界上弱肉强食的现实。在动物世界中,强大者如狮子、老虎就是食物链的顶端,兔子、麋鹿等就是食物链的底层,其生态位决定了其在食物链中的位置。尽管人类社会不同于动物世界,但西方一些强国掠夺他国资源、财富等的活动从来没有停止过,给其他国家造成了深重的民族灾难,留下了无法愈合的伤疤。

1840 年以来,中华民族经历严重的灾难,中国人民在血与火中重生,克服了难以想象的困难,付出了惨重的代价,做出了巨大的牺牲,所以"不发展就会受人欺负"是基于中华民族近百年的苦难发出的呼喊,我们需要强大的国家,需要强大的军队,需要先进的科技,需要繁盛的文化,需要团结的人民。一个国家如此,一个企业如此,一个人也是如此,没有强大的自我,想赢得他人发自内心的尊敬虽然不是没有可能，但只能寄希望于他人的教养，这显得那么不可靠。一个人的强大是综合性的，既可以表现在财富积累，也可以表现在坚毅品格，还可以是获得权力或者事业成功等，只要能够在某个领域或方面超越常人，就是强大的表现。

1. 力量：由弱小到强大

力量维度是发展的重要内容，是个体获得发展的基础和前提。在人的一生中，一些力量是天生的，而另一些力量则需要后天努力。一是体力。体力是人作为动物的一种本能，获得该项力量主要依靠身体的发育，一个新生儿从什么都不会，到逐渐可以抓握、行走、奔跑，直到能够独立生活，人们可以容易地发现孩子在力量方面的发展，正是机体的成熟加快了个体心理、精神等方面的发展。在职业世界中，可以从体力劳动和脑力劳动两个方面来界定"体力"，但随着整个经济社会的发展，越来越多的体力劳动被机器替代，其在职业世界中的重要性不断下降。

二是心理力量。心理作为人类在情感世界里流动的过程和结果，是人发展的重要支撑，与个体生理的发展直接关联。心理健康是个体工作生活的重要部分，在现代社会中，随着学业压力、工作压力、人际压力的不断增大，一些人出现心理问题甚至心理疾病。一个人获得强大的心理力量，意味着个体能够在困境中实现自我的突围，不会被外在的压力压垮。在职业生活中，一个人的发展不可能永远顺利或按照预定的方向迈进，会出现各种各样的阻碍或失败，如果一个人没有强大的心理力量，就很难面对失败的结果或外部压力。

三是精神力量。精神是个体意识活动的概括，精神力量是在个体生理和心理基础上形成的一种更为抽象的能力，工作生活中，人们可以感受到一个人的精神力量，也可以用文字来描述精神的特征，但很难直接用感官去获得精神力量。精神力量与个体的品格、价值观、自我管理技能等相关，是一个人最为宝贵的力量,一个人拥有强大的精神力量,不仅可以在工作生活中取得卓越成绩,也可以对身边的人产生深刻影响。

2. 程度:由简单到复杂

人类能够制造、使用复杂工具,解决复杂问题,这是人类社会快速发展的有力支撑。人类解决复杂问题的能力不是天生的,需要通过学习、实践、创造、反思等诸多的环节来获得。在学习过程中,不论是教师的教还是学生的学都遵循从简单到复杂的原则,在语言学习中,先学听说,再学读写,听说不需要工具和载体,只需要通过耳朵、嘴巴就可以完成,而读写需要图书、笔墨等条件,特别是书写的过程对精细动作有较高的要求;在数学学习中,先学习加减乘除,再学方程指数等,对数字的理解、计算有着差异化的要求。一个人在接受教育过程中,学习内容的复杂程度也在不断增加,掌握复杂知识、具备复杂能力是个体思维水平高的表征。

在学习过程中,数学、物理、化学、生物等理科类的课程前后逻辑关联,学生学习的简单内容与后续逐渐复杂的内容前后衔接,如果个体不能掌握基础内容将对后续学习产生直接影响。有人曾说一年不学习语文,走进教室依旧可以听懂;三天不学习理科,走进教室就是听天书。这虽有夸大的嫌疑,但也说明了不同内容自身的逻辑关系与复杂程度。个体在职业生活中,掌握的职业知识技能也会经历从简单到复杂的过程,个体具备越强的复杂技能,就可以解决工作中越复杂的问题,适应更多样化的场景,也可以获得更多的发展机会。工作过程中,个体的工作越简单则越容易被替代,工作越复杂越容易获得提拔或重用,创造更多的社会价值。所以,个体在职业发展中要注重培养自身解决复杂问题、掌握复杂工具、处理复杂关系的能力,以适应发展的需要。

3. 层次:由低级到高级

简单并不意味着低级,复杂也有可能不高级;低级是高级发展的基础,高级是低级发展的结果。人们常用低级、高级形容人、事、物发展的层次，从发展阶段看，事物发展的早期多处于低级阶段，事物发展的中后期则处于高级阶段。在人的发展中，对思维的发展可以从低级到高级的角度进行分析和思考，如黎加厚教授讲的，抽象思维比形象思维高级，创造思维比模仿高级，辩证思维比逻辑思维高级，系统思维比还原思维高级，立体思维比平面思维高级等，不同的思维方式正是在比较中出现了高低。所谓的高低只是对个体思维能力要求不同，高级思维不能替代低级思维，不同的思维方式有各自适用的情境和对象，需要个体根据实际需要选择合适的思维方式。高级也好，低级也罢，都是事物发展的状态或不同阶段的产物，需要个体依据内外环境做出理性判断。

在工作场景中，同样的工作岗位会有不同级别的人负责或协同，如同样是进行零件生产的人，既可以是工程师级别的员工，也可以是初级级别的员工，两者之间可能是师傅与徒弟的关系，也可以是上级与下属的关系，但是专业水平处于初级的员工会随着工作经验的积累、专业水平的提高，逐渐成为高级的工程师。如果高级别的员工在后续的工作中不能持续发展，技术没有持续的提升，则有可能因为整个领域的发展而无法适应岗位的技术要求，成为同一群体中相对低级别的员工。可见高级与低级是相对的，在发展过程中也可以发生转换，需要个体对其有全面的认识和判断。

在发展中，前途是光明的，道路是曲折的。不论发展的过程怎样，事物的发展有其自身的规律且不以人的意志为转移，个体要看到事物的发展阶段，对其未来做出预判并选择合适的行为策略。

二、规划何以可能

2020年10月29日，中国共产党第十九届中央委员会第五次全体会议通过《中共中央关于制定国民经济和社会发展第十四个五年规划和二〇三五年远景目标的建议》，对未来五年国家经济社会发展任务做出描述，也对未来十五年要达成的主要目标进行了明确，这成为国家凝聚力量、持续发展的重要遵循，成为各行各业看清国家发展方向的指南，也是个人看到自己未来生活场景的参考。规划对个人和组织均有着重要的指导意义，具有全局性、战略性、引领性，制定规划成为国家和组织保障发展方向、实现发展目标的方法和手段。在工作中，人们可以看到各级政府会制定五年发展规划，行业也会制定专门的中长期发展规划，通过规划澄清发展重点，释放发展信号。

学习、工作需要制定计划，人生发展也需要制定规划。规划与计划都是基于现实且面向未来的设计，但规划更加侧重个体发展过程中影响长远的基本性问题以及整体性的考虑。现在的高校会开设职业生涯规划与指导类的课程，其目的就是通过课程的教学，帮助学生规划人生，撰写职业生涯规划书。在实际教学中，我发现学生撰写的职业生涯规划书存在科学性不够的问题，诸如缺乏对自己及环境的准确把握，缺乏对未来发展的准确定位等，尽管存在问题，但这并不影响撰写职业生涯规划书对个体探索自我、认识世界、明确目标等的价值和作用。个体制定职业生涯发展规划的关键在于着眼于基本问题，设计长期发展，考虑整体情况。

1. 着眼于基本问题

个体在生涯发展中会遇到各种各样的新情况、新问题、新工具，但婚姻、教育、职业等则是每个人都需要面对的基本问题，而教育和职业又是发展中的重点。当个体能够对这些发展中的基本问题有充分的规划后，那个体生涯规划的基本框架就确定了。

一是婚姻问题。在现代社会，婚姻对个体的影响正在减弱，离婚率增高，晚婚及不婚人数增多，结婚的成本增高，这些变化正在影响着人们的婚恋关系和对待家庭的态度。尽管婚姻关系面临现实挑战，但对多数个体而言，婚姻依旧是生涯的基本命题，不论是结婚、晚婚，还是不婚，都将对个体的生涯发展产生深刻影响，与什么样的人成为伴侣，与怎样的家庭结为连理，看似为自主选择的结果，实则是社会匹配的产物，在社会阶层固化、阶层跃迁越来越难的背景下，更多的人与处于同一阶层者走到了一起，结婚意味着接受对方的观念、家庭及资源。

二是教育问题。在我国，接受九年义务教育是每个公民的权利和义务，国家对基础教育做出了法律规范和制度安排，随着接受教育年限和层次的提升，越来越多的人开始接受高等教育，学历成为个体学习经历的重要证明。在就业市场上，各岗位招聘都会明确学历要求，尽管学习能力不等于工作能力，但是学习能力依然可以反映个体的主要情况。个体在生涯规划中，设定学历目标与未来就业创业有直接的关系，高学历意味着更多的机会和可能。

三是职业问题。职业是生涯规划的重点，更是职业生涯规划的核心，个体不论就业还是创业，都是解决发展的问题，创业在某种意义上只是就业的一种特殊形式。就业需要选择行业、企业、岗位，需要选择地区、城市、区位，可能个体无法在生涯规划中考虑得非常具体，但是方向性的内容仍旧是生涯规划必须确定的。如中西部的不少考生填报大学志愿时会选择上海、江苏、浙江的学校，因为他们希望自己未来能留在长三角地区发展。

2. 设计长期发展

"十三五"期间，中国人均预期寿命从76.3岁提高到了77.3岁，这意味着多数人的寿命将近80岁，可以经历人生的春夏秋冬，多数人可以享受退休后的生活，尽管一些人会因为疾病、意外、灾害等无法活到平均寿命，但多数人的生涯规划需要考虑80年甚至更长久的时间范围，因为生活条件、医疗保障的进步为人健康持久地生活提供了更多的可能。生涯规划需要考虑一生的发展,其中首要问题是希望自己能健康地活多久,尽管这是一个十分主观的问题,但有希望就有可能实现。如果一个人希望自己健康地活得更长久,那他需要健康的生活方式、良好的饮食、运动、工作习惯,以及乐观的生活态度等。

职业生涯规划是生涯规划的重要组成部分,也是面向个体身心条件最佳的时期,通常一个人的职业生涯是从个体成年到 65 岁左右,随着国家对退休年龄的调整以及人口老龄化程度的加剧,许多人可能一生都需要工作,以获得必要的生存条件。《老后破产:名为"长寿"的噩梦》讲道,"晚年生活的放心与舒适度,全看金钱的多少——完全有能力负担的老人很少——这就是现实",该书讲述的是日本老人窘迫生活,让人看到一个严重老龄化社会的真相。人有梦想是一件幸福而了不起的事情,但梦想并不意味着脱离现实,每一个人在规划职业发展的同时,也需要规划人生的暮年,如何保障稳定的生活是人生最后的"作业",这份"作业"是否圆满在一定程度上代表了许多。中国人求善终,应该也是这个缘故,而善终就需要个体对一生做出规划。

3. 考虑整体情况

规划是基于整体的系统设计,是一个既要见树木又要见森林的工作,只规划具体的内容则无法预见未来的不确定,只规划抽象的目标则难以规划明确的发展路径,一份优秀的生涯规划需要处理好抽象目标与具体任务之间的关系,也要处理好生涯发展与职业生涯发展的关系,不能因为职业生涯规划是人生规划的核心部分,就将职业生涯规划约等于生涯规划,两者之间是总与分、主与次、大与小的关系。

一是总与分的关系。生涯规划是总规划而职业生涯规划是子规划,子规划支撑、服务总规划,总规划引领、辐射子规划。个体想要做好职业生涯规划,首先需要弄清楚自己的生涯规划,明确人生的理想,没有这个前提,个体容易将职业生涯规划视为人生的全部，而忽视生涯对职业的深刻影响。

二是主与次的关系。生涯规划是主规划而职业生涯规划是次规划，主规划是由人生发展中的主要矛盾决定的，次规划是由人生发展中的次要矛盾决定的，但次要矛盾中也有主要方面和次要方面，在特定的发展阶段，次要矛盾可以转化为主要矛盾。不论矛盾怎样变化，生涯规划解决的应该是人生的主要矛盾和主要矛盾在不同阶段的问题，如一个人希望自己事业成功，那在发展追求的目标与现实之间的差距就是主要矛盾，但矛盾在不同的发展阶段会有不同的表现，求学时的主要矛盾是学业目标与学习能力，工作时则是职业目标与工作能力等。

三是大与小的关系。生涯规划是大规划而职业生涯规划是小规划，既有大小之分，又有轻重缓急之别，个体在处理两者关系的过程中，应该遵循小规划服从大规划的原则，在特定情境中发生冲突时，应该优先保障大规划的顺利推进，确保人生理想的实现。在现实中，很多人难以兼顾家庭和事业，虽然从生涯的视角看，照顾好家庭和做好工作在本质上是一致的，但个体时间精力有限，容易出现分配不合理的情况，这时个体要从生涯规划的高度做出选择，服务人生的理想。

规划之所以可能，是因为规划的原则、方法、内容是明确的，通过确定的内容来影响不确定的部分，尽最大努力保证个体的生涯发展朝向既定的方向。

三、最近发展区

最近发展区是苏联心理学家维果茨基阐释教学与发展关系的理论，是教育心理学的基础理论，对现代课堂教学有着重要而深远的影响。该理论认为，个体的发展有两种水平，一种是个体现有的水平，即能够独立解决问题的水平,另一种是个体潜在的发展水平,即通过教学所获得的潜在水平,两者之间的差距就是最近发展区。最近发展区是教学实践的前提,教师发现并识别群体或个体的潜在可能是教学实践的基础,需要指出的是不同的个体基础存在差异,发展潜力同样存在差异,在存在客观差异的情况下组织有效教学,是对教育者教学能力的检验。

最近发展区理论作为教育心理学的经典理论,不仅适用于解释教学与发展之间的关系,也适用于分析职业环境与职业发展之间的关系。个体进入工作领域,根据岗位要求承担相应的任务,任务本身的难易程度与个体具备的水平之间存在内在联系,可分为能够胜任、通过努力能胜任、不能胜任等情况,其中个体通过努力能胜任就是最近发展区的应用场景。就组织发展而言,个体现有的能力能够胜任工作是最佳状态,但从个体职业的发展看,个体通过努力获得胜任岗位是职业发展的最优状态。个体选择具有一定难度、需要挑战的工作对其职业发展具有推动作用,是个体职业发展需要考虑的方向。

1. 发展区的存在

个体的发展潜能因人而异,这与个体的遗传、教育、环境相关。生活中,人们会讨论某某是"潜力股",或者感慨当初觉得这个人很普通,没想到后来发展得出乎意料,这些反映了个体发展潜能的存在。在职业发展中,个体现有的基础是获得岗位的前提,但基于现在的对未来可能性的预判是识别人才的关键,所以看人识人被认为是重要的领导能力。理论上,人的潜能总是大于实际被开发出的能力,这也是人能够持续发展的原因,如果个体的潜能已经全部被开发,则持续发展将受到阻碍。从个体能力发展的方向看,可分为纵向发展和横向发展。

一方面是纵向发展。个体的发展是一个系统的过程,从一个层次发展到另一个层次,在纵向维度上持续提高的过程属于纵向发展,如人的思维发展遵循直觉行动思维、具体形象思维、抽象逻辑思维等，其发展的先后顺序就是最近发展区在理论上的可能。个体职业的纵向发展主要体现为专业技术水平、职务等方面，理论上每个公务员都有发展成国家高级干部的可能，但事实上只有极少人能实现这一发展目标，这与个体现有的职业能力、从事的岗位、所处的平台等相关，个体应看清本领域纵向发展的路径，也应理性评估自身发展的可能。

另一方面是横向发展。在人的发展中，纵向发展带动横向发展，一种能力在相近领域的拓展性应用就属于个体的横向发展，如在一些单位有三年一轮岗的制度，通常一个人不能在同一个岗位上工作六年，如果不能纵向发展获得晋升职务的机会，就需要到平行岗位轮岗，这实际上是拓展个体横向能力的一种行为，随着个体的发展，也可能在适应新工作领域中获得纵向发展。需要注意的是个体的横向发展能够拓宽个体适应的范围，但难以在某个领域或方面实现持续深化，需要兼顾好横向发展与纵向发展。

2. 引领者的角色

最近发展区理论认为教学必须走在发展的前面，个体从现有水平发展到新的阶段需要引领者，教师作为主要的引领者可以提供学习的方法和策略，帮助个体实现发展，这是因为在教学过程中，教学的目标、内容等是确定的。在职业发展中，新员工会有岗前培训，一些单位还会为新员工提供有经验的师傅帮助适应工作环境、提高工作能力；同时，在组织机构中，上级领导就发挥着引领者的作用，"强将手下无弱兵""兵熊熊一个，将熊熊一窝"就是从正反两个方面表达了领导的引领者作用。

一是方向引导。有人说世上最难的事不是获得力量，而是知道力量的使用方向，因为选择方向比努力更重要。个体刚踏进职场或面对新的领域的时候，首先需要解决的问题是行动的方向在哪里，一方面是个体需要对面临的情形做出独立判断，另一方面是当个体经验尚不足以支撑做出独立判断的时候需要寻找外部的支持力量，通过经验丰富的引领者的帮助来获得发展的可能。个体借助引领者的优势帮助自身获得发展，在学校是师生关系，在职场则是师徒关系，通过"传帮带"实现接续发展。

二是资源支持。引领者之所以能够引领，在于其自身拥有其他人没有的资源和优势，而引领者的作用在于以资源支持的方式帮助资源相对不足的人。资源既包括物质资源、权力资源，也包括心理资源、精神资源，在一定情况下抽象的资源甚至会发挥更大的作用。一方面，可以帮助个体快速适应工作场景，提高生产效率和个体业务水平；另一方面，减少个体的试错成本，以及自我发展过程中的适应时间。发展需要资源，资源是发展的支撑，个体想要获得发展与自身的条件有关，但是任何自身条件的发挥依赖资源的保障，引领者的资源正是追随者在职场发展中需要的内容。

三是关系协助。职场的引领者不仅拥有工作的优势、积累的资源，还有长期工作中维系起来的稳定关系，顺利完成一项工作通常需要协调多方的关系，而这些关系对职场新手或处于下位的人来说是稀缺资源。在工作世界中，规章制度会规范各方的权利和义务，但是当协作开展工作的时候，不是所有的部门或个体都会按照规章制度来通力合作。很多时候，需要引领者协调多方共同推进目标。引领者正是通过解决其他个体不具备或不成熟的关系，帮助拓展工作关系、人际资源，加快个体的职业发展。

最近发展区是客观存在的，是个体下一阶段发展的空间，但不同个体的最近发展区是不相同的，想进入更高发展水平，需要选择"跳一跳"的策略，克服现实中存在的问题，只有通过努力付出才有可能获得更高水平的发展。

四、向往的职业

求而不得是对一个人心性的考验，追求目标本身就是人发展的过程。

一个人能过喜欢的生活，从事喜欢的职业，这是人生莫大的幸福。原本生活和职业就是一个整体，职业只是生活的组成罢了。在人的发展中，从事向往的职业是人生的重大命题，也是激发个体持续努力的内在力量，既然称之为向往的职业，理论上应该是目前没有进入的理想状态或对其有美好的想象且能满足自身发展的需求的职业。向往实际上是一种态度，其价值在于向往的过程以及伴随过程产生的体验，目标的实现意味着向往状态的结果。

黄仁宇在《万历十五年》中说，当一个人强迫自己对一件事情、一种前途建立信念，则其与宗教式的皈依就相去极远。因为凡是一个人处于困境，他就不愿放弃任何足以取得成功的可能性，即使这种可能性极为渺茫，没有根据，他也要把它作为自己精神上的寄托。陷于困境时，挣脱困境的意愿才更加强烈，因为得不到才会愈发想获得，个体求索的过程就是蜕变、成长的过程，从这个意义上讲，有向往的职业是一种内在的自我激励，得到向往的职业是人生的发展迈向新阶段的开始。

1. 心向往之

《尘曲》一书说，凡心所向，素履以往，生如逆旅，一苇以航。心之所向便是人生发展的方向，人的生活在精神世界和现实世界里缓慢展开，两者通过人实现衔接，完成物质能量和精神能量之间的相互转化。在人生的不同发展阶段，现实世界与精神世界对人的影响有着差异，总体而言，精神力量对人的影响在不断增强，个体对精神世界的需要也越来越高，人生能量的释放需要精神力量来放大。一个人的工作生活会受到诸多现实条件的限制，但精神则可以相对自由地活动，跳出现实的约束进行畅想，开拓思想的领地，进而更好地服务现实的发展。

人就业之前追求的是向往的职业，就业之后便是过向往的生活，一个人内心有对从事职业的向往之心，意味着个体有改变自己的期待，尽管不是所有的期待都能实现，但期待的存在就是对职业生活的勉励。曾有这样一个人,她一直向往着某"211"师范大学,大家会觉得考取这个学校的研究生难度很大,但她并没有轻言放弃。她为成功考取该大学做出了极大的努力,尽管她笔试的分数一直很好,但连续两次都败在了面试环节,直到第三次她才如愿地考取了期待已久的大学。后来她说,复习考研的这些年,就是内心向往这所大学的力量在支撑自己,如今愿望实现了,她终于开始了自己向往的大学学习生涯。

2. 行以为之

心之所向,身之所往,终至所归。内心的向往是力量汇聚的方向,一旦力量汇聚起来就是支撑个体行动的保障,如果说心之所向是统帅,那行动就是服从指令的士兵,正是身心的协调一致,成为个体开展活动的前提。在管理中,组织对个体精神世界的影响潜移默化、日积月累,很难通过具体、直接的制度来进行管理。组织能有效管理的对象是行为,几乎所有的企业或组织都会对其成员的行为进行规范,诸如规定上下班时间、请假、报销、晋升、奖励等制度,禁止大家做什么、鼓励大家做什么,通过预期行为的发生保障组织目标的实现,以及组织活动的顺利开展。个体进行自我管理也是如此,目标的实现需要管理自身的行动,行动是支撑精神的基础,也是达成预期结果的支撑。

全部的目标、所有的发展,归根到底都需要行动来推动,这也有了目标管理实质是行为管理的说法。在职业生涯规划课程教学中,教师让学生罗列大学期间的学习目标,常见的目标有考过英语四级、英语六级,计算机二级、若干从业资格证书、职业技能等级证书等。偶尔也会有学生定下大学期间要读 100 本图书之类的目标,教师看到这样的目标首先会问学生你知道一年有多少周吗?再告诉学生,一年只有 52 周,目前已经是大一下学期,在剩下的两年里差不多要坚持每周看一本书才能把目标实现。为了鼓励学生,教师让学生添加自己的联系方式,并要求学生每周报告读书情况,最终学生毕业的时候果真实现了阅读 100 本图书的目标。看上去很难实现的目标，就是在一页一页、一本一本的行动中实现的。

3. 果则成之

结果是事物发展到一定阶段的产物，结果是否与预期一致是检验过程有效还是无效的依据。在生活中，当结果不尽如人意的时候，请宽慰自己或他人，因为结果只是一个方面，过程中的经验和体悟才是最重要的。从发展的角度看，这并没有错，任何结果都是持续发展过程的环节，结果和过程同样重要。但从组织管理的角度看，没有结果的持续付出是无效或不经济的，对结果的重视是对目标管理的负责，目标的达成需要一个又一个预期的结果来支撑，个体也需要结果来强化行为。从人生更大的时间尺度看，很多的得失是一时的，成功也好，失败也罢，放在一生当中都显得十分渺小，但也不能忽视的是，没有一个又一个的成功之果，何来人生理想的实现。

纵然结果重要，但是不能只强调结果而忽视人参与过程的感受，把人视为达成目标、实现结果的工具，人应该是活动的主体，过程和结果都应该为人服务。在职业发展中，一些人为了得到想要的结果而不择手段、不惜代价，有的人甚至违法违纪，或是损害了身心健康，虽然结果是自己想要的，但超出正常代价的行为均是需要改进的。人的一生是一场马拉松比赛而不是百米冲刺，一个人一时的领先或得意，并不足以保证整个生涯的成功。个体在职业发展中，应注重结果而又看重过程，平衡好两者之间的关系。任何需要平衡的内容，都是个体生涯发展的重点，一旦失衡则有可能产生难以估量的遗憾或后果。

人的一生需要经历许多事情，面对众多烦恼，若是想化繁为简，大概就是心向往之、行以为之、果则成之，即方向、行动、成果。有了方向便不会迷茫，有了行动便会成长，有了成果便是收获。

五、发展的速度

速度作为事物发展变化快慢程度的反映,是人们了解、观察某事物的重要指标。为统筹推进经济社会发展,国家通常会明确下一年经济预期增长速度,进而增强市场信心,汇集经济发展力量。讲发展速度,就涉及时间单位、空间范围、核心指标等内容,其主体既可以是国家、地方,也可以是行业、企业,还可以是个体,主体根据评估需要选择合适的时空尺度。发展速度是一个技术指标,其关键在于评估的主要指标,如人们会用身高、体重来评估个体的发育水平,也会用职务晋升速度来了解个体的职业发展,指标既可以是客观的,也可以是主观的。

在经济社会方面,已经形成了一套完善的发展指标,既有数量的,也有质量的,成为反映发展的重要依据。在个体的职业发展中,也形成了若干社会认可的发展指标,诸如薪酬、职务等,但个体的发展因人而异,基础不同、追求不同、环境不同等决定了人的发展没有统一标准。想借助一些指标来观察个体的发展速度,需要综合多方面的结论,并充分考虑人的发展的差异性。个体发展的速度并不意味着质量,速度与质量之间的关系是复杂的,看重发展速度的同时更要看重发展质量,实现两者之间的协调。

1. 发展的快与慢

发展的过程中,总是有快有慢,从人的本能看,常常希望发展顺利且迅速,因为这意味着个体的优势和资源充足;发展缓慢通常是因条件不佳或顽疾难消,影响了发展的顺利推进或者是在长期快速发展后进入了瓶颈期。在职业生涯中,个体发展的速度受自身条件的制约,也受外部环境的影响,正是内部、外部的共同作用形成个体发展的速度,两个方面中任何一方的限制都会影响个体的发展。在职场中,主要从薪资报酬、专业技术、职务权力、社会影响等方面考察个体的发展速度,这些维度主要是客观内容,便于从横向纵向进行比较,例如年薪、月薪就是反映个体社会价值最直观的指标,尽管薪酬不能反映个体全部的社会价值。

不论个体职业发展的速度是快还是慢,均应该辩证地看待其对个体生涯产生的影响。有人少年成名,也有人大器晚成,个人发展的速度没有统一的标准,只有适宜的发展状态,更多的时候应该放到整个生涯中来看待其价值和作用。从现行的就业制度看,个体一般要到 65 岁左右退休,如果从 25 岁左右开始进入职场计算,差不多每个人有 40 年的工作时间,其间能否达成职业目标是检验个体职业发展的首要内容,至于职业目标是早是晚则体现了其发展的速度,越早实现职业目标则意味着职业发展越快,越晚实现职业目标则代表着职业发展相对较慢。尽管时间不是影响职业发展速度的唯一因素,但在有限的生命里,发展速度的快慢意味着人生可能性的大小,尽早实现职业目标,个体可以有更多的时间进一步拓宽发展领域,提高发展水平。

2. 发展的内与外

个体的职业发展分为内职业发展和外职业发展,两者在个体的职业实践中完成统一。一方面内职业发展是外职业发展的基础,另一方面外职业发展是内职业发展的条件,两者相互作用、相互促进,但并不意味着两者之间保持同样的发展速度,从两者的发展快慢看,当内职业发展领先外职业发展的时候,个体在职业生活中处于得心应手的状态,个体有更多的发展机会和可能;当外职业发展领先内职业发展的时候,个体的职业生活可能会存在一定的焦虑和不适,如果两者的差距在适宜的范围,那职业环境将成为推动个体职业发展的力量,个体的发展依赖外部条件;当内职业发展与外职业发展基本保持一致,是最佳的状态。个体处理好两者的关系才能持续地获得职业发展。

　　人的发展有其自身规律,总的来看,其发展速度是均匀且稳定的,尽管个体成年之前,人会有身体或心理快速发展的时期,一般不会在较短的时间内发生剧烈的变化,除非个体及周围发生巨大变化,诸如亲人离世、家庭变故、重大灾难等事件。可见,个体内部有其发展机制,该机制会自动调节个体的发展速度,这也是个体适应环境的结果。反观个体外职业发展,虽然也基于个体的职业能力,但职业环境尤其是相关的规章制度会对个体的外职业发展产生较大影响,同时还会受到其他不可控人为因素的影响。所谓的怀才不遇在一定程度上反映了外部环境对个体内部发展的负面影响,这也提醒个体在职业发展过程中,要通过努力提高内职业发展的速度,为获得外职业发展奠定基础,也要积极参与外部环境的形成,为自身外职业发展创造可能。

3. 发展的急与缓

　　发展总是在不经意间发生,个体通常不易觉察到自身正在发生的变化,多数发展是在已经完成后才能让人意识到结果,所以个体能够觉知发展是其成熟的标志。当个体能够意识到自身发展的时候,就需要根据职业生涯的需要,有意识地去影响、控制、推动发展。在职业发展中,个体会面临急需或不急需的发展,进而针对发展方面对职业生涯的影响程度做出策略选择,个体通常会积聚时间精力等资源去弥补自身发展的不足或急需提升的方面。当个体能够通过调控条件、整合资源推动自身发展的时候,个体就具备了主动适应职业发展、强化自身朝某个方面发展的能力。

　　如很多人会在高考结束或大学期间考取驾照,尽管多数人这个时候尚不具备独立购买汽车的财力,但这种原本在职业发展中可以"缓一缓"的事情,可能会随着职业生活的开始而发生变化。个体可能因为居住地和工作单位之间的距离或工作的需要而要自驾上班或做业务,这时拥有驾驶证、具备驾驶能力成为个体职业发展中急需解决的问题。同样的一种能力会随着个体发展阶段的不同产生不同的影响，可见具备识别要做事情的轻重缓急的能力，是个体职业活动排兵布阵的前提。

每个人的职业发展都是独特的，其间的速度也是有快有慢，不论是以何种速度推进职业发展，都需要个体不断扩充自身的职业能力，有了过硬的职业能力，才能获得更好更快的职业发展。

六、发展的质量

质量是永恒的话题，市场经济活动中存在劣质假冒产品，但在人的生涯发展中不会有这种情况，最低效的状态大概就是没有质量。每个人都需要为自己的人生负责，对待生活的态度就是对待人生的态度。人们进行职业生涯规划的初衷是让发展有更高的质量、更高的成就，在有限的生命里实现人生的理想，过满意的生活。考察人的发展不仅要看速度，更要看质量，两者缺一不可，有速度没有质量，个体将无法实现自我的突破；有质量没有速度，则个体将很难适应这个快节奏的世界。当然，个体的发展如何，一是要看个体内心是否满足，发展的情况是不是自己希望的；二是看个体的付出是否获得社会价值，取得的成就是否得到社会的认可。

在生涯发展中，个体通过职业活动获得价值感，而价值感的获得需要个体参与社会分工，并创造具有社会效益的物质财富或精神财富。每个人都会承担一定的社会责任，特别是在职业世界中，个体更是需要完成具体的工作任务，因为工作的性质、内容、效益等不同，个体工作产生的社会价值有多有少、有大有小，多数人是在一定范围内影响他人和工作，只有少数职场精英或思想领袖可以在较大范围持续影响社会的发展。可见，多数人发展的成就局限在具体领域或一定范围之内，这要求个体评估自身发展质量的时候，要明确自身的发展定位、条件，客观地评价自身的发展。

1. 生活有品质

生活是人思想行动的源头,有怎样的生活就会有怎样的人生,生活的质量直接影响着人生的质量。每个人都希望自己的一生是高质量的,生命的每个阶段都是突破自我、实现自我的过程,但一些时候事与愿违,会在生活中遭遇困难、疾病乃至不幸。从众多的历史人物身上不难发现,有品质的生活不都是锦衣玉食、高官厚禄、一帆风顺,更多的是在有起有伏的人生中,能够安顿自己的衣食住行,能够克服困难、迈过坎坷,能以"也无风雨也无晴"的姿态惯看秋月春风。当一个人因为生活中的困顿而无法脱身时,过品质生活便也无从谈起;以向上姿态生活的时候,个体需要有过品质生活的态度和能力。

红尘滚滚,来到人世间就要受各种各样的束缚,有形的无形的、过去的现在的,想要逃离这一切几乎不可能。人在红尘中六根难清净,人人难逃贪嗔痴慢疑,原本并不十分重要的东西,因为人心有了障碍而难以割舍、无法释怀,觉知不到生活的滋味,领会不了人生的真谛。要实现高品质的人生,既不能过于看重一些身外之物,也不能目空一切,对什么都提不起奋斗的精神。人生是一场修行,而最好的场所就是人世间的世俗生活,有生离死别,有喜怒哀乐,有富贵贫贱,有顺心失意,每一个场景都是历练自我的机会,顺利过关便是有品质,不被这些挂碍影响生活的样子就是有品质。一千个人有一千种品质生活,但不论怎样,品质生活的根本在于坚毅的自我。

2. 工作有成就

工作是谋生的手段,人们也时常说"找个工作养家糊口",很多时候人是因为社会责任而去工作。或许工作有迫不得已的成分,但不妨想一想,一个人一生不做工作将会怎样,很多人会局限在家庭或社区,难以去接触更广阔的社会,见识更复杂的世界。在职业生涯中,实现职业目标、达成职业理想是成功的重要标识,但从严格意义上讲,成功和成就仍有细微差别,成就更强调社会价值和意义,也只有当一个人在本领域取得广泛影响的时候才会被称为"终身成就"。雁过留声、人过留名,一个人在一生中获得成功值得祝贺,但一个人获得成就更值得尊崇,工作的本质正是通过服务他人或社会而获得价值。

我看过很多的影视作品,也关注过许多的演员明星,这些给生活添加了滋味。作为河南人,我从小就听豫剧,逢年过节、赶集过会,人们都会邀请剧团来演唱剧目,听得多了、看得多了,自然而然对豫剧这个地方戏有感情。但最让我觉得豫剧了不起的是有常香玉这样的大师,她对这个国家、这个民族的热爱,也让人钦佩不已。在专业方面,她是豫剧"常派"的创始人,先后创作表演了《花木兰》《拷红》《白蛇传》《大祭桩》等经典剧目,是豫剧发展历史上的泰山北斗,曾被追授为"人民艺术家";在社会方面,她是一个心中有国家、眼里有人民的艺术家,特别是在抗美援朝的艰难时刻,她带领自己的剧团用义演筹集的资金捐献了一架飞机,这架飞机被称为"香玉"号,她为战争取得胜利贡献了一位艺术家能付出的最大的努力。常香玉先生是德艺双馨的楷模,她把事业与国家的发展紧密联系,在民族的奋进中实现人生的升华。

3. 人生有境界

来到人世间,人们都是一样地吃五谷杂粮,经历生老病死,但大家最后活出的境界却是各不相同,有的人胸怀天下、为民请命,有的人为天地立心、传道授业,也有的人工于算计、损人利己,还有的人浑浑噩噩、不知生死。正是因为有不同的人生境界,才让这人世间这样纷繁复杂、千姿百态,不论怎样,有质量的人生应该是有境界的,王国维先生在《人间词话》中概括人生三境界,值得人们品读感悟。

他说:"古今之成大事业、大学问者,必经过三种之境界。'昨夜西风凋碧树。独上高楼,望尽天涯路',此第一境也,是说:做学问成大事业者首先

200

应该登高望远,鸟瞰路径,了解概貌,'望尽天涯路';'衣带渐宽终不悔,为伊消得人憔悴',此第二境也,是说:做学问成大事业不是轻而易举的,必须经过一番辛勤劳动的过程,'为伊消得人憔悴',就是说要像渴望恋人那样,废寝忘食,孜孜不倦,人瘦带宽也不后悔;'众里寻他千百度,蓦然回首,那人却在,灯火阑珊处',此第三境也。"

王国维把大事业、大学问并列来讲,实则强调了大学问这一实现人生价值的路径,如果一个人因为外部环境限制难以做成大事业的话,有志于学问者也可以靠自己的努力和勤奋在学问这条路上攀登高峰,他本人就是一个例证。当然,不论是事业还是学问,想要取得成就,就需要登高望远、孜孜不倦、蓦然回首等几重境界。读书求学的这三重境界体现得更为详尽,为了实现人生的理想,寒窗苦读十几年,一朝金榜题名,春风得意,此时再回顾过往的学习生活,不禁感叹"蓦然回首,那人却在,灯火阑珊处"。

雄关漫道真如铁,而今迈步从头越。人生的路总是越走越宽、越走越远,在职业生涯的道路上不仅要抢速度,更要提质量,让生活有品质、事业有成就、人生有境界。

七、职位的晋升

民间有句俗语,小大当个官,好赖开个车。可见,百姓会从是否当官和有无车辆来判断一个人社会地位的高低,这也是很多人追求的组成部分。在封建社会的中国,读书入仕是正途,其他的事情都是不入流的,也被社会看不起,在几千年的发展中,官本位成了文化中根深蒂固的组成部分,尽管国家曾对文化进行了建设与改造,但依旧没有影响大家当官的热情。细想,之所以形成如此强大的社会认同,关键还是因为当官带来的收益回报远远超出其他发展路径的收益。当然,这里的"当官"是指广义的官,而不是指狭义的政府官员，在社会各类组织中都存在管理者，对资源、权力、人事有影响力的人员都是这里讨论的官员。

有人说"衙门里面好修行"，也有人说"一世为官，十世为牛"，前者看重了官员因为手中的公权力可以造福一方，让管辖的百姓有更好的生活，这是为官的初衷；后者看到了一些官员公权私用，压迫一方或是无所作为，或是鱼肉百姓，或是错误决策，给地方带来不良的后果，这是要遭受惩罚的。在职业生涯中，规划的路径有多条，既可以沿着专业技术路线、行政管理路线、自主创业路线等，也可以从一条路线转移到另一条路线。其中职位的晋升主要是行政管理路线发展的任务，也是每个人一生都可能面临的问题，如何正确认识职位在生涯发展中的作用，如何理解晋升对职业生涯的意义，是个体职业生涯发展不可回避的内容。

1. 更大的责任

权力与职责是对等的，一个人的职位越高则权力也越大，承担的社会责任也越大，面临的问题也更加复杂。当一个人走到一定职位的时候，很多时候他的言行是组织的代表，一举一动、一言一行都可能产生广泛的影响，他在公开场合发表的讲话和言论，是集体意志的表现而非个人好恶的表达。为了避免公权力被误用，国家、机构、企业等都制定了详细的规章制度，保证权力使用的正当、清廉、有效，尽管现实中有一些人因公废私，为了获得不正当的利益丧失掌权者的底线。

在职业发展中，个体追求权力而承担更大的责任，是实现职业理想的路径。个体需要付出努力，接受考验，进而获得人生的成长。清朝后期，有一个中兴之臣在为官的过程中取得了不俗的成绩，他就是曾国藩。曾国藩十年七迁，一直做到二品大员，令后人感叹其晋升之快犹如乘了火箭，其官阶一路高升，从翰林院检讨一职一直做到了内阁学士，从一个基层的文职人员成为国家的要员，更是因为参加镇压太平天国起义达到了极高的权力地位，他的责任也不再是书写校对文字,而是练兵、打仗、办洋务等影响国家和百姓命运的工作。处于高位,人人羡慕,但也要对国家负责、百姓负责,做不好就会有误国之嫌、害民之疑。

2. 更好的平台

在职业发展中,平台是个体获得职业发展的载体,同样是大学毕业,一些人进入了央企国企,一些人进入了中小微企业,不同的企业意味着不同的发展平台,在同等能力水平条件下,相对大的平台更有利于个体的职业发展,而小的平台可能会限制一个人的发展。同样,在一个组织里,职位也会分成若干层级,个体一般都是从基层做起,在工作中通过综合表现获得晋升的机会,而不同层级的职务有对应的岗位要求,能力是一个人晋升的前提条件。一个人在怎样的平台工作就要强化怎样的能力,而良好的适应能力更能帮助个体获得好的发展平台。

3. 更多的机会

优秀的人在找机会,普通的人在等机会,时间久了可能把机会等来,但也可能等不来机会,而找机会的人因为主动,获得机会的概率更高,纵然没有找到也积累了找机会的经验。如果说平台给人提供了发展的机会,那么职务的晋升就是争取发展机会的过程,管理者永远是少数。有研究发现,管理队伍越庞大,沟通成本就越高,管理的效率也会越低,为了提高管理效率和运营成本,组织不会设置过多的管理岗位,一旦稀缺特征显现,就意味着机会的减少。

干部选拔过程通常是组织中多方力量较量的时候,从某种意义上讲,管理的本质是人事安排,没有忠诚而稳定的团队,就很难在发展中凝聚成强大的力量。个体争取晋升的机会,就是获得发展资源的有效方法,特别是在事业单位,诸多的发展资源会集聚在管理者手中,例如很多人说中国的高校越来越官僚而非学术,越来越多的人不仅要当教授还想当处长、副处长,甚至校领导,因为一旦有了一官半职就有了分配资源的机会。学校如此,企业也是如此,很多时候大家都有晋升某个职位的能力或潜能,但获得机会还是失去机会就意味着发展差距,在累积效应下职业生涯的轨迹也可能发生改变。

4. 更高的要求

越高的职位越难获得,对个体的要求也越高。在职业发展中能够成为一个组织的负责人的人,通常而言都是综合条件十分优秀的,不然也无法管理整个组织,掌控组织的发展方向。行政管理岗位不仅需要个体具备良好的业务能力,了解组织核心业务的发展走向,更需要个体具备处理人际关系的能力。既需要具备以宏观理性思考问题的能力,也需要善于影响、控制他人的能力,只有这样才能成为组织的核心或有影响力的人。一个人能够走到领导岗位必然有过人之处,只是一些人的优秀是显而易见的,而一些人的才干深藏不露,是在大家不知道的情况下发挥作用罢了,如一些人本身能力比较普通,但可能具有丰富的人脉资源。

有人会抱怨,一些出生在社会上层的人,天生有超越常人的资源和条件,而出身普通家庭的人可能穷其一生都无法实现。不可否认这是现实,人们需要面对,但更高的职位要求个体能够处理复杂的业务问题、人际关系,能力可以努力提升,人际关系可以积极拓展,任何一种能力或资源的获得都是主动行动的结果,不是天然的产物。从古至今,从来不缺少大人物起于乡野的例子,刘邦、朱元璋一介布衣开创了一代王朝,但也有历朝历代最后的国君失去了天下。每个人的情况都是不一样的,个体要根据自身的条件选择适合的职业生涯路线,去竞争适合的职位,每个人都有改变自己命运的潜能。

八、遇到发展的瓶颈

有人说，干一行，爱一行；也有人说，干一行，厌一行。面对再喜欢的工作，时间长了也会发现其枯燥乏味的地方，何况任何领域都是越深入越不易，越需要独自面对新的问题和挑战，乃至反复地试错。在职业发展中，当一个人无法改变自己和外部环境的时候，容易进入职业发展的停滞期，其时间有长有短、因人而异。职业发展中的瓶颈有一些显著的特征，主要表现为个体无法改变现状，难以实现自我的突破，在重复或模仿中维持着工作，与团队的合作能力减弱并无法得到支持，持续地消耗着自己的各类资源。

每个人对工作的期待各不相同，当持续处于某种稳定状态，对一些人而言不改变就是最好的工作状态，但对一些人而言，持续努力却无法实现进步则是陷入了发展的困境。一方面，所谓的发展瓶颈因主体而有差异，主要分为无法觉知发展的瓶颈、觉知发展瓶颈而不想改变、觉知发展瓶颈而想改变等几种情况；另一方面，发展瓶颈的形成是内外环境相互作用的结果，一方的改变都有可能推动个体突破发展的瓶颈，具体表现为主动突破和被动突破。从一生的发展看，个体遇到职业发展的瓶颈是常见的情况，但遇到这样的问题后，如何解决发展瓶颈带来的不利影响并实现自我的突破是重点。个体可以从改变自我、拓展人际、增强学习、强化业务、融入团队等方面着手，为改变现状、突破自我创造条件。

1. 自我管理的改变

习惯一旦养成，便会沿着既定的方向持续演进，在自觉不自觉中养成的习惯也是有好有坏，好习惯帮助个体获得持续的职业发展，不好的习惯则会成为发展阻碍。当个体处于某种工作状态而长时间没有发展的时候，首先需要省思自己是否存在问题，一般外部环境的变化是不可逆的，也很少以人的意志为转移,在排除外部环境之后,个体需要从思维方式、行为习惯、工作能力等方面反思自我,并通过具体的行动来改变现有的工作状态。甚至可以从自我形象诸如发型、服装、首饰等入手,给自己营造不一样的感觉,进而改变自己的工作态度,转变工作方式,实现自我的突破。人一旦有了主动改变自己的意愿,那改变便会发生,因为无论外部变革的力量多么强大,最终都需要通过个体内部来完成。

2. 人际交往的拓展

物以类聚,人以群分,一个人一旦进入一个圈子便容易习惯性地接纳圈子中的思想观念、文化影响、行为方式等,强化圈子成员之间的共同特征。实际上,"圈子"是生活中的口头表述,其对应的专业术语是专业群体。为了促进专业交流,各行各业都形成了正式或非正式的社会团体组织,以纳入单位会员、个人会员等方式集聚专业力量,通过组织学术活动、交流展示等方式增强群体之间的联系,帮助群体内部成员获得专业资源。当个体的发展遇到瓶颈的时候,个体可以通过参加专业社团组织,接触本领域的其他人员,特别是接触有专业成就的人,可以拓宽自身的眼界和思维,为自身的发展提供坐标和参考,帮助个体突破现有的人际关系网络。

3. 学习能力的提高

在现代社会,不要指望在学校期间学习的内容可以支撑一生的发展,这些内容能够帮助个体获得体面的工作并获得初步的发展,已经是十分强大的支持。伴随着新技术的迅猛发展,各领域都在发生深刻的变革,面对新情况、新问题、新工艺,个体必须及时主动学习,以适应变化了的工作环境。越来越多的工作岗位对个体的要求是具备基本的专业能力,同时具备较强的学习能力,能够在适应工作的过程中边学习边工作,这是避免个体陷入职业瓶颈的有效方法。在就业市场中,用人单位会对学历提出具体要求。实际上学历只是学习经历的证明,并不能直接证明个体的业务能力,只能在一定程度上反映个体的学习能力。很多人是通过一所学校录取学生的分数线来评判其办学水平和社会认可度,尽管这是片面的,但是考试分数与学习能力确实有着直接且紧密的联系;只有掌握了有效的学习方法、养成了良好习惯,才可能考取优异的成绩,这不仅需要持续学习,还需要不断提高自身的学习能力。

4. 专业技术的深化

在社会上行走,全凭本事吃饭,一个人没有一定的专业能力则很难立足。长辈训导年轻人时常说,学得文武艺,货与帝王家,尽管现在已经没有了帝王,但是多数人还是要供职于具体单位来获得发展的机会。个体职业发展进入瓶颈期后,个体的省思还是要落脚到专业能力,通过专业能力的深化来提升工作的效率,进而创造持续发展的条件。在职业发展中,个体应该有"本领恐慌"的意识,避免"老办法不管用、新办法不会用"的境况。专业的工作多数是发现问题、解决问题的过程,既需要使用有形的工具,也需要掌握思维的工具,因为行业的发展必然会引起工具的变革,这要求个体能够随着行业的发展不断掌握新的方法、具备新的能力,在持续深化专业的过程中实现持续发展。

5. 团队力量的增强

人的发展既可以通过自身的突破来实现,也可以借助团队的突破实现,更多的时候个体需要团队来帮助完成自身的发展。在个体遇到发展瓶颈的时候,时常有无法与团队合作的情况,一则是团队是一个分工协作的人事单元,既然存在分工就会有工作多少、难易、繁简等的差别,协作也存在配合质量的问题,如果个体不能通过调整自我、影响他人等方式在团队中巩固自身的位置、强化自身的能力,就有可能与团队其他成员产生矛盾进而影响自身发展。职业发展中,个体与团队成员保持良好的人际关系是获得发展的基础,团队可以帮助个体实现一个人难以实现的目标,也可以缓冲来自外部的压力，所以当个体的职业发展进入瓶颈期时，就需要积极调动团队的力量来突破自我，实现发展的可能。

人生的职业发展有顺境也有逆境，这个时候需要个体觉知问题的存在并通过自身的努力来改变现状。不要轻言你是在为谁付出和牺牲，其实所有的付出和牺牲的最终受益人都是自己。人生是一场与任何人无关的独自修行，是一条悲喜交集的道路，路的尽头一定有礼物。

九、实现自我价值

江山代有才人出，一代人有一代人的使命，一代人有一代人的追求。在短暂的一生中，如何发挥自身的潜能，将个人的价值与社会的发展有机结合起来，是职业生涯过程中实现自我价值的必然命题。天不生无用之人，地不生无用之物，不论是人还是物，都是整个生命系统中的有机组成部分，有着自身的独立性和独特性。在人生的发展过程中，有的人有明确的目标并积极地去追求，在亲历中尽可能发挥自身的作用，创造经济社会发展需要的财富；有的人浑浑噩噩迷失自我，不知道自己的发展目标，也无法发现自身的价值，在社会发展的洪流中走完宝贵的一生。

人们常用付出和回报来评价一个人的价值，尤其是付出之后产生的社会价值，更是衡量一个人的重要内容，一些人之所以伟大，就在于他们为这个社会的进步与发展做出了贡献。历史进程中的每一次社会变革、每一次思想进步、每一次技术革新，都有代表人物或群体为之做出巨大的付出，而社会也常将这样的人奉为民族、国家、人类的英雄，用各种各样的方式来纪念这些伟大的人物。尽管多数人的一生是平凡的，但这依旧不会减少其社会价值，一个人可能没有了不起的成就，却可以有尽我所能努力的结果，很多的变革就是在细微变化基础上积累的结果，所以也才有了功成不必有我的认同。一个人实现自我的价值是其职业发展的内在要求,也是个体归属感、获得感、成就感的来源。

1. 客观地认识现实

放眼看去,近水远山、楼房商铺,车水马龙、灯红酒绿,人们常常以眼见为实的信念来认识这个现实世界。事实上,这个世界远比认识的复杂,事物与事物之间、人与人之间、人与事物之间存在着多种形式的联系,而个体较为准确地判断这些事物之间的关系并不是一件容易的事情,人们常常囿于自己的认知水平而无法客观地认识现实,总是或多或少地以主观的方式看待世界。客观地认识现实是个体进行自我实现的前提,一个人越是能客观地认识世界,越能够做出理性的判断,获得发展的机会;而主观认识世界的后果则是容易陷入混乱的泥潭,在现实条件的推动下或许能够看清现实,但这要付出高昂的代价。

在职业发展中,个体首先要澄清现实,尽可能理性地认识这个世界,知道经济社会发展的现状,知道自己选择行业的情况,知道自身具备的基础,只有这样个体才能脚踏实地,才能仰望星空。认清国情、认清行情,是个体职业发展做出科学决策的前提条件,中国共产党在革命实践中,从集中在大城市的工人运动转变成农村包围城市,开辟革命根据地,其间遭受的挫折、而后取得的成功,就是经典的认清现实并选择合适的革命道路的例子。革命如此,一个人的发展也是如此,既要清楚自己的家底,也要知道外部的形势即别人家的状况,才能在实践中保持优势而获得发展。

2. 理性地觉知潜能

尽管人的潜能是相对有限的,但在适宜的条件下,人的潜能总是可以得到较好的开发,这也有了只要把人放到适宜的位置上就能创造尽可能多的价值的认识。在个体的成长中,每个人都积累着诸多的经验,养成了一定的习惯,这些都是个体潜能开发的素材。正是因为个体经验的积累是在不知不觉中完成的，很多时候个体难以觉察到自己具备的潜能，导致潜能得不到有效开发，进而影响个体的自我实现。同时，还存在个体的自我设限，因为一些失败或者环境的限制导致个体产生错误的自我认知，认为自己无法或者不能很好地完成任务或工作。个体要理性地觉知自身的潜能，一方面，需要盘点自身积累的成功和失败的经验，成功的经验是后续顺利完成新挑战的支撑，失败的经验则是避免再次陷入困境的资源；另一方面，个体可以通过身边重要他人的支持，积极参与新的实践，在有力的外部支持下获得发展，当个体的能力能够单独应对外部挑战的时候再独立地面对问题或情境。

3. 清醒地保持独立

依赖是个体获得安全感的重要来源，面临陌生的环境、全新的问题意味着个体原有经验和能力可依赖性的减弱，这也是导致个体惶恐和不安的主要原因。实现自我的价值需要个体整合外部的资源，获得重要他人的支持，但这依旧要求个体能够保持自我的独立，一个人没有独立的思想和物质就难以形成独立的判断。个体应该清醒地认识到，获得他人的帮助是成长必不可少的环节，但要想走得更远、取得更大的成就则需要自我的独立，独立并不是拒绝外部的支持，而是能够坚持自己的理想，并选择适合自己发展的路径。

在一些家庭里，父母习惯性地帮孩子做决定，而孩子也习惯性地接受父母做选择，长此以往，孩子不自觉地让父母的决定替代了自己的选择，尽管这样可以帮助孩子少走弯路，实现发展中最大限度地降低成本，但这也剥夺了孩子独立判断、自主选择的可能。再优秀的父母也无法永远正确，更何况父母还有离开子女的那一天，父母培养孩子的独立判断能力，培养自身的独立品格，是帮助个体实现自我价值的必经之路。如果一个人没有独立的能力，则很难清楚自己想要什么，也难以通过自己的努力实现自我的价值。每个人都应该成为自己想成为的那个人，而不是成为他人期待的人，在职业世界里,个体总是会遇到各种各样的选择或问题,需要保持独立、做出符合自身发展的决定。

4. 乐观地对待生活

自我实现是一个不断自我突破的过程,突破自我就需要重新塑造自己。如果一个人不愿意改变自己去适应发展,那极有可能遭遇外部压力而被动地改变自我;如果一个人为了突破自我而持续地塑造自己,那将以积极的姿态面对外部的改变。朝着优秀的我进行塑造需要一个不断付出、承受压力的过程,这需要个体以积极的心态对待生命。当一个人积极乐观的时候,人生多数是朝着更好的方向发展,因为他就算遇到困境和挫折也能够用积极的心态看待发生的问题,拥有积极的心态就会有积极的生活,很多时候生活的场景是由自己的心态决定的。

实现自我需要不断挑战自我、塑造自我、成就自我,个体用积极的心态迎接挑战,那挑战便是短暂的。人的一生是变化的一生,也会有无数的心境,正所谓相随心生,拥有积极的心态便会有喜悦的人生。实现自我价值就是遇见更好自己的过程,请相信未来有一个更好的自己在等候,所以才会有足够的动力奔向未来。

第八章　动态的策略

一、事有终始

《大学》开篇讲，物有本末，事有终始，知所先后，则近道矣。万物既有根本的部分，也有末节的部分；事件的发生有结束，也有开始，知道这一切的先后次序，那就接近理想的状态了。在纷繁复杂的现象面前，人们容易迷失方向而找不到事物的根本，或是被一些细枝末节左右，所以评估一个人的水平，常常看其能否看到事物的根本，优秀的人往往能删繁就简，抓住事物的本质。准确判断事物的根与本是成功实施活动的前提，在开展活动的过程中，还需要知道哪些在前，哪些在后，按照事件的演进顺序推动其发展。

万事万物之间的道理是相通的，无论是物还是事，都遵循着物有本末、事有终始的道理。职业生涯也不例外，个体想获得好的职业发展，就需要正确判断职业生涯的根本，并且知道重要事情推进的先后顺序，这样才能准确把握职业生涯规划的内核，解决职业生涯过程中的重点与难点，当重难点有效解决后，次要问题的解决则会容易许多。概括起来，职业生涯规划的主要问题在理想与现实、当下与长远、能力与问题、个体与社会等方面，处理好这些问题，则个体就会在职业发展中把准方向、清晰定位。

1. 职业生涯的本与末

什么是职业生涯的根本？发展是职业生涯最根本的命题，没有发展则什么都无从谈起，不论是目标的实现，还是问题的解决，都要通过发展来实现。职业是表象，生涯是历程，规划是方法，世上职业种类千千万，在人的一生中，可能有人一辈子只从事某一项职业，但大多数人需要从事不同的职业。发展是职业生涯的根本命题，但这并不意味着只要实现发展，其他的问题都不重要。在发展的过程中，个体依然要解决好发展的主与次、快与慢、方法与手段等基本问题。在不断变化的环境中，个体需要采取动态的策略，保持发展的持续进行。

在职业发展过程中，个体会承担多种角色，也会获得相应的职务，而这些都是细枝末节，因为支撑这些角色或职务的背后的力量是个体自我的持续发展。尽管职务是个体职业生涯发展过程中重要的标志，但职务的晋升是以个体的能力为基础，所以进行职业生涯规划时，要注重培养自身的适应能力。现实中，一些人通过一些手段得到某职务，尽管这达成了自己的发展目标，但从根本上看，如果个体不具备职务相应的要求，则容易迷失发展方向，因为职位的高低是由个体胜任岗位的能力大小决定的。不能把目标当成工具，更不能把工具当目标，工具和目标的背后是发展带来的价值。

2. 职业生涯的终与始

个体从获得第一份工作开始到退出职场，是人生最主要的发展阶段。个体想要获得良好的职业发展，不仅要知道从哪里开始，更需要知道在哪里结束，只有这样，才能更有效地规划有限的时间和资源。如果一个人做一件事情时不知道什么时候结束，则很难把控事物发展的进程和结果，因为很多事情一旦开始就蕴含了结束，这也是更加强调终始的原因。事件的过程可以复杂，但多数的结果则是简单而明确的，当个体知道了想要的结果，就可以通过控制过程中的变量来确保结果。人们强调结果的同时，也需要重视开始,因为开始中有结果,犹如一棵树的种子,尽管它初始的样子貌不惊人,但在生命力量的作用下,它将成为一棵参天大树。

在职业发展过程中,要避免有始无终,不少人以极大的热情开始了一项活动,但最后却不了了之,因为他们无法承受实现目标的过程所带来的考验,半途而废也成了职业发展过程中的禁忌,这也有了"有善始者实繁,能克终者盖寡"的感叹。有始有终成为人们评价一个人可靠的重要标准,而一个人被贴上"不靠谱"的标签,常常是因为"有承诺,无行动;有想法,无坚持;有能力,无担当"。天底下有不少的难事,但很多的难事并不是因为事情本身难,而是因为坚持难,不能够坚持,就没有办法得到最终的结果。

3. 职业生涯的先与后

知所先后,则近道矣,强调了解事物发生的先后顺序是遵循规律的基本内涵。凡事有因有果,有先有后,事物的发展不是杂乱无章的,而是有其发展次序。在职业发展过程中,知道哪些工作在前,哪些工作在后,是科学进行职业规划的基本要求,主要的先后关系是,目标在前,行动在后,正所谓谋定而动;量变在前,质变在后,量变达到一定程度才会发生质变;吃苦在前,享福在后,先天下之忧而忧,后天下之乐而乐。只有遵循了这些先后顺序,个体在职业发展过程中才能更加顺利和稳健。

在职业发展过程中,个体应该先解决基本问题、重点问题,抓住了发展中的主要矛盾,才能够把控发展方向及最后的结果。有的人每天忙忙碌碌,最后却少有结果,很多时候是因为没有抓住事物发展过程中的主要问题,胡子眉毛一把抓。有先有后道理的应用无处不在,例如二年级的小朋友会学习混合运算,当他们对混合运算的规则掌握得不熟练时,他们只能准确计算加减或乘除,当加减乘除混合的时候,他们常会先算加减而后算乘除,发现这种情况后,老师会告诉他们应该是先算乘除后算加减,知道谁先谁后才能计算正确。在人的一生中,人们有许多的事情要做,可是,并不是所有的事情都影响最后的结局,个体应该抓住影响个体发展的关键,以动态的策略实现最优的发展。

二、记得来时的路

初心不改,方能尽显本色。事情因人而起,人在事存,事进情发,人们开始做事的时候时常抱着某种心态,因为还没有经历也常觉得容易又简单,当真的开始做事的时候,事情本身的困难、外部环境的压力,时常让人改变最初的心态,甚至发生颠覆性的改变。古今中外几乎所有政权初始的时候都是以民为本,灭亡的时候基本都是民不聊生,百姓的生活难以为继,当时间足够长,个人或组织就容易遗忘最初的初心和使命。张之洞在《劝学篇》中说:"王仲任之言曰:'知古不知今,谓之陆沉;知今不知古,谓之聋瞽。'吾请易之曰:知外不知中,谓之失心;知中不知外,谓之聋瞽。"国家也好,个人也罢,都不能做聋瞽,更不能失心,迷失了自己,走得越远,误得越深。

职业生涯是个体生涯的重要内容,前段续个体的学业生涯,后段接人生的晚年,是一生中承前启后的主体部分。一个人想要做好职业生涯规划就需要将个体的学业生涯与职业生涯连贯起来,不论学习还是职业,都是个体人生的内容,都是实现人生理想的行动实践,不能割裂地看学习、生活、工作,也不能机械看待过去、现在、未来。记得来时的路,才不会在错综复杂的道路上迷失自己,也才能在自己想走的道路上不断前行。对个体而言,记得来时的路不局限在个体本身,也涉及从事行业、单位的过去,也涉及家庭、家族的过去,可能过去的人或事对当下的影响不大,但每一个人、每一个家庭都是在继承中发展,不能割舍家族文化对家庭成员的持续影响。

1. 行业的梗概

一个行业的形成是技术、经济、社会等共同塑造的结果,其中技术对行业发展起着至关重要的作用。了解一个行业的发展历史,找出影响其发展的关键因素是个体准确把握行业发展走势的基础。大学各专业教学中开设关于学科或专业发展历史的课程,如教育学专业学生需要学习"中国教育史""西方教育史"等课程。个体只有掌握了从事行业的发展历史,才会对其当下存在的问题、未来发展的重点有清晰的认识,也才知道行业当前的发展处于怎样的阶段。这也是说"隔行如隔山"的原因之一,个体从一个行业跨到另一个行业,不仅是工作内容的变化,更是知识背景、思考方式等的跨越,需要做足准备才能更好地适应新行业的要求。在职业发展中,个体会面临岗位变化等的可能,如果想在本领域有较好的发展,就需要了解行业发展的梗概;如果要从一个行业转移到另一个行业,则需要提前做好"功课",确保对行业发展的认识没有盲区。

2. 单位的简史

当前,全球经济下行压力增大,就业形势十分严峻,灵活就业成为就业的一种方式。但在现代社会中,多数人还是长期地在一个固定的单位工作,而一些单位从初创到形成规模乃至退出市场,是一个较长的历史过程,有些单位的运转甚至会持续上百年。当个体有意向进入一家单位工作时,需要了解单位的发展历程,一方面,不同的发展阶段有不同的发展特征和重点;另一方面,了解单位当前发展的阶段才能更有针对性地进行职业选择。特别是一些大型的企业,在发展的过程中一般会有领军人物或重大战略定位,这些关键人物或事件对企业发展的影响是持续的,个体了解企业发展中的关键人物、事件、阶段,才能更好地了解一家企业为什么能发展成今天的样子。企业的发展与人的发展类似,都是基于过去、面向未来。个体了解企业的发展史,是融入企业文化、认同企业价值的重要前提。

3. 祖先的源流

想一想都会觉得十分神奇,人们的祖先成功地经受住了各种考验,成功地长大成人并将自己的后代留存在这个世界,血液里保留着独特的基因,他们的一些特征一代又一代地传承下来。在生物学上,我们的祖父祖母、外祖父外祖母把他们的基因遗传给我们的父母,而父母又把这些基因遗传给我们;在家庭上,家庭文化也是继承了上一代人的家庭文化,在家庭再生产的过程中还将继续传承下去。在现实生活中,常会听到"官二代""富二代""星二代"等,不论其内涵指向是褒义还是贬义,这些词语中有个共同的特征就是意指上一代的发展情况影响到了下一代的发展;父母不仅会把财产留给子女,同样也会把其重要的社会关系留给子女,这也是社会阶层难以跨越的原因。

4. 自己的小传

传记作为文学的一种体裁,是记述个体生平事迹的方式,在一定意义上,现在求职中的简历正是表格化的传记,或许这样理解并不准确,但它们都是认识自我或他人的一种有效工具。在找工作的时候,人们通常要准备简历或自荐信等材料,让用人单位在较短的时间里快速了解求职者的情况。简历主要包括基本信息、学习经历、荣誉获奖、技能证书等内容,用人单位通过这些信息了解一个人的发展状况。给自己写自传对很多人而言有困难,但是按照现有的模板来梳理自身的发展就是不错的选择。在职业生涯发展中,个体会根据需要撰写职业生涯规划书,其特点是基于当下的情况去规划职业的发展,而个体的自传则是帮助自身了解过往发展的手段,辅助个体更好地认识自己,进而做出更优的规划。

不忘初心,方得始终。在人的一生中,不论你从哪里来,又要到哪里去,都需要记得来时的路。

三、持续学习

善学乐学经常学,通之晓之容易之。学习是人类从野蛮走向文明的必由之路,正是因为人有强大的学习能力,才让人在复杂的社会面前从不会到会、不能到能。张之洞说,自强生于力,力生于智,智生于学,强调了学习对于增长智慧、提升能力的作用。在社会的发展中,人类形成了完善的教育系统,帮助个体进行学习,学习也成为人社会化的重要方式。不论是学校的正式教育,还是社会、家庭等场景中的非正式教育,都在以直接或间接的方式推动个体主动或被动地学习。

在现代社会,个体职业的发展是以专业化的知识技能为基础,而这些内容必须通过学习来获得。社会分工越细,需要的能力越专业,需要学习的时间也越长,从人类社会发展的进程看,社会生产力越低下,个体学习投入时间相对也较少;社会生产力越高,对个体学习内容、时间、方式等的要求也越高。特别是在工业化社会,对个体学习能力和水平有了更高的要求,具体表现为个体接受教育的时间不断延长,目前我国已经普及九年义务教育,而接受高中教育、大学教育的群体也在不断扩大,这与社会生产力的发展以及工作岗位对个体应具备的能力的要求直接相关。在技术迭代升级加快、社会发展日新月异的大环境下,终身学习已经成为个体适应发展的内在要求。

1. 善于学习

学习是个体主动改变自己的过程,在人的一生中需要学习各种各样的知识技能,需要培养自身的综合素质,面对繁重的学习任务,如何高效率地学习是每个人必须解决好的问题。学习不是偶然发生的事情,而是一个有计划、有组织、有目的的过程,需要个体投入足够的时间精力,选择合适的方式方法。身边师长反复强调学习要有章法,方法得当会让学习的效果翻倍。

在职业发展中,面对持续变化的外部环境,个体需要持续地学习,掌握新的知识技能以适应变化。个体不仅要做好本职工作,还需要在工作之余研习进修,以确保自身的发展不落后于岗位的要求,可见,一个人没有一套管用的学习方法则很难统筹好学习与工作的关系。

在学习过程中,个体的方法能力是检验个体学习水平的核心指标,在信息爆炸的时代,每天都产生着海量的信息,各领域也积累了越来越多的专业内容,并且个体掌握的具体知识和技能正快速被新的知识技能替代,这更加凸显了学习方法的重要性。因此不仅要授人以鱼,更要授人以渔,没有掌握方法的能力则很难适应学习的要求。在工作中,我身边曾有一位非常善于学习的同事,他能够快速学习各类政策文件,在过程中边学习边批注。他学习过的材料上留下了圈点的痕迹,当我看到他学习的痕迹后便能理解他为什么能够准确记忆文件内容并进行合理发挥了。这给我在工作中开展有效学习带来了启发,更加理解了一个人的专业不仅是求学时积累的内容,更是在工作生活中持续有效的学习。

2. 乐于学习

喜欢做的事情更容易,但现实中常有不喜欢而不得已做的事情,学习这件事情也不例外。喜欢学习的人,常常以饱满的状态持续学习,而不喜欢学习的人,则想方设法地逃避学习,一个享受学习、一个厌恶学习。当然个体对学习的态度并非天生的,而是在后天环境中养成的,与个体成长的环境特别是父母的教养方式、学校学习体验等密切相关。乐于学习的人通常能够体验学习带来的愉悦,并在学习中获得积极反馈,长此以往形成良性循环,享受学习带来的快乐和收益。在职业发展中,把工作当成事业的人,更愿意学习,也更享受学习,所以一个人想获得持续的职业发展就需要持续地在学习方面投入时间和精力。判断一个人能不能在职业上取得成绩,不仅要看他当下的情况,更要关注他是否乐于学习新知识、新技能,一个愿意学习的人职业发展一定不会差。

学习需要唤醒而不是强求,当一个人把别人的要求内化成自己追求的时候便拥有了主动学习的动力源泉,而一个人把别人的要求当外部约束的时候,学习进步则是十分困难的事情,这是职场中组织更加看重愿意学习、乐于学习员工的原因。我身边曾有这样的一位同事,他大学期间学习的专业与当下的工作不相关,常说隔行如隔山,他也面临这样的困境,但他发挥自身善于学习、乐于学习的优势,用较短的时间熟悉新的工作岗位,并在若干年的持续积累下成为这个领域的专家,可见喜欢学习的人不管面对什么样的情形都能够尽快适应,并形成自身的特点和风格。在职业发展中,个体时常会面临新岗位、新环境,这需要人们通过学习来改变现状,争取发展机会。

3. 勤于学习

卓越的人需要天赋和勤奋,优秀的人必然勤奋,虽说天生我材必有用,但每个人的天赋是不同的,一些人天资聪颖,而也有些人天资平平,人不能把不可改变的东西作为逃避发展的借口。一个人有好的天赋,不用勤奋的汗水浇灌则极易荒废良好的基础;一个人也可以用勤奋来弥补先天的不足,甚至将原本不利的方面转化成独特的优势,这就是勤奋学习对人生的意义。人们谈论学习本义的时候,会将其分解成"学"和"习"两个部分,学属于领悟的范畴,而习则是反复练习的过程,人与人的领悟力有各种各样的差别,但领悟后将一项原本不熟悉的技能发展到熟悉的水平,需要的练习投入程度或许差异并不显著。中国人常讲,天道酬勤、书山有路勤为径等,强调的正是勤奋对一个人的作用和价值。

进入职业世界后,一些人选择了勤奋努力,也有人选择不求进取,或许我们一时无法看到两者之间的差距,但在勤奋作用的放大下,两者发展的差距一定会不断扩大。勤奋不局限在工作,也包括学习,勤奋属于自我管理技能,也是人生态度的重要表征。有这样一个人,他为了能考上大学,十分珍惜读书的机会,每天只保证 6 个小时的睡眠时间,剩下的 18 个小时都在学习,吃饭背知识点、跑步听英语,他几乎把每一分钟都利用了起来。他说之所以这么勤奋,是因为他觉得自己天资平庸,尽管他的高考成绩不是十分理想,但是从后来他读硕士、博士研究生的情况看,他的勤奋改变了人生的轨迹,越到后来越能看到他勤奋的价值。

四、人生的导师

在长跑运动中,跟紧第一方阵是保证取得不错成绩的有效策略,跟紧才有可能在后续的冲刺中完成超越,因为一旦掉队,想追上则是十分困难的事情。有人说人生是一场旅行,在行走的过程中看尽沿途的风景,也有人说人生是一场马拉松比赛,开始铆足劲领跑的人未必能坚持到最后,均匀地使力、匀速地前行才有可能获得最后的胜利。从个人角度看,人生是否成功归根到底是一种主观感受,过往的成功与失败在生命结束的时候都是过眼云烟。尽管如此,人生最大的价值还是在于体验,在体验中感悟生命的意义。

每个人的生命都只有一次,生命中不同阶段的任务与体验多数不可逆,如何让自己在无限可能、无数诱惑的影响下保持定力,把握人生的方向不偏航,这需要给自己寻找人生的坐标,并将成功者确立为榜样。榜样既可以是历史中的人物,也可以是现实社会中的代表,更可以是工作生活中的优秀者,有些榜样能给予精神的滋润和引领,有些榜样能给人以具体的行动指导,对个体的持续发展而言,两者同样不可或缺。寻找自己钦佩的榜样,让他们成为自己人生的引领者,让自己的发展方向更明确,前行的动力更充足。

1. 寻找导师

优秀的人很多,如何在众人中选择出自己钦佩的人并以正向的力量引领自己,实则是一件有难度的事情,如果不慎选择了貌似优秀实则不然的榜样则可能带来负面的影响,甚至误入歧途。民间有谚,跟什么人学什么人,跟着巫婆学请神。可见学习榜样对一个人的影响之大、影响之深,尽管选择人生的导师是个人的事情,但每个人都应该慎之又慎。曹聚仁先生记录章太炎先生所作国学讲演时说,任在何时何地的学者,对于青年们有两种恩赐:第一,他运用精利的工具,辟出新境域给人们享受;第二,他站在前面,指引途径,使人们随着在轨道上走。章先生讲的是大先生的品格,在人的一生中,不仅要有经师,更要有人师,这也是寻找榜样的重要准绳,因为教我们技能的是师傅,我们想超越的人是榜样,给我们指方向的是导师。一个人的职业发展离不开自身的努力,但在成长的过程中需要经验丰富者、思想境界更高的人给予指点,靠个人参悟可能需要走不少的路,而导师的点拨有可能让人茅塞顿开。

2. 对照标杆

《长大后我就成了你》这首歌曲的歌词中写道:"小时候,我以为你很美丽,领着一群小鸟飞来飞去;小时候,我以为你很神奇,说上一句话也惊天动地。长大后我就成了你,才知道那间教室,放飞的是希望,守巢的总是你……"成为自己崇拜的人是人生了不起的事情,在成长的路上,想成为的那个人就是自己行动的指南。在管理中,常运用标杆管理的方式提高组织效率,在群体中选取优秀者树立典型,让群体向其看齐,进而带动整个群体的水平。

在职业生涯中,个体可以根据自身的职业目标选取标杆,向标杆看齐,对照标杆的指标来约束自己的行动。身边的一位朋友分享说,他的主要工作是金融产品销售,工作刚开始的时候觉得能达到银行对员工的考核要求就可以了,但随着自己对业务的熟悉,他发现了同事中的"业绩达人",他觉得自己应该向这位达人看齐,便也开始了职业发展的追赶之路,这一追就是五年,直到自己也成为"业绩达人"。

3. 成就自己

不论是寻找人生的导师,还是拼尽全力超越榜样,都是希望能遇见更好的自己,达成自己的期待,实现自己的理想。人要有学习的榜样,但不能把超越榜样当成目的。在职业发展中,不同的情境中,人们会选取不同的榜样,成为并超越榜样是自我发展的参照,个体不能因为成功超越榜样而停止前行。当人们发展到一定阶段后,就会发现虽然超越了一批榜样,抬头还会看到有一群榜样在前方,直到有一天发现前面的榜样越来越少,那说明自己在这个领域成为了更好的自己,也成为别人要超越的对象。

4. 影响他人

人们需要寻找榜样来给自己定位,也需要用自己的发展去影响他人,并且正是在接受影响和影响他人的过程中遇见了自己。例如,费孝通在《乡土中国》中指出:"我并不认为教师的任务是在传授已有的知识,这些学生们自己可以从书本上去学习,而主要是在引导学生敢于向未知的领域进军。作为教师的人就得带个头。至于攻关的结果是否获得了可靠的知识,那是另一个问题。"当然,费先生以教师职业为例,讲了引领学生发展的使命,其实在各行各业都存在或紧密或松散的师徒关系,一个人在新的工作岗位上总是需要先行者的指导,以更好更快地适应工作环境。同样,当一个人成为有丰富经验者的时候,也会去指导新手或初学者,就在这样的传承中完成彼此的使命。

有人说,人生有三大幸运,即读书时遇到好老师,工作时遇到好老板(或伯乐),结婚时遇到好伴侣,这三样中前两者都是可遇而不可求的,很难去选择。但不论怎样,在任何一个组织,都会有优秀的人、卓越的人,自己可以主动地向这样的人靠拢,让自己成为更好的自己。

五、创造时机

无人知晓四维空间是否真的存在,但在三维的空间中,人类可以通过位置的相对变化来表征时间的存在和变化。时间是人对自我管理的一种工具,也是个体生涯发展的宝贵资源,它具有不可逆、稀缺性等特点,个体充分利用自身的时间并把其效能最大化,是职业生涯规划的重要内容。在发展的进程中,时间是人和事物发展的基本维度,有开始就有结束,有结束也意味着新开始,既然人和事物的发展是在有限时间范围内推进的过程,那事物发展的关键节点就是时机,错过了关键时间的关键环节,人和事物的发展方向有可能错失良机。

在人的发展中,抓住时机是一种能力,创造时机则需要更高的水平。现实中,多数的人是做好准备等待时机,一方面,是因为外部环境的发展趋势不以人的意志为转移,个体或组织很难从根本上改变现实世界;另一方面,不论多么优秀的人,其自身能力都是有限的,想控制事物的发展就必须掌握事物发展机制和影响因素,在复杂的社会系统中,个体或组织只能部分控制而无法全部掌握,只能以适应的方式等待并抓住机会。

1. 谋求机会

在一生发展中,个体不仅需要乘风破浪,有时候也需要"兴风作浪",前者是顺势、是主流,后者是造势、是辅助。尽管谋求机会是辅助、次要的部分,但并不影响其对人发展的价值。既然个体要创造机会,就需要综合评估现状,看清楚事物发展中取得的成绩和存在的问题,并知道解决问题的关键,能够利用外部资源帮助解决问题进而实现自身的发展。在工作、生活中,各类形式的聚会实际就是谋篇布局的结果,特别是非公务性的聚会,更具有创造机会的特点,邀请哪些人、不邀请哪些人,为什么邀请这些人、为什么不邀请其他人等。所谓的阴谋阳谋,都是主导者排兵布阵的方式,阳谋是在符合规范的情况下以公开的方式组织,阴谋则是在特定人群以非公开的方式推进,都是为达成某一目的。本质上,不论谋求何种机会,在不违反法律法规、公序良俗前提下,都可以采用各种方式和手段。

2. 创造条件

有因就有果,因属于条件的范畴,有了条件,结果才能发生。在职业发展中,个体想要得到期待的结果,应该根据结果倒推条件,通过合理地安排条件来达成预期的效果。可见,个体创造条件是可能且可行的,正所谓有条件要利用好,没有条件要创造条件,体现的正是敢于拼搏、乐于奋斗的精神。很多时候不是大家没有条件或资源,而是没有主动利用条件的价值、发挥资源的作用罢了,在一定程度上,这导致了条件和资源的浪费。个体在盘点清楚自身可用的条件后,可以整合现有条件形成新的条件,例如一位高校教师因职称评定需要撰写若干高质量的论文,但她却时常因自己文笔不佳而苦恼,后来她接受他人指点,做出了如下调整:一是充分挖掘她负责学校创新创业工作积累的素材和数据,二是通过高校访问学者项目找到一位学术成果卓著的导师指导,在访学导师的指导下申报了创新创业的一项省级课题。因为申报课题撰写了系统的文献综述,她对创新创业教育的理论研究有了自己的判断,又在导师的指导下完成了两篇高质量的学术论文,就这样顺利解决了职业发展中的瓶颈。

3. 确定时间

"时机"这一词语是先"时"后"机",强调了时间的重要性,正如人的发展有关键期一样,职业发展也有关键期,一旦错过就很难弥补或挽回,这要求个体必须在关键的时候解决掉关键问题,不然会影响后续的发展,甚至限制人的成长。现实中,招录公务员、事业单位人员,以及干部遴选时,均将年龄限制在 35 岁以下，很多人一旦迈过 35 岁这道门槛就意味着失去了进入公务系统的机会，尽管有全国人大代表在呼吁解决 35 岁门槛的问题，但整个社会的政策惯性很难在短时间发生根本改变；同样，在 50 岁还没有被提拔为单位主要领导的人，其发展机会也将因为年龄问题而减少。

把握好发展的时间节点，才能获得高质量职业生涯，在不同的年龄阶段做属于本阶段的事情，不提前也不延后，避免"一步迟步步迟"。正如年少时是读书的黄金时间，等进入职场后发现读书不够再补时，常常是来不及或没有时间的。可见，个体在进行职业生涯规划时，要梳理清楚自身发展的重要阶段及其主要任务，在正确的时间点做正确的事情，才能为后续的发展打下扎实的基础和条件。

4．选择地点

同样的事情在不同地方的机会是不一样的，同样是就业，在经济发达地区和欠发达地区的机会就存在较大的差异，这也是大量年轻人集聚我国东部沿海城市或中西部省会城市的原因。个体如果选择一个综合水平较高的城市作为发展的地点，不仅影响着自己的职业道路，还将影响自己的家庭及未来。生活在城市，就会在工作生活中自觉不自觉地融入其中，接受生活城市的文化、历史、饮食风俗等进而形成与城市相契合的精神。在高等教育大众化的进程中，在中心城市的周围建设了一批大学城、职教城。将多所学校建设在一定的空间内极大地促进了区域师生的交流互动，形成了独特的大学城文化，在此生活的师生接受着不同学校风格带来的文化。选择发展的地点是个体创造时机的重要一环，也将对职业发展产生深远的影响。

积极主动应该是人生的主流态度，在谋求发展中，创造条件、选择时间、明确地点才能为个体的精彩人生负责，为卓越的人生开路。或许努力了不一定成功，但不努力就永远没有主动选择的机会，一个人不能等机会来敲打人生的门，而是要主动去开启机会的门，打通人生的路。

六、时刻准备着

要风得风、要雨得雨是难得的佳境,但人生哪里有那么多的顺风顺水,有时候要逆流而上,有时候要劈波斩浪,有时候还要随波逐流,人生有百态,在不长不短的一生中总会遇到这样或那样的事情。对多数人而言,有舞台的时候就尽力尽情地表现自己,争做人生的主角,走下舞台来到观众席的时候就好好观看舞台上的人和事,若是还想重返舞台那就做好幕后的等待,一旦有机会便奋力争取,不给自己留下遗憾。要知道,不论做什么事情,都不是一蹴而就的,需要时间、经历、资源、意志等的多方作用。

在职业发展的道路上,大家几乎都需要从基层岗位做起,或者从助理类的工作开始。一方面,在任何一个组织或系统中,个体都需要积累工作经验,熟悉岗位内容,这是必经之路;另一方面,重要的岗位在组织内是少数,优质的岗位也是少数,既然优质的发展机会有限,竞争就会加剧,推动能者上而不能者下。在组织内,任何一次人事调动都是内部变化的结果,在变化的过程中有意向的个体就有机会。一个人等到一次机会可能要几个月乃至几年,当个体具备了发展的能量或条件,剩下的就是时刻准备着,一旦机会来临便不错过。

1. 积蓄能量

没有机会的时候便应该安静下来等待机会,等待的过程或许短暂、或许漫长,这需要个体合理的安排以便积蓄后续发展的能量。大家常说,机会是留给有准备的人,诚然,即使面临天大的机会,你没有对等的能力便无法承受。更多的时候,人们是准备了十分的能力,而抓住机会可能只用个六七分,抓住机会的要求与具备的能力刚好匹配是比较少见的,若是还有竞争者,可能个体需要准备更多。这里强调等待机会的过程要积蓄能量而不是

227

能力，是因为职业发展不仅需要能力，还需要社会资源、个体品质等内容，是对一个人综合性的评估和考量，在文学作品或历史书籍中，怀才不遇的人物多数会表现出十分有才华但就是得不到赏识或发展机会，其实细想来或许是时代限制了有才华者的发展，但还有一种可能就是这样的人并不熟悉社会组织的规则或缺少社会资源。

社会关系是职业发展中绕不开的话题，常有人不屑于攀附，但是有时候为了获得机会还是需要认识本领域或者负责相关工作的人，以便有机会了解一般难以得到的信息和内容。有光的地方就会有影子，两者总是同时存在，积蓄能量需要拓展社会关系、获得社会资源，得到更多的支持和机会。一些人不屑于这么做，一方面，可能其本身并不缺少此类的资源，其强大的社会关系已经可以作为有力支撑；另一方面，一些人不屑于交朋友、拉关系，确实是因为追求纯粹而简单的生活，也可能是并没有攀附机会，一旦有了也会与世人无异。不论社会资源、外部关系多么重要，归根到底还是要以个体的能力为基础，封建时代的世袭制就是一个例证，纵然是皇帝的儿子，有着无可超越的社会资源，如果其本人没有驾驭皇权的能力，也会受制于人甚至在权力的斗争中败下阵来。

2. 等待变化

人的一生是持续变化的一生，不仅有内部变化还有外部变化，正如人的生老病死，每一种情形都是必然要发生的事情，个体只能等待着这些变化的到来。内部变化在一定程度上由基因决定；而社会系统是众人意志的产物，一个人若能把众人的力量集聚起来便是一个伟大的人物。虽然人们无时无刻不在变化，但很多时候却不能左右变化的发生、进度及结果，只能用时间来等待变化，正是这些变化的影响给个体的发展创造可能。

当个体沿着专业技术路线发展时，时常会遇到时间问题，个体不仅需要在成果、经历、能力等方面达到要求，还需要在时间上积累，例如高级会计师考试报考条件就有"具备大学专科学历,取得会计师职称后,从事与会计师职责相关工作满 10 年;具备硕士学位或第二学士学位,或研究生班毕业,或大学本科学历或学士学位,取得会计师职称后,从事与会计师职责相关工作满 5 年;具备博士学位,取得会计师职称后,从事与会计师职责相关工作满 2 年"。设置时间门槛的原因一则是工作时间意味着个体对本领域工作的熟悉情况,二则是量的积累是引起质的变化的前提条件,人在时光的打磨下会变得更加成熟稳重,这也有了年少的青春之美、中年的勃发之美、老年的智慧之美,对于变化本身带来的内涵,不必强求更不必着急,在不该享受的年龄享受是对人生的挥霍。

3. 看准机会

有些机会是通过揭榜挂帅的方式获得,有些机会是在常人不注意时获得。机会以多面的形式出现在人们的面前,或张扬或低调,很考验一个人的"眼力",很多人都是在别人拿到机会后才意识到原来机会已经溜走。在市场营销中,总有一些人看准时机,对原本并不起眼的东西进行适当的包装和宣传,从而取得成功。

我曾经看到一则故事,一位黄土高原的果农以种植苹果为生,因为种植的苹果形美味甜而不愁销路,但天有不测风云,就在苹果即将成熟的时候,一场冰雹将苹果打得疤痕累累,落在地上腐烂的不计其数,尽管留在树上的苹果最后成熟了,但是却没有了好看的外形。在专业营销人员的帮助下,他写下了这样的一条广告:"亲爱的顾客,您注意到了吗? 在我们脸上有一道道的疤痕,这是大自然馈赠给我们高原苹果的吻痕——高原上常有冰雹,因此高原苹果才有美丽的吻痕。如果你喜爱高原苹果的美味,那么请记住我们的正宗商标——疤痕!"在地方的帮助下,果农成功地将带有疤痕的苹果全部销售,最大限度地减少了经济损失。不论这一故事真实与否,都对我们看准时机有启发意义。

在一定程度上，看人识人是看准机会的重要前提，在职业发展中跟对人，自己也会变得优秀，跟错人轻则荒废光阴重则万劫不复。自古以来中国人都注重识人之才，这也被认为是一种宝贵的能力，凡能够成大事的人不仅善于用人更善于发现人才，把有潜质的优秀者挖掘出来就是让其获得了发展的机会。可见，人生发展的机会不仅在事，关键在人。

或许机会飘忽不定，但一个人只要有一颗坚定不移的心，便能追上那朵飘着的云。人生不会给任何人打盹的机会，每个人都应该保持生命的警觉，以时刻准备着的姿态，抓住随时可能出现的发展机会。

七、不期而遇

不期而遇常令人难以忘怀，这样的相遇充满了偶然和神秘。人的一生写满必然，但在必然的字里行间也时常可以发现偶然，让生命在确定性与不确定性之间摇摆，给人想象的空间，让人敬畏生命的伟大。英国作家珍妮特·温特森说，一个人不该过分自省，这会使他变得软弱。理智的做法，只有在做很小的决定时才有用，对于改变人生的事情，你必须冒险。意义非凡的事情，总是碰巧发生的。只有不重要的事情，才有周全的计划。我不知道这段话是否正确，但被她坚决而彻底的表达吸引，人的理智是有限度的，很多时候人的理智不足以决定人生重大的问题，就会让人在非理智的背景下做出影响一生的决定。

中国书画喜欢留白，不喜欢把一幅字画填得满满的，从审美的角度看是给品鉴者留下想象的空间，从人生的智慧看是留给后来者的空白。同样，在生活中，如果个体制定了一份十分严密的个人时间计划，在执行时常常会因为突发的事情让计划无法顺利实行，因此个体制订计划时要留有余地。在职业生涯中，个体应尽可能详尽地制定不同阶段的计划，既要看到计划内的事情,也应该看到计划外的事情,以动态的策略及时调整计划,保证个体的职业发展适应现实需要。

1. 偶遇的麻烦

人生就是一个遇到问题、解决问题的过程,只是一些问题可以预料,而一些麻烦则难以预料而已:也许原本顺利推进的事情因为突发的问题而影响了后续的发展。2021 年末,某社团计划组织一场关于高质量发展的学术会议,受新冠疫情影响,线下会议受到影响,最后改为线上举办,因为线上会议突破了参会人数及空间的限制,结果这场线上会议有近 20 万人次旁听,成为该组织成立 30 多年来参会人数最多的一次。偶遇麻烦不可避免,当麻烦真来到了跟前时,人们也不用牢骚满腹,只要以正确的方式应对,同样可以把麻烦转变为机会。

在职业发展中,不论是有意还是无意、主观还是客观,会出现一些意想不到的困难或问题,这是职业发展的正常现象,个体头脑中应该具备这样的意识并在职业行动中形成基本的应对方式,不至于发生意外后不知所措,临危不惧是一名优秀员工应具备的职业素养。在危机面前,一些人能够妥善处理而获得发展的机会,也有一些人因为应对失当而失去原本属于自己的机会。例如在新冠疫情影响下,各级卫健委有效应对、防范疫情成为工作的重要内容,其中部分主要负责人因为处置不当被免职,一些人因为及时冲在一线妥善解决问题而获得提拔机会。可见,在常规化的发展面前,人们难以发现一个人的全部水平,而在危机处理中才能看到个体的更高水平。在某种意义上,危机是一块试金石,个体要想在危机中脱颖而出,归根结底仍以能力为基础。

2. 偶遇的机会

制度已经为人们的生活做了详细的安排,似乎只要按照既定的路线一直走下去就可以得到圆满的人生。然而,制度需要根据经济社会的发展被不断修正，以确保发展的方向不会出现偏差。面对新的制度，大家的起点很多时候是一样的，只是原本基础扎实的人有更多机会，不论制度怎样变化，最后都是让现有的发展变得更好。我读研究生二年级时，突然接到了学院的一份通知，说现在要评选研究生国家奖学金，我对照条件后发现自己符合申报条件，因为我研一的综合测评专业第一，最后顺利地进入了学院的评选并获得了研究生国家奖学金，这笔钱也解决了我读研的生活开销，减轻了读书时的经济压力。可以说，我获得研究生国家奖学金是一次偶然事件，但这件事情给了我很大的启发，不论行动后是否会有结果，都应该全力以赴，说不定后面会有意想不到的惊喜。回顾过往，负笈江南是我人生的一次重大转折，这是我未曾预料的，大概自己只需要对自己做的事情负责，剩下的可以交给命运。

人们常有改变这个世界的抱负，但最容易改变的不是别人而是自己，对于一定要发生的应该欣然接受，对可能要发生的应该充分准备，至于其他的就留给时间吧。王勃在《滕王阁序》中感叹，关山难越，谁悲失路之人？萍水相逢，尽是他乡之客。王勃的感叹或许悲观，但却不失其冷静的判断，不论多么困难的事情都会过去，不论多么突然的挑战都将结束，在一个陌生的环境或场景中，人们应该笃定时间会让我们熟悉这一切，因为熟悉都是从陌生开始的。

八、放弃未必坏

永不言弃是人们遇到困难之后鼓励自我或鼓励他人的良药，学习生活中的很多人因为不能坚持到最后而没有收获，这也才有了不要轻言放弃的劝告。想做成一件事，时常需要持续地投入，在做人做事的过程中，如果既定的目标是合理的，并与自己的能力匹配的话，人就应该克服遇到的困难，努力摘取想要的结果。但，不是所有的目标或坚持都是正确的，也可能因为自身研判不充分，设置了不合理或错误的目标，做出了不当的决定，当个体意识到存在问题的时候，应该及时调整或果断放弃，没有结果的持续投入是增加成本、增加消耗，理性评估后的放弃未必是坏的。

轻易不谈放弃的原因在于人们时常会在开始时觉得坚持的事情有价值和意义，但选择行动之前理解的意义可能被行动过程中的质疑、无果等消磨，但诸多事情的价值的显现需要时间的沉淀，也需要持续的考验，一些事情可能直到最后或者事情结束许久之后才会显现出其价值和意义。很多人犹像要不要选择放弃的原因在于担心自己放弃后，前期的投入失去价值，白白浪费资源。这样的顾虑是必然的，但人们可以拓展地想，人的一生中不可能所有的决定或选择都是正确的，人或多或少会做出不恰当的选择，一旦意识到错误就需要及时止损，避免更持续、更严重的后果。

1. 放弃需要勇气

不论是决定做事情还是不做事情，迈出第一步都十分重要，这意味着开始或结束。当个体意识到做出的决定或行动存在问题的时候，需要通过信息确认、专业咨询、反复核对等方式来确认自己的判断是否正确。当个体要放弃的内容产生的影响不大，不会波及诸多方面的时候，一般不会犹像不决，但当个体要做出重要的调整或放弃时，就需要具备足够的勇气来支撑重大的决定。在职业发展中，如个体获得一定职务之后，其决策的后果可能影响企业或组织当下及未来发展时，放弃一个项目、撤销一项决定都是困难的，因为形成决定的时候已经进行了充分论证或调研，推翻或放弃自然需要决策者的勇气。

2021 年对教培行业而言是十分艰难的一年，众多的教培机构因为政策的变化而面临退出市场的窘境。新东方是英语教培行业的头部企业，政策的变化对俞敏洪而言，是巨大的考验，2021 年 11 月新东方-S 在港交所公告,计划 2021 年底前,全国所有学习中心不再向幼儿园至九年级学生提供学科相关培训服务(K-9 学科类培训服务),将退租 1500 个教学点。显然这是大环境变化下的迫不得已,对企业而言,快速而坚决地做出选择需要巨大的勇气,因为这实际是生存的考验,如果处理不当,企业可能面临破产的风险。企业如此,人生也是如此,在职业生涯发展中,不论出于主观还是客观,都有可能要放弃一些东西,才能获得进一步的发展。

2. 放弃需要智慧

放弃不仅需要勇气更需要智慧,在不同的时候、不同的场合、以不同的方式放弃,产生的影响是不同的。可能有人会想,既然已经到了要放弃的阶段,还有那么多的讲究吗? 事实上,放弃意味着一项活动的结束,凡事有始有终,合理地安排开始和结束是做事的内在要求,也是对待事情的正确态度,尽管放弃是众多结束方式中最令人遗憾的一种,但主动结束既考验组织的智慧,也检验负责人的水平。放弃的智慧主要体现在以下几点。

一是时间合适。当组织或个人意识到要放弃的时候,通常会以较快的时间去结束并尽可能减少各类成本,避免持续地投入或损失。在一些情况下可能要留有缓冲的时间,提前做好放弃项目等可能带来的不利影响的预案,避免不稳定或其他衍生的问题。缓冲时间的范围是由放弃内容的复杂程度、影响范围、涉及主体等决定的,一些时候选择"秘而不发"的策略实际上是在为可能产生的后果做准备或等待合适的时机。

二是场合得当。由上而下还是由下而上,这是发布重大消息时需要考虑的,在生活中,很多原本的"小道消息"最后都成了正式的消息,这属于从下而上的传播路径,其主要目的是针对某一情况或问题,试探性地了解群体的反应,以便妥善处理政策出台后可能产生的影响。对职业发展而言,个体宣布自己要放弃做某一件事情可能并没有那么复杂,甚至很多事情的放弃只需要少数人知道。

三是方式简单。放弃原本是一件不容易的事情,从整体成本最低最优的要求看,放弃的方式应该简单,尽可能减少麻烦,因为越复杂涉及的主体或方面会越多,不可控的因素可能会产生无法预料的后果。尽管方式应该简单,但对群体的心理应有充分的评估或调试。很多时候一件原本不复杂的事情引发不可估量后果的原因就在于没有充分考虑行为产生的影响。放弃或许迫不得已,但处理放弃的后果却必须妥当,因为放弃了一项活动并不意味着所有的结束,个体依然要面对后续的发展和未来。

有时候,个体是在众多选项中进行选择,选择了一个方案也就意味着放弃其他,这就是选择的机会成本。左右为难的情形是常有的,这需要开展最优评估后进行取舍,而舍的过程就是放弃,这样的放弃或许困难,但同样能带来新机会。可见,放弃未必坏,它也可能意味着好的开始。

九、适合的就是好的

鞋子合不合适只有脚知道,人生的决定也好,生活的方式也罢,在外人看来可能不易理解,但究竟如何还是以自身的感受和认知为依据,自己觉得合适就是好的。技术、业务等方面的适配度可能有衡量的标准或规范,但在生涯的历程中,合适还是不合适更多是主观的评判,其使用的标准尺度应该是内部的而非外部的,外部的评价只能是个体全面认识自身的一种工具,不能替代更不应该左右个体内在的标准。由此可以推理,人生的成功应该是多种多样的,既可以是主观评价的结果,也可以是外在客观评价的结果,还可以是主客观综合评估的结果。

1. 没有最优

在考试中,选择类的题目总是要求个体选择出正确的答案。可是这样的情况大概只会出现在考试中而很少发生在人生里,在职业生涯发展中,个体做出或选出最优的决策或答案既不经济也不现实。说不经济是因为最优一定是在尽可能多的选项中比较出来的结果,而把各种可能的方案或选项找出来就需要花费大量的人力、物力、财力,在多数的情况下,个体无法承受这样的投入和成本。经济的方式是在一定的范围内,把主要的选项及可能情况考虑到,基于发展选择相对较优的方案。在职业发展中,可能存在最好的方案,但个体可能因为自身条件而无法去选择,因其附加的条件、门槛等会限制很多人的选择。

说最优的职业发展选择不现实,是因为最优很大程度上是一个概念,而人生的发展是动态的,两者的冲突决定了最优的不现实。即使在特定情况下,个体的选择是最优的,但内外部环境的变化可能导致原本的"最优"不再最优,难以做到最优是因为没有绝对的条件,可见更多的时候是有条件的合理选择。个体应该客观地评价已经发生的事件,不能用现在的思维、标准、条件等否定历史,可以用批判的思维对已经发生的事件进行分析,吸取经验教训,进而为后续更好发展提供借鉴。不论是一个国家的历史还是一个人的过去,已经发生的就是当时综合条件作用的结果,没有如果也没有假设,只有客观的历史,这也警醒个体在职业生涯发展中,要客观地看待过去,且具备包容过去的心态。

2. 只要合适

在职业发展中,让自己满意或许就是最好的状态。理想与现实之间的差距推动个体持续地发展,这正是以适合为主要标准的衡量过程。个体的发展是否合适主要可以从主观感受、客观结果等方面考量。在主观感受方面,个体自我的心理状态是自我世界构建的基础,也是影响个体社会发展的内在动力。尽管人们接受同样的文化熏陶,面对同样的问题时,不同主体却会产生不同的心理体验。每个人的内心世界都是独特的,无法用统一的标准来衡量,这需要个体面对职业发展的问题时,让自我的内心状态保持健康的水平,没有不可承受的压力便是有助于自我心理建设的发展。

在客观结果方面,尽管每个人的主观感受是不同的,但也不能否定客观结果对个体职业发展的影响,主观客观的有机结合是个体保持良好发展的基础。一味地以主观感受来衡量个体的职业发展容易使个体陷入虚无主义的泥潭,个体需要观测职业发展中的客观指标,诸如薪酬、职务、荣誉、声望、环境等变化,这些指标可以反映个体的职业发展状态,作为外部的反馈帮助个体澄清自己。黄仁宇在《万历十五年》中说,在抗倭战争中功绩最为卓著的戚继光,不是在理想上把事情做得至善至美的将领,而是最能适应环境以发挥他的天才的将领。这一评论正是从结果来评价了主体的价值,戚继光可能存在不完美的地方,但是从当时特定的环境来分析,其能取得卓越的军事成就便因为他在当时是合适的。

3. 可以更好

没有最好,只有更好,更好是两种状态的比较,是后一种状态对前一种状态的超越,在超越的幅度上可能有大有小,但有进步便是发展。人们常说,不怕一个人走得慢,就怕走走停停。在生活中人们常有这样的一种经验,两个人同行,一个人因为要系鞋带或者弯腰捡地上的东西,同行者没有在原地等待而是继续行走,然后就会发现在很短的时间里,两个人已经有了很大的差距。点滴的进步或许不易察觉,但扩大到时间尺度来看的时候就会发现这是厚积薄发的必经之路。所以,在职业发展中不必追求单次最大限度的发展,后续的发展比原来的发展有长进就是良好的发展状态。更何况在短时间内个体过快的进步和发展可能会产生其他的影响,一是个体要承受变化带来的持续影响,个体如果不能很好地消化这些影响就有可能为后续的发展留下隐患;二是发展的幅度超出一般的情况,意味着不合情理地方的存在,事出有因,这可能成为个体发展中的风险点,需要引起个体的关注和重视。

更好作为一种比较的结果,可以是横向比较的结果,也可以是纵向比较的结果,横向属于同他人比较,而纵向则是跟自己比较。在职业发展中,个体更多的时候应该跟自己比而不是与他人比较。人们常说,人比人气死人,讲的正是不当的横向比较带来的麻烦,只要是在一定范围内比较,与他人比较可以促进个体发现自己发展的问题和不足,促进个体的自身发展,但是如果比较对象与自身发展差距过大,就有可能打击自我,使个体失去发展的信心。如一个月薪 5000 元的人与月薪 6000 元的人比较,可能激发其工作的热情,进而使自己获得可能达到的薪酬,但他与月薪 10 万元的人比较,可能就会产生心理的不平衡,因为同样是努力工作,结果相差得超乎可接受的范围。可见,个体在横向比较的过程中要客观评估自身的能力,也要选取合适的比较对象,更多的时候应该是现在的自己与过去的自己比较,促进个体自身更好地发展,赢得人生的精彩。

天底下,做人也好,做事也罢,没有最优的只有合适的,合适的就是好的。

第九章　有限度的平衡

一、计划赶不上变化

计划是主体在事前为达成一定目标做出的安排，是统筹协调人、财、物的过程；计划的主要特征是基于过去和现在对未来的谋划，是一项重要的管理活动。职业生涯规划是计划行为在职业规划领域的具体应用，也是在不确定的未来寻找确定性的过程，是凝聚个体职业发展力量的有效方式。之所以会出现计划时常不能适应变化的情况，是因为制定计划时考虑的因素在发展中发生了变化，导致原定的计划无法适应实际的情况。计划赶不上变化，一方面，说明计划的作用不是无限的，是考虑判断主要要素后对行为策略的选择，是在不确定中主动寻找确定性的过程；另一方面，也指出计划的制订应充分考虑未来环境变化的可能，应在计划中制定预案以应对可能的变化。

1. 静态的计划

有人说"人的命天管定，想长想短不中用"，实际上这是宿命论的一种表达，认为人的命运是由"天"来管理和确定的，不掌握在自己的手里，所以你想什么、计划什么都较量不过天的安排，个体对待人生的最好方式就是接受这一切。之所以会有这样的认识和感慨，主要是因为面对不可控的外部环境，个体除了积极适应别无选择。尽管很多时候人的适应是被动的，但在一些方面仍有主动的可能，这也是进行计划的前提，即在一定范围内优化自身的发展。计划是对未来可能性的一种策略选择，制订计划的过程是对确定性要素的组织，这在很大程度上决定了静态的特征。从人类心理安全的角度看，人类更倾向于选择静态或确定性的东西，这也是人类花费大量的时间、精力、财力去研究事物规律的原因——希望通过这些稳定的内容给人以可靠的心理能量。

职业生涯规划是一项系统的工作，伴随人的一生，具有显著的动态特征，为了让其有可以遵循的依据，在生涯实践中形成了职业生涯规划书等工具。职业生涯规划书是对职业生涯的一种文字化的表达，也是固化规划的有效方式。其特点一是职业生涯规划书是对动态职业生涯的回应，帮助个体澄清过去及现在的自我，明确未来主要的发展方向，让个体在职业发展中有基本的参照。二是个体根据内外环境的变化不断修正原来的职业生涯规划书，每一次的修改完善都是一个点，当完成若干次修订后，这些点可以连成职业发展的线或面，帮助个体理解发展的历程和形态。三是当个体意识到计划的局限性、理解其静态特征之后，其产生的不利影响将会减低，个体可以在动态的时间中实时调整计划中的策略。可见，计划一旦形成便具有静态的特征，但这不影响其对个体职业发展的推动作用，因为变化有相对变化和绝对变化，这是在变中找不变的基础。

2. 动态的变化

动是变化的第一表征，比较是发现变化的方式，即将同一事物的前后状态进行比较后发现的不同便是变化，变化是事物运动的内在规律。观察变化时可以借助横向和纵向两个维度进行分析，纵向维度是以时间为标尺，通过观察不同时段主体形态的差异来发现变化的内容,这也是人们认识事物变化最基本的方式,需要注意的是在一些情形中,因为长时间遵循不变的制度而给个体一种不变的错觉,事实上稳定的制度是社会运行的组织策略,是应对变化的方式,当面对的环境发生足够大的变化时必然引起制度的变化,天下没有不变的道理。横向维度是以主体为对象,通过观察同类主体的变化发现差异,进而确定自身发展所处的位置,为后续发展提供参照,这也是规划过程中要前后左右、内外上下比较的原因。

职业生涯规划的目的是职业发展,个体想实现持续的发展就需要持续的变化,没有持续的变化便没有持续发展的可能。在准备不充分的情况下,个体可能会担心变化的发生,畏惧变化给自身带来的冲击和挑战;而个体做足准备的时候,个体对待变化的心理可能更为轻松,希望变化带来机会,可见,变化是挑战还是机遇主要由个体应对变化的能力决定。在职业发展中,个体加强自身能力建设是应对变化的有效策略,这也是通过内部张力的增加来适应外部的变化。在职业生涯中,人们会面对不同的岗位,即使是同一个岗位也会因为外部环境的变化而不同,正确的职业发展观应该以变为内核,在此基础上演变成发展中需要的各种形态。

3. 动静的协调

动与静是一对辩证的关系,动是绝对的,静是相对的,两者之间相互作用、彼此影响,共同推动事物的发展。职业发展在动与静的影响下得以实现,为了实现个体的和谐发展,应该避免静止不前或变化过快等情况,以动静协调的状态推动职业发展。一是以静制动,动中有静。应对持续的职业变化,个体应该通过掌握不变的规律或相对稳定的内容来为自身提供变化的条件,借助静来制衡动,以期变化朝着既定的方向发展,不至于逃离个体的掌控,这也是职场中个体站稳位置的要求。二是以动养静,静中有动。既然是静的就有适应范围或时限,个体应该充分认识静态的特征,在变化中汲取养分、修正静态内容以适应新的变化，个体工作中积累的经验正是应对未来变化的基础，经验越丰富，个体内部可应对变化的方式越多。三是动静结合，协调发展。动也好、静也好，都是事物发展中的必然状态，个体在职业发展中应该掌握两者的特点，根据发展的需要做好应对策略的选择，最大限度地限制一种状态的无序发展。

中国人讲求以和为贵、和而不同，在职业发展中，个体要能够实现内心的平和，与人、社会、环境的和谐正是将变化与静止的有机整合。如果一个人在工作中无法妥善处理人际关系，则会严重影响其持续的职业发展，当紧张关系出现时，个体应该以变化的方式来化解，避免紧张关系到达极限而全面破裂。观察身边的人会发现，一些人总是以一种方式或态度来应对所有的情形，结果一些适用而另一些不适用，甚至出现不好的后果；同样，一个人变化得太快，见什么人说什么话，在一些主要的方面前后差异太大，也会引起他人前后不一的评价，认为这样的人缺乏获得信任的基础。可见，在人的一生中，没有绝对的，只有因时因势的策略选择。

尽管计划赶不上变化，但计划依旧是应对变化的有效策略。正是因为有了计划，人们才有足够的信心去面对未来的不确定。

二、不平衡是常态

小孩子喜欢玩跷跷板，两边交替起落十分有趣，如果一直处于平衡状态便失去了这个游戏的价值；当走进社会时，人们总是希望人与人能平等对待彼此，多数人十分讨厌不对等的交往，因为容易心理不平衡。心理平衡与否是个人的事情，在工作生活中，个体需要面对社会角色、社会关系的平衡，要兼顾好家庭与事业、当下与长远、内部与外部等，这更加考验一个人的综合水平。个体也总是希望自己能够平衡好各种关系，使自己处于一个和谐稳定的状态,但事实上这样的平衡并非易事,因为在诸事中有轻重缓急,在众人中有亲疏远近,在复杂关系中有主次差异,可见像天平一样的绝对平衡是机械的,也是难以实现的。一个人想从物理平衡到心理平衡再到社会平衡,其难度逐渐增加,需要个体用人生的智慧来应对发展中的不平衡。

岳晓东在《登天的感觉》一书中认为,心理平衡是中国人独创的心理学术语,在西方心理学与心理咨询中是没有这一术语的。其实,心理平衡就是指人们用升华、幽默、外化、合理化等手段来调节对某一事物得失的认知。中国人之所以用心理平衡一词来形容这一心理调节过程,大概可以归结到思维中的阴阳对立、福祸转换的文化基因上。千百年来,中国人在看待个人的荣辱得失时,深受中庸之道的影响,故很讲究内心的平衡之道。所以,中国人用心理平衡一词形容自我的心理调节绝非偶然,也十分贴切。尽管岳晓东是从心理的角度讨论平衡的内涵,但他也指出了平衡的策略与中国的文化有着密切关系,是有其深刻的思想渊源和哲学基础。

1. 寻找平衡点

在几何中寻找线段、图形的中点是容易的,可以借助定理及工具,但在人生的发展中寻找复杂关系的平衡点却没有现成的工具,更多的时候是用间接的方法来接近复杂关系的平衡点,准确拿捏是困难的事情。人们对如何处理好家庭与事业的关系有着丰富的讨论,在现实中还有对于家庭事业兼顾的赞誉,可见大家十分推崇妥善处理家庭与工作关系的能力。但开始工作以后就会发现,兼顾家庭和事业远比想象中困难得多,在人的时间精力有限的前提下,个体不可能绝对地分割工作和生活的空间,特别是在移动办公的环境下,两者之间的边界已经十分模糊,因为工作的内容总是以各种各样的方式闯进个人的生活,个体又无法彻底回避。

在工作中,人们会发现一些人准时下班,只做规定的工作而不肯做与工作不相干的事情;有些人为了把工作做好,把大量的生活时间变成了工作时间,甚至模糊了生活与工作的边界。应该说这是处理工作与生活关系中的两个极端,更多的人是试图寻找两种状态的中间态,尽量做好工作,也尽可能照顾好家庭,不至于为了一方面将另一方面置于不管不顾的境地。在寻找工作与生活平衡点的过程中,我们会发现平衡点是动态的,某天准时下班是合适的,但当有重要工作的时候就需要优先保证事业的发展,因为一个人不能没有生活而只有事业,也不能只有事业而没有生活,两者在个体的发展中相辅相成、彼此促进,生活可以让工作更有意义,而工作也可以让生活充满希望。

2. 增强平衡感

骑过自行车的人都知道,掌握平衡是学会骑车的关键,但当你询问掌握这项技能的人什么是平衡感的时候,对方通常不知道怎么回答,这似乎是一种只可意会不可言传的知识,具体的分寸需要根据实际情况来确定。人们在处理工作与生活的关系时,可以用分析的方法将某种情形中的关系以条理的形式呈现,这可以将主要的因素明确,而分析也意味着对真实情形的分解,正如人身体各器官的功能是以整体机能为前提,再灵巧的双手一旦离开人体便失去了其功能和作用。人在工作中处理各种关系、情境等是以主体的经验为基础,以价值判断为依据,以取得的成效为标准,一个热爱自己工作的人不会因为把大量的时间精力投入工作而不满,尽管在生活中失去了一些闲暇的时间,但他会认为这是有价值的。

平衡感是基于客观的主观感受,一个人在职场中能平衡好多种利益关系是成功的关键。现实中,职位越高,对平衡各方的要求也越高,有人的地方就有利益,有利益的时候就有冲突,人性决定了每个人都是利益的追求者,如何进行利益分配就是平衡的关键。尽管大量的制度已经制定,帮助规范各种利益的分配,但在组织的发展中,既得利益者总是不肯将已经得到的部分让渡,这就需要改革,而改革就是利益的再次分配。这样的现实十分考验领导者的智慧，一些领导做"佛爷"，睁一只眼闭一只眼，只要自己的利益得到保障、大的局面稳定就可以了；而也有一些领导为了组织的利益而推动改革，以做大蛋糕的方式鼓励创造者。一个人要在职场中增强平衡感，就是要分析多方的利益关系，以组织的发展为出发点兼顾其他，在发展中获得持续的稳定。

3．适应不平衡

《红楼梦》中有"但凡家庭之事，不是东风压了西风，就是西风压了东风"的说法，强调了发展中力量的此消彼长，不让双方发生正面冲突是家庭管理的重点，能够实现两者的和谐则是理想状态。在荣国府中，长子贾赦和次子贾政存在冲突，最高权力者贾母与实权派王夫人存在冲突，嫡出与庶出存在冲突等，尽管多数时候矛盾被淹没，但矛盾总会积累到一定程度而爆发，这也有了中秋节贾赦当着贾母面讲偏心笑话暗表不满、贾母借邢夫人替贾赦讨要鸳鸯做小妾而指责王夫人的情况，书中还有许多类似的故事，在不经意间书写东风与西风的较量。虽然《红楼梦》只是一部小说，但其对生活细致的描写、对矛盾的艺术表现，都是对现实的高度概括，值得细细品味。个体在大部分时候面临的情形是不平衡的，需要通过自身的调节使其趋向平衡，有人说生活比小说精彩，在很大程度上就是因为现实中的矛盾和不平衡一直存在、一直在较量，需要个体在适应不平衡中寻找相对的平衡。

三、待解决的问题

有人开玩笑讲，人就是个麻烦，所有的问题归根到底都是人的问题。这样的观点或许有夸大的嫌疑，但也指出了以人为价值尺度带来的后果，凡是对人类发展有利的就是资源，对人类发展不利的就是问题。在人类社会中，基于个人的视角也是如此，对自身有利的是发展的条件，对自身不利的便是问题,更何况人的需要多种多样、无穷无尽,这也导致了人要解决的问题没有尽头。什么是问题？不同领域的人会有各自的答案。一般而言,问题是个体或组织要面对的情形,情形中存在需要完善或改进的地方,而解决问题就是补齐短板、使特定的情形得以完善的过程。在工作和生活中,人们一直处于解决问题的状态,只是不同情形的复杂程度不一样,这使得解决问题有了容易或困难的差别。

职业发展中,个体面临的问题是综合的,可能是个体自身的问题,也可能是岗位内容的问题,还可能是社会发展中的共性问题,个体想获得发展就需要解决问题,个体解决问题的能力在一定程度上就是职业发展的潜能,解决问题能力越强代表着越多的发展可能,解决问题能力越弱则代表着发展的阻碍越多。个体解决问题的能力不是天生的,而是在后天的学习工作中不断获得的,具有综合性的特点,特别是在专业领域,个体是基于专业知识技能解决系统工作中存在问题的过程,需要学习掌握一定的专业内容,并具有操作专业技术的经验,从新手到老手就是解决问题的段位升级。

1. 关键：问题思维

爱因斯坦说,提出一个问题往往比解决一个问题更重要,因为解决问题也许仅仅是一个教学上或实验上的技能而已。不论是提出新的问题,还是从新的角度去看旧的问题,都需要有创造性的想象力。他从科学发展的视角强调了提出新问题对整个领域发展的价值和意义,这是创新发展的关键一环,实际上多数的人是在进行重复性研究,开创性的内容是稀缺的,造成这种局面的原因一定程度上是缺乏问题思维。照顾过小孩子的人都有这样的经验,3～5岁的孩子总是有问不完的问题,对不让他做的事情他会问为什么,有时候他还会质疑一些常识性的内容,前者或许是容易回答的,后者则是比较难回答的问题,为什么1加1等于2而不是其他,对于这样的问题,数学家都在苦恼,至于普通人也只能用举例的办法来为孩子解答。从教育的场域转变到职业的场域,对个体的要求有了不一样的变化,工作不仅要发现问题更要解决问题,在问题尚未扩大或产生不良影响时发现并解决它是优秀员工的必备品质。

2. 方法:行动策略

科学家关注新问题,但企业家更关注如何把新发现的问题以最优的方式解决,获得市场经济回报,这要求职场中的人不仅要发现问题,更要解决好问题。发现问题、分析问题、解决问题,是问题管理的逻辑,解决问题需要的正是行动,通过行动来检验解决方案的有效性。有了问题,应该以省思为主还是行动为主? 有的人认为,如果自己在职业发展中出现了问题,应该好好反思整个过程,想好后续的对策;而有的观点是当个体职业发展受阻或出现问题的时候,多数人的情绪状态是不佳的,过分地省思未必是好事情,容易否定自我和环境,可能会进一步放大不良情绪,应快速地采取行动,通过新的行为策略特别是有正反馈的行为来帮助个体走出发展的困境。所谓时间是治愈痛苦的良药,其实时间只是表现,关键还是人们在时间的流逝中有了新的行动和情境,在不同情境的转换中覆盖原本的情绪状态。

3. 核心:自我水平

问题与人的活动及人性关联,当人们不能消灭自己也不能改变人性的时候,便只能通过了解人与问题的关系来获得发展。有人的地方就有问题,解决了老问题,新问题也会随之而来,更何况一些根本且关键的问题,本身十分复杂,解决问题是一项系统性的工程。如研究职业教育的人知道,产教融合、校企合作是职业教育作为一种类型教育的重要特征,也是学校办学、人才培养、社会服务等的重点,但教育与产业"两张皮"、学校和企业难以深度合作等问题一直没有得到妥善解决。专家从多维度进行分析并给出对策,尽管政府、行业、企业、学校多方发力试图有新的突破,但直到现在依旧没有达到人们的预期,这个问题依旧困扰着职业教育的发展。产教融合之所以难，很重要的一个原因是职业院校与行业企业之间的不对等，这也启发组织和个人应该通过增强自己的实力来获得与其他组织或机构的合作。一个人的发展也是如此，解决问题的能力是由个体的水平决定的，问题就犹如一个弹簧，"你强它就弱，你弱它就强"。

4. 指向：相信未来

面对记者，邓小平就中日邦交正常化以及中日和平友好条约涉及的一些问题表示："这样的问题放一下不要紧，等10年也没有关系。我们这一代缺少智慧，谈这个问题达不成一致意见，下一代比我们聪明，一定会找到彼此都能接受的方法。"国家如此，组织及个人也是如此，面对暂时不能解决的问题，一则是选择延缓的办法，特别是可以将一些并不紧急的问题搁置一边，大环境的变化可能带来发展的转机，通过科学技术、政治经济、教育文化等的发展解决原本难以解决的问题；小环境在时间的作用下，也可能发生改变，将原本不能解决的问题解决，或将原本不能很好解决的问题妥善处理，这便是发展带来的影响。二则是后来者可能带来新希望，所谓一代人有一代人的责任和使命，个体在不同的岗位轮换中可能因为后来者带来新的契机，问题会被解决，只是不是自己解决罢了。

问题没有解决的时候是问题，而问题一旦解决便是个体成长的垫脚石，不用畏惧问题，因为出现问题是人生必经的，解决了便是"柳暗花明又一村"。

四、人职匹配

人职匹配是现代人才测评的理论基础，是强调人的个性特征与职业性质一致的理论，对现代企业组织管理有着深刻影响，也是个体职业生涯发展应遵循的基本原则。人类进入工业社会之后，社会人员流动频率加快且频次增加,这与传统的熟人社会用人主要依赖于推荐的方式不相适应,而是需要用方便简洁的方式快速遴选出适合岗位的人员。在这样的社会背景下,人职匹配的理论研究和实践持续深入,逐渐成为人力资源管理中的经典内容。

人职匹配从职业性质和个性特征两个方面出发。一方面,不同的工作因内容、环境、保障等的不同呈现出不同的特性,诸如一些工作以注重体力而一些强调智力,一些工作以与人沟通交流为主而一些以实践操作为要;另一方面,不同的个体因遗传、教育、环境等的影响,形成了鲜明的个性特征,例如一些人喜欢热闹而一些人喜欢安静,一些人擅长理论分析而一些人热衷动手操作等。

可见,在职业世界中,工作是多种多样的,而人也是千差万别的,如何找到适合的彼此,成为职业发展面临的首要问题。如果一个人不对自身及职业进行系统分析,而是盲目地选择从事的职业,则在适应工作岗位、推进职业发展中容易出现难以适应、无法喜欢的状况,而重新选择职业或岗位需要再次投入时间精力等方面的成本。相反,如果个体求职前或者企业用工前对自身的情况进行系统分析,则选择时可以有倾向性而避免盲目性,进而提高个体求职及组织用人的有效性。

1. 人事相宜

MBA智库词条中人职匹配的基本理论认为,不同个体有不同的个性特征,而每一种职业由于其工作性质、环境、条件、方式不同,对工作者的能力、知识、技能、性格、气质、心理素质等有不同的要求,所以,在进行职业决策时,应选择与个性特征相适应的职业。找到适合的职业对每个人都是一种理想的状态,个体能够找到与自身能力相匹配的职业不仅受自身因素影响,还受经济社会发展大环境的影响。为了避免优秀的人无法获得适合的岗位或没有能力的人占据重要的位置,需要针对个体的特性与岗位的属性进行匹配。

在职业发展中，个体获得与自身相适应的工作是职业发展的重要基础，这可以帮助个体最大限度地发展自身的潜能和价值。现实中，个体找到适宜的工作并非易事，一是需要个体充分认识自身的特性，知道自己喜欢什么、适合什么、能够完成什么，而认识自己是个相对主观的过程，可能存在不准确或错误的情况。二是在职业世界中获得岗位信息不是自然而然的，需要个体以一定方式进行筛选，找到自己倾向职业的关键信息，特别是在信息化迅速发展的时代，各种信息充斥着网络，这对个体的判断提出了更高的要求。三是个体要在职业发展中实现人事相宜，在认清自己的基础上寻找到与之匹配的职业信息、岗位内容。

2. 事求圆满

在分工越来越细、岗位要求不断提高的背景下，企业选择适合的人，意味着工作内容获得保障。现在的就业市场出现了"就业难"与"用工荒"并存的局面，一面是大量的高校毕业生无法找到满意的工作，一面是企业找不到合适的员工，人力资源的供应与需求出现不匹配的状况，这样的局面需要以市场为导向，避免学校培养的人才与行业企业发展的需要脱节。在用人的时候，如何在众多的求职者中选择出符合工作需要的人，是对企业人力资源管理的考验，尽管生产一线已经可以让机器替代简单、机械、重复等的工作，但核心技术和管理依旧需要优秀的员工来完成。这需要企业在人才招聘中更加清晰地描述工作要求，并借助一些客观的指标进行筛选，诸如一些企业会用求职者的学历、证书、经历等作为门槛进行筛选。

优质的工作需要高水平的人来支撑，没有一流的人才很难提供一流的产品或服务，在高质量发展过程中最为关键的是人才。从用人单位的角度分析，选人用人实质是"活找人"，通过分析工作特性来选择与之匹配的人员，不论过程如何，用人单位最终的目的是有适合的胜任工作的人才，事情能够圆满地完成。现代企业的管理越发重视人力资源的开发,储备人才计划成为增强自身发展的有力支撑,对工作岗位的准确定位、科学描述也为企业选人用人提供了条件。对个体的职业发展而言,人不论身处何方都应该以自身的职业能力为要,即使因为各种原因获得了优质的岗位,想持续拥有并发展仍需要通过工作能力来保障,因为能力永远掌握在自己手里。

3. 人尽其才

人们常说,是金子到哪里都会发光,可这是以金子没有被埋没为前提的,个体的才能只有通过得到与之匹配的工作才能最大限度地发挥价值。现在的社会竞争压力越来越大,每个人都在卯足了劲"奔跑",都希望获得更好的发展机会,展现更加精彩的人生。

人尽其才说到底就是人找到适合的工作,这是一个"人找活"的过程。人的发展不仅受自身个性特征的影响,也受外部环境的影响,个体寻找适合自己工作的过程需要投入时间和精力,一个人寄希望于一次就找到适合自己的工作或岗位是不易的,很多时候需要尝试后才知道从事的工作是否适合自己。个体的才能需要通过自身的努力来体现,这也是最根本最主要的路径。每个人都可以选择勤奋努力,但却无法保证能遇到赏识自己的人,这在某种意义上是偶然事件。不论怎样,个体想最大限度地展现自己的才能就需要选择合适的平台,并持续努力,这是可选、可控、可能的部分,至于其他则是顺其自然。

五、360 度评估

学几何的时候,大家懂得了 90 度是直角、180 度是平角、360 度是周角,在二维空间上,360 度已经是极限,这也是对一条射线运动一周后的几何表达。从几何中的 360 度到企业绩效考核的 360 度评估,是一个从客观世界到理性世界的转变过程，360 度的内涵已经发生了根本性的改变，在组织管理中，360 度评估是评价维度多元化的表达。在工作生活中，强调兼听则明、偏信则暗，也是在阐释个体形成判断的过程中应兼顾多方利益主体的表达，在信息来源上实现畅通和多元，以此保证结论的可靠。

在职业生涯规划中，个体澄清自我认知是做出科学职业决策的基础，在借助测量工具的同时，也可以通过身边主要相关人员的评价来认识自己，往往外部的评价更能够让个体深刻地认识自我，因为测量结果是理性分析后得出的静态结论，而他人评价是基于评价对象连续行为做出的综合反馈，更有助于个体认识自身根本性的特点。根据外部评价对象的不同，一类是亲密人员评价，诸如父母、配偶、子女、朋友等，另一类是职场人员评价，主要是领导、同事、下属、顾客等，其中自我评价是个体认识自己最基础的部分，也是建构他人评价的起点。

1. 自我评价

自我评价是个体认识自己的出发点和落脚点，只有对自身进行客观的认识才会知道自己能够做什么、能够做成什么，这是个体职业发展首先需要解决的内容。自我评价是个体产生自我效能感的基础，这直接影响个体发挥自身的潜能，是实现职业发展目标的内在动力。当个体能对自我进行客观评价时，意味着个体知道自己发展的方向和范围。既然是评价，则是对个体做过的事情，以及当下个体的特性、能力、资源等的综合评价。在与朋友交流时，我曾向他发问，工作之后如何评价自己大学的学习生活，如果最满意的状态是 10 分的话，给自己打多少分。他给我的结论是打 5 分，其中得分项是离家独自生活，为自己的勇气和改变加 2 分；坚持求学、考研加 2 分；参与校园活动和锻炼加 1 分。失去的 5 分主要是因为健康习惯储备不够，学习不够勤奋、不够广泛，参与的社会锻炼不够丰富。

2. 亲人评价

亲人是个体基于血缘构建起来的社会关系网,其中父母、配偶、子女、外祖父母及其他重要的亲人,在对个体做出评价的时候有更高的准确性,因他们参与了个体的成长或者共同经历了个体成长的重要事件。其中父母的评价是个体认识自己的重要途径,因为多数人是在父母的照顾下长大成人,可能自己已经忘记童年时一些行为或经历,但父母却是重要的见证者、观察者。有人说,今天的我们就是父母从小到大评价出来的结果,父母以正面评价为主,孩子会自信和豁达;以负面评价为主,孩子会自卑和怯懦;从正面负面结合起来评价,孩子会客观和理性。其科学性有待专家学者论证,但父母对子女的评价将影响其一生的发展是肯定的。当然,亲人对个体的评价也存在因关系密切而夸大的可能,诸如天下父母会认为自己的孩子是最好的,将这样的观念带入对子女的评价就可能影响评价的客观性。

3. 朋友评价

朋辈是个体成长中重要的力量,个体许多社会行为及文化的获得正是从朋辈而来的,朋友作为个体朋辈的主要部分,是个体观念形成、人际交往、社会支持等的来源,特别是个体进入青春期以后,许多人的倾诉对象从家人转向了朋友,这期间朋友的评价对个体自我认知的形成发挥着重要作用。人与人能成为朋友,一方面,与具有共同经历、相近价值观等有直接关系,因为相似性强化了彼此之间的关系,这为双方做出的评价提供了可信的基础;另一方面,个体之间的互补性也可能使他们发展成朋友关系,双方可以在交流互动中获得自身不具备或不擅长的内容,从这个角度给出评价,特别是关于自身需要提高的内容。随着教育普及化,个体主要的朋友关系是在读书期间建立起来的,因为彼此有相同或相近的求学经历,存在较小的竞争关系,这也成为许多人朋友的来源。

4. 上级评价

网络上流行着几句话，一句是"说你行你就行，不行也行"，另一句是"说你不行你就不行，行也不行"。很多人把它应用到职场，说上级领导对下级的评价直接影响着其发展。或许在一些组织内存在这样的情形，但在多数职场中，领导对下属的评价是基于工作能力的客观评价，可见，不能因为一些特例而全面否定，能走上领导岗位的人大多数是因其领导水平、工作能力获得晋升机会的。在职业发展中，个体也会更加看重领导对自己的评价，上级评价具有较强的引导性，一方面，领导对下属的评价是谨慎的，一般不会随便对其做出评价性的描述，特别是在公开场合更具有表征意义，在职场磨砺过的人通常认为，在公开场合的表扬或批评是领导对该人的重要评价；另一方面，上级评价影响个体的职业发展，得到领导认可意味着发展机会，受到领导否定意味着工作的不被认可，这也是很多人努力工作、追求表现机会的原因。尽管人们常说，不唯上，不能迷信权威、领导等的观点或评价，但在这个权威无处不在的社会里，人们几乎无法逃脱上级评价的影响。

5. 同事评价

所谓的同事就是共同做事的人，是职场中个体处理人际关系的主要对象，一些职场畅销书常会讲个体要谨慎对待同事，做人做事要世故机敏，不是说他人不可靠，而是因为同事之间最主要的关系是竞争，日常可能会一起做事，但在机会面前则是竞争对手。正因如此，同事之间的评价更能引起个体的关注，这是由评价者和被评价者关系决定的，没有人不在乎竞争者的评价。例如，同事说自己在参加一项心理培训，有"别人眼中我的优势"的内容：他人眼中我的优势是什么？特点是什么？在回答这个问题时心情怎样并说明为什么。我给出的回复是他的优势是具备良好的问题识别能力和问题判断能力，能够有条理地完成各项工作；具有坚毅的性格，能够通过自己的努力克服困难；具有清晰的追求目标，知道自己期待和想要的东西；特点是冷静、有条理,坚毅、有主见。评价过程中我的心情很平静,因为我跟他一起工作了很久,自认为比较了解他。

6. 下属评价

在组织管理中,下属较少有机会评价上级,这是官僚体系衍生出的职场文化。下属评价根据场景及形式主要分为正式评价和非正式评价。正式评价是组织内部评价过程中,个体以民意测评、组织谈话、投票等方式进行的评价,其中是否匿名直接影响下属对上级评价的真实情况。在非匿名的情况下,下属对上级的评价以正面为主,一般不会给出负面评价,只有在特殊的情况、对特殊的关系才有可能进行真实的评价。而非正式的评价主要是在非公开场合或者下属小群体内部对领导进行的评价,多数下属对上级真实的评价是在非正式评价中完成的。以传统观念看,个体应该不惧权威,以对人、对事、对组织负责的态度客观地评价上级,但受到权力、利益等的影响,个体通常会选择部分客观的方式评价上级,在不违背主流社会伦常的前提下选择权宜之策。

六、平衡轮

平衡轮是生涯管理中一项常用的工具,杨长征与王小丹合著的《一生只做八件事》一书详细论述了个人、家庭、事业和社会等四个领域的八个方面构成的一个圆轮。尽管人生有多重角色,在不同阶段会有不同的任务,但概括起来人的一生主要是围绕几个主要方面展开,这些方面共同影响着人生的前进速度,任何一个方面的缺失都会使整个系统失去平衡。在人的一生中,个体应该兼顾好家庭、事业、财富、休闲、健康、发展、朋友、爱情等八个方面的内容,这些内容相互关联、彼此影响、共同构成人生的图景。

1. 家庭生活

每个生命都是从家庭开始，在家庭中完成初始的社会化，在学校、单位、社会等场域中不断加深社会化程度。在前文中，已经多处论述了家庭对个体发展的影响，强调了家庭对个体人生的价值，这里再次讨论家庭生活对个体职业发展的意义，主要集中在社会支持、生命意义等方面。一方面，家庭是个体最基本的社会支持，家庭关系也是个体社会关系构建的核心，是个体追求人生理想、获得事业成功的关键支持。另一方面，家庭是个体获得生命意义的重要场所，人的一生都会经历生老病死，而最能让人深刻体验生命内涵的事件，对多数人而言都是来源于家庭，不论是为人父母的新鲜体验，还是至亲至爱的离世，都会让个体深切体会生命的意义。良好的家庭生活能够帮助个体拓展生命的厚度，也有助于领会生活的真谛。

2. 事业发展

事业是个体社会价值的集中体现，也是维系生存生活的条件。个体没有顺遂的事业则很难获得人生的幸福，中国人历来强调成家立业对一个人发展的重要性，能够取得一番事业是对个体能力最大的褒奖。现代社会中，多数人都需要参与社会分工，成为整个生产体系中的一员，职务的晋升、权力的获得、声望的扩大、财富的积累都是以事业发展为基础的，可见事业发展对个体的影响。但需要注意的是，越来越多的人为了获得事业的成功而忽视了其他方面的发展，在短期内这可能是最优的选择，然而一个人事业发展的持续动力来源是多维度的，需要个体兼顾好事业与家庭、健康等的关系。事业尽管重要却不应该是人生的唯一，个体还有很多方面需要去尝试和拓展。

3. 财富情况

财富的内涵宽广，主要涉及存款、股票、基金、房产、首饰、文玩、古董等，这些也是主流社会衡量个体财富的主要指标。财富自由是很多人不懈追求的目标,事实上多数人在为"稻粱"谋,能够成为社会群体的中等及以上者已经十分不易。在改革开放的背景下,中国人的财富快速积累,房地产的发展更是让不少人在短期内成为资产百万的群体。从生命的意义看,财富不是也不能成为人生的唯一追求,但财富在很大程度上又反映了个体的能力和社会价值。多数情况下,个体的能力与财富积累呈正相关,也与个体创造的社会价值正相关,这也是很多人选择用财富来衡量一个人的原因。人与人的互动往往也是以利益为核心而展开的,而利益的指向多是财富。

4. 娱乐休闲

人生之道,亦张亦弛。在发展的过程中,个体会面临压力和挑战,需要全力以赴、竭尽所能,但一个人不可能长时间保持在高负荷的状态,需要通过娱乐休闲的方式来释放苦闷、缓解压力。在生涯彩虹图中,休闲者是个体一生中需要扮演的重要角色,然而家庭和学校多数对如何休闲并不关心,很多时候还会认为这是不务正业、贪图享乐。个体能够培养自己的兴趣爱好、在娱乐活动中保持愉悦的身心,对持续的发展十分必要。一则是因为个体热爱生活且能够感受生活的乐趣,才愿意为生活努力,很难想象一个较少体验生活乐趣的人,会愿意为过上幸福的生活努力;二则是因为休闲娱乐是生命的重要组成部分,也是缓冲压力事件的主要方式,如同缓冲地带一样,给个体的发展留下了回旋余地和其他的可能。

5. 身心健康

身体是革命的本钱,也是一切社会行为的基础。现代人对健康的定义不仅包括身体健康,还包括心理健康,两者共同构成健康的内涵。在身体健康方面,个体需要保持良好的生活作息、饮食习惯、运动锻炼,但随着职场压力的增加,以及电子产品在工作生活中的广泛使用,很多人越来越"宅",身体素质面临多方的挑战。在心理健康方面,随着工业文明的发展,人们开始集聚在狭小的空间,远离乡野自然,花更多的时间去面对没有生命力量的环境。有关机构的数据显示,有心理问题的大学生数量逐年增加,一方面为学校带来了巨大的管理压力,另一方面也反映了现代人心理健康水平呈下降趋势。可见,个体保持身心健康是人生发展、事业成功的重要前提。

6. 个人成长

人们对世界的认识,需要在社会实践及育人互动中不断澄清。个人的成长在外部主要反映在其在社会群体中的位置,在内部主要是对自我的认知、社会的了解等方面。不同的个体对什么是成长有着不同的观点,但这并不妨碍成长带给人们的价值和影响的认定。在外部成长方面,个体需要社会标签、资源调动、关系构建等来支撑,如一个专业技术领域的人获得高级职称意味着个体本身达到了一定的技术水平,也是社会对他成长的认可;在内部成长方面,个体之间存在较大差异,更多的是以纵向的维度来说明个体的变化,而这些变化正是个体成长的记录。生命的价值不是来源于持续的积累,而是取决于不断的成长,成长的过程才是生命的价值所在。

7. 社会交往

家庭、单位是个体社会交往的主要地方。在个体成长的过程中,朋友是同行者,更是支持者,很多人的发展都与朋友的支持相关。当然,一些人喜欢与人交往,会结识许多朋友,而一些人喜欢独处,身边只有少数的朋友,朋友的数量并不能完全说明一个人的交往能力。尤为核心的是朋友之间交往的质量,以及对个体发展的正向影响,有人说,真正的朋友未必是经常一起吃喝玩乐的人,你有困惑时可以帮你分析、有困难时愿意帮助你解决、有成果的时候祝贺你、失败的时候鼓励你的那群人才是真朋友。诚然,社会交往不是以数量、频次为主要衡量标准,而是以彼此之间的影响深刻程度来评判。

8. 爱情圆满

在合适的年龄和地方遇见喜欢的人,这是圆满爱情的必备条件。在不同的发展阶段,人们对待爱情的态度也不一样,读书时候的爱情会更纯粹,而工作之后的爱情会更现实,不论怎样,爱情都是人生的重大议题。从社会发展、种族延续、家庭传承、基因保存等方面看,个体必须与异性结合才可能实现这些目的,这既是本能也是社会中亲密关系建立的基础。有人说,爱情是不可缺少的,但它只能是推动个体前进的加速器,而不能是工作、学习的绊脚石。爱情是最为典型的一种亲密关系,这种关系也是支持个体发展的关键因素,尽管不是所有的爱情行为都会发展成为婚姻关系,但良好的婚姻关系必须以爱情为基础,圆满的人生需要圆满的爱情。

七、留下缓冲地带

做事讲求留有余地,凡事不做绝,所谓人情留一线,日后好相见,这也是用发展思维来看待人、事、物的一种应用。一个人今天弱小并不代表他未来也弱小,一个人今天强大也未必永远强大。优秀的职业生涯规划会针对不同阶段采取不同的策略,针对远景目标采取搭框架的方式,针对近期目标则是制定具体行动指南。在目标管理中,对不确定的内容应留下较多的自由空间,以此应对可能发生的事情。

在职业生涯中,不论是制定职业生涯规划,还是职场中做人做事,个体应该根据具体的情形给自己留下缓冲地带,为发展的多种可能性提供空间。在复杂理论看来,人、事、物是复杂系统的产物,人们对其了解是有限的,不确定因素的作用更是扩大了发展的其他可能,这也使得个体在对事物下结论时不宜给出绝对的结论,而应给出相对性的结果和特定情况下的结论。有人会思考,这难道不是"老好人"型的策略吗?没有绝对只有相对,只有测不准没有测得准,误差永远存在,在人的认知中可能很难接受这样的事实,但实际上这个世界就是如此,人类对其认识的只是一部分,这要求个体做人做事要常怀有其他的可能性。

1. 认知：其他可能

人性是复杂的，没有绝对的好人，也没有绝对的坏人；好人也有做坏事的时候，坏人也有做好人的地方，简单地把一个人归为好人或坏人是有问题的。在成长过程中越是心智简单的越爱憎分明，随着心智的发育，个体逐渐会发现简单的二分法是有局限的，二分法只是认识世界的一种方法，用二分的工具一直分下去就会出现无数的情况。可见，个体在职业发展中，应该保持一种开放的心态，坚持用发展的思维对待身边的人和事，反映到具体策略上就是做人做事给自己留有余地。事实上，经验丰富的个体之所以能够应对工作场景中多种情况，是因为他们看到了多种的可能。

2. 重点：拓宽边界

有人说，知道得越少越坚定，越觉得自己有知；而知道得越多越灵活，越觉得自己无知。这样的观点未必严谨，但还是反映了现实中的一些情况。当了解得不充分的时候，人们更容易把自己知道的内容理解为绝对的正确，很多事情看上去简单但实则十分复杂。不论是企业还是事业单位，在招聘程序上大都是公正客观的，但实际上社会关系复杂、可调动资源多的人有更多的机会。古往今来，凡是人参与的事情，不论怎样客观都有主观的成分，制度能最大限度地控制主观因素却不能将其消灭。个体要想对从事的工作、生活的社会有更全面的认识，就需要不断地拓展自身的认知，这样才能更深刻地感受到生命在时间维度中是有限的，但就生命的境界而言则是无限的，需要持续不断地提高自我。

3. 内容：备选方案

每辆汽车后面都有备胎，为的是遇到突发情况时可以及时更换而不影响继续前行，尽管用到这些备胎的机会不多但其价值却十分明显。在职业生涯规划中，个体进行职业决策时，也是在多个职业目标之间进行选择，当第一目标无法实现的时候,个体还有其他的方案可供选择。在职业发展中,个体要专注一个领域,培养绝对的实力,但也需要考虑拓展相近或相关方面的能力,这样不仅能够提升个体的综合实力,更是可以在一个领域遭遇瓶颈的时候横向拓展。

　　一位朋友初次就业时机缘巧合做了行政管理工作,但他却十分喜欢专业技术岗位,所以工作之余总是和从事专业技术岗位的同事交流学习,结果他的专业水平并没有因为做行政管理工作而降低,而是保持了稳定提升。后来因为单位人事调整,要裁减一批行政管理人员,他面临了职场危机,在与有关负责人沟通后,他因为具有良好的专业技术能力而转岗成功,在专业技术岗位工作几年后,他成为单位的业务骨干,且因为有行政管理经验,他工作的成效十分突出,在中层干部选拔中脱颖而出。在职场中,一路走到底是不错的选择,但很多时候人会因为不可控的因素而被迫改变,这时个体有可行的备选方案就意味着有快速改变局面的条件。

　　4. 策略:留有后手

　　下棋有先手棋,也有后手棋,先人一步占尽优势,后人一步处处为难,很多时候人们想方设法走先手棋,实际上留后手的人同样高明。留后手就是在关键的时候展示出自己超常的能力,可谓是真人不露相、露相不真人。当然,很多人不是不想留后手而是没有后手可留,自身的核心竞争力在工作实践中已经显露无遗,这样的状态在竞争的环境中可以获得优势,但却很难保持持久的胜出。在职业发展中,一方面,个体要培养自身的核心竞争力;另一方面,个体在展示自身能力的同时,可以根据需要储备发展能量,在发展的关键时候释放并以此解决职业发展的问题。

　　在很多的文艺作品中都有这样的情形:组织准备提拔一位干部,对照条件,大家认为某位同志是最佳人选,而正式结果出来的时候却另有他人。这样的桥段在文艺作品中十分常见,实际上职场中同样常见,一些人用他人看到的方式为自己获得晋升做准备，而一些竞争者则是以大家看不到、不知道的方式为自己争取机会，实质上这是留后手、用谋略获得成功的方式。

八、协同效应

分工是经济社会发展的产物，也是强化社会系统运行的因素，分工将人与人之间的关系联系得更加紧密，几乎没有人可以脱离社会而独立存在，必须在直接或间接参与的社会分工中相互合作，为实现个体生存发展提供必要的条件。人们相互依赖，每个人都通过自己的劳动对必须生存于其间的超自然的社会系统做出贡献。就个体而言，个体的职业生涯规划是实现人生理想的活动；就社会而言，则是如何有效进行社会分工的具体方案，其中需要充分考虑个体与个体、个体与组织、个体与社会等的协同，以实现个体的优质发展。

协同效应是管理学中的重要理论，强调了组织之间、部分之间相互协作带来的效益增加，主要分为内部协同和外部协同。其中，外部协同主要是指组织或个体之间各自发挥职能，强调组织的独立性，通过协作实现效率的提高；内部协同主要指同一组织内各成员按照组织目标细化分工协作，强调组织内部的治理水平。不论内部协同还是外部协同，其共同特征是通过专业化的分工实现组织效能的优化，理论上分工越细致专业化程度就会增加，同时其生产效率也会提高，但这对分工之后各岗位、各环节、各部分的协调提出了更高要求，只有分工后高效协同才可能实现效应的最大化。

1. 分工协作

伴随越来越细致的分工，人类在较短的时间内构建了一个系统复杂、文明灿烂的社会。工业大生产进一步加快了社会进步的步伐，单从社会中行业、职业的数量就可以窥探社会分工的大势。不论是职业生涯规划还是职业发展指导,这些概念都是工业社会的产物,是在社会分工加剧之际,个体需要在众多的职业中选择一个或若干以适应发展的需求,也才有了相应的理论研究。分工是社会发展的结果,因为个体无法完成社会多样化的要求,这就需要将对应的职能分解成不同的职业或岗位,通过个体或组织的协同来完成。分工提高了社会生产效率,但也使人面临异化的危险,即一个人只从事全部职能中的一部分,而无法接触到全貌,影响了人对事物乃至生活的全面认识,这是对人全面发展的挑战。

在社会服务领域,分工对人全面发展的影响相对较小;在技术生产领域,过于细化的分工导致人全面发展的受损,很多人因为长期在流水线上工作而影响了社会功能的发挥。分工的目的是提高生产效率,让社会有更多的产品和服务供群体使用,但管理者应该认识到分工带来的问题,并通过其他的方式手段最大限度地减少不利影响。在职业发展中,个体就业的过程就是参与社会分工,在做好本职工作的同时应该了解自己参与工作的全貌,并形成对自己工作的定位,通过站在全局的高度审视具体岗位的地位和作用,帮助自己获得更清晰的职业定位;了解岗位之间协作的必要性,在协作中实现自身的价值。

2. 经济原则

社会行为遵循经济原则,不经济的社会生产会在发展的过程中逐步被淘汰。在职业发展中,个体必须做出选择是出于生存发展的需要,以何种策略参与分工协作则是其职业发展的主动选择。从人趋利避害的角度分析,个体的行为总是以有利于自身发展为目标,尽可能避开对自身发展不利的方面,在一些特殊的情况中,会出现对自身不利的选择行为,但很多时候是两害相权取其轻、两利相权取其重的结果。在职场中,群体之间相互协作是达成组织目标的必然选择,但现实中常会遇到部门之间、成员之间相互推诿、互相扯皮的情况,这实质上是以"不作为、不出错、不受罚"的态度来对待工作,组织中一旦形成这种氛围就会对组织目标的实现产生不好的影响。

经济原则在市场主体中表现得更优,因为盈利是企业组建时的主要目标,企业会主动选择经济的行为参与市场活动;而非营利性的组织因其特殊的属性,容易出现不经济的行为,例如事业单位的收入主要由财政支付,根据行政事业单位预算管理的有关制度,一些单位会为了花钱而花钱,导致财政资金的利用低效或浪费。事实上,从个体持续发展的角度,不论是组织还是个人的行为都是经济行为的产物,但个体与组织之间会存在冲突和矛盾,这需要制度等规范个体及组织的行为,避免一方对另一方利益的侵占,导致不经济的行为后果。

3. 共同发展

经济社会发展带来的便利可能是从服务少数人开始的,但在市场化的作用下,这些便利终将成为多数人可以使用的产品或服务。分工协作的初衷正是提高生产效率,以更多、更优质的产品来满足市场的需求,个体在职场中也会参与组织目标的实现并享受其带来的益处。人们在工作中时常会抱怨自己做的工作最重要、工作量最大、成效最显著,但最后却因为分配制度或者管理的原因导致自己不是受益最多的人,在一定程度上,其付出产生的效益被再次分配。但从分工协作的角度看,这是因为各组织、各部门的有效协作实现了参与者普遍的获益。中国坚持的是中国特色社会主义道路,在发展过程中更加注重全体人民的发展,共同富裕是追求的内容,事实上群体之间收入差距的缩小对多数人是有益的,因为这更有利于构建和谐稳定的社会。

一个社会的和谐稳定会为所有人带来发展,从古人的大同社会到中共中央、国务院支持浙江高质量发展建设共同富裕示范区,指出共同富裕是社会主义的本质要求、人民群众的共同期盼,强调"改革开放以来,通过允许一部分人、一部分地区先富起来,先富带后富,极大解放和发展了社会生产力,人民生活水平不断提高"，这是经济社会发展到一定程度、一定阶段后的结果，没有前期持续的建设发展就没有建设共同富裕示范区的基础和条件。共同发展的内涵对国家、地区如此，对一个企业、单位甚至自身也是如此，正是在群体普遍发展的情况下才能实现更高质量、更高水平的共同发展。这也彰显了个体在职业发展中选择一个优秀单位、团队对其自身发展的重要价值。

九、行稳才能致远

君子居易以俟命，小人行险以侥幸。品格高尚的人安于现状而等待天命，品格低下的人铤而走险而企图非分之想，用冒险的方式试图得到不属于自己的东西不是长远之计，也无法支持一个人的持续发展。一个人能安于现在所处的地位，并努力做好应当做的事情，即是坚持"君子素位而行，不愿乎其外"，在行稳中致远，在致远中有成。人的一生充满了不确定，每个人都是边学边做，在不断适应中塑造自己。尽管"稳"字里有个"急"字，但人成长的过程却是一个慢过程，急不得，且急难成事，获得一些成就的人都是在稳扎稳打中淬炼自己，提高自己，成就自己。

在职业发展中，行稳致远对个体而言是一个总要求，一个人要想走得远，必须随时看清外在的环境变化，并采用适宜的方法。一个人发展的速度是内外多因素作用的结果，在内部受个体的个性、能力等的影响，在外部受政治、经济、技术、文化等的作用，个体的职业发展只能顺势而为、稳字当头，在个体与环境的相互作用中获得发展的机会，实现个体的成长。稳对个体的发展而言是基础，是环境，更是条件，没有稳定的状态则很难获得持续的发展。翻看中外历史不难发现，一个国家想发展就必须有稳定的环境，在这样的条件下才能够进行其他方面的建设，也才能有更多的精力创造新的业绩。

1. 稳中有为

稳是前提，但不能为了稳于某种状态而不作为。在人的一生中，多数人追求的是安稳的生活、稳定的工作、稳妥的品格，为人父母的更是如此，父母往往一再地表示不求子女大富大贵，但愿健康平稳地度过一生。为什么大家对稳定的工作和生活有着强烈的认同？一是纵观人类社会发展，和平而稳定的发展状态是短暂的，世界很多时候处于战争、瘟疫、饥饿、贫困等状态，人在不稳定的社会环境生存会面临巨大挑战，想做成事业更难。二是个体在稳定的环境中可以更充分地发挥自身的才能、追求个体的理想、参与社会建设并最大限度地实现人生价值。三是个体形成一种稳健的做事风格是人生发展的宝贵财富，也是应对外部持续变化环境的关键，性格稳健的人更容易获得稳定的生活。

稳定是人们追求的一种状态，但这并不意味着要为了稳定而稳定，放弃原本应该或必须变革的内容，一些组织或个人常常因为贪图一时之稳而因循守旧，结果错失发展时机而给组织和个人带来发展的困境。在职业发展中，个体在保持整体稳定的情况下应积极作为，争取、创造发展的机会，为个体获得更大更好的平台持续努力，这才是稳中求进的本义。一个人的工作环境、工作状态、工作能力几年、几十年不改变，就很难说这个人的职业发展是优质的。优质的职业发展就是在不发生重大变故、不产生不良影响等状态下，根据自身的职业发展目标采取有力的行动，实现自我有为与有位的统一。

2. 稳中求进

在稳定的发展环境下，个体的重心应该在把握节奏、争先进位，实现自身的进步和发展。任何发展都很难做到匀速前进，不论是组织的发展还是个体的发展都不例外，应该遵循该快则快、宜慢则慢的原则。从人的初始动机看,发展得越快越好,但是发展得过快则意味着有超速的风险,很多时候人们会为了速度而牺牲质量,表面是实现了进步,但这样的进步为后续的发展带来了风险;当然,也不是说慢就不存在问题,速度过慢则会影响参与者的能动性和积极性,使得个体失去对发展的信心。最佳的状态是在保持大局大势稳定的前提下,以适应环境和自身的速度发展,这是稳中求进的本义。

曾国藩是清末有名的人物,但他在仕途发展的早期并不顺利。在学习上,他并非天资聪颖的人,能够取得成绩靠的就是稳扎稳打,靠强大的意志不懈地努力,最后实现了自身的蝶变。曾有一个故事讲,一日晚上,一个梁上君子进入曾国藩的房间行窃,本想着等他把文章背完之后再行动,结果小偷把一篇《岳阳楼记》都听得可以默背了,而曾国藩却还没有背熟,最后小偷忍受不了困意,从房梁上跳下来了结了这次行动。当然,故事的真实性已经不可考证,大概率是后人附会的材料。但这反映了一种观点,就是一个人不必与别人比速度或争先后,最好的方式就是根据自己的节奏发展,以自身可承受的状态来谋求发展。

3. 稳中提质

党的十九大明确我国经济已由高速增长阶段转向高质量发展阶段。这是党中央对我国发展做出的新判断,影响着经济社会的方方面面,高质量发展成为各行业各业追求的目标。当整个社会都在追求高质量发展的时候,个体对高质量发展的追求也成为必然,这对个体职业生涯规划、职业持续发展提出了更高要求。以职业教育领域为例,中共中央办公厅、国务院办公厅印发《关于推动现代职业教育高质量发展的意见》《关于深化现代职业教育体系建设改革的意见》等文件,推动职业教育高质量发展。从认识层面看,质量是一个事物之所是的前提,高质量意味着事物内涵的丰富,低质量则代表着其内涵的偏离。

　　质量是生产活动的生命线，没有了质量，怎样的速度都是徒劳。在职业发展中，稳定是前提，有为是重点，求进是目标，提质是关键，尽管符合质量标准是生产管理的内容，而在职业生涯中几乎没有质量标准，更多的是个体主观认知的结果，但这并不影响质量对一个人发展的价值和意义。保障质量最核心的要义是把握对产品或行为产生的效果、为个体及组织带来的效能，一旦把握住了这一点也就掌握了稳中提质的重点。人们时常讨论，怎样的人生是高质量的人生，怎样的职业生涯是高质量的职业生涯，这是对生命本义的追求，没有也很难有统一的标准，但一个能激发生命能量的人生就是高质量的，能在工作岗位上创造个体及组织认可的价值就是高质量的。提高质量，过有品质的生活，赢圆满的人生。

　　充满变化的人生因努力而精彩，因进步而可期，因高质量而有价值，让个体在尽可能稳定的环境里，采取稳健的措施，遇见更好的自己！

参考文献

阿瑟.技术的本质:技术是什么,它是如何进化的[M].曹东溟,王健,译.杭州:浙江人民出版社,2018.

巴特勒,沃德鲁普.哈佛职业生涯设计[M].赵剑非,译.北京:中国商业出版社,2004.

白金汉.现在,发现你的职业优势[M].苏洪雁,谢京秀,译.北京:中国青年出版社,2016.

鲍里斯.你的降落伞是什么颜色? [M].李春雨,王鹏程,陈雁,译.北京:中国友谊出版社,2018.

蔡垒磊.认知突围:做复杂时代的明白人[M].北京:中信出版社,2017.

陈浩.深度管理21法则[M].北京:民主与建设出版社,2019.

陈作新.留出你过冬的粮食[M].北京:中国时代经济出版社,2006.

杜威.我们怎样思维·经验与教育[M].姜文闵,译.北京:人民教育出版社,2004.

樊登.陪孩子终身成长[M].北京:中国友谊出版社,2020.

费孝通.乡土中国[M].北京:北京大学出版社,2012.

傅佩荣.傅佩荣译解大学中庸[M].北京:东方出版社,2018.

傅佩荣.傅佩荣讲庄子[M].北京:北京联合出版公司,2018.

傅佩荣.傅佩荣谈人生:易经与人生[M].北京:东方出版社,2014.

格雷克.信息简史[M].高博,译.北京:人民邮电出版社,2018.

何萍,陆丹.大学生职业生涯规划与发展[M].北京:经济管理出版社,2018.

弘扬精益求精的工匠精神 激励广大青年走技能成才技能报国之路[N].人民日报,2019-09-24(1).

黄仁宇.万历十五年[M].北京:生活·读书·新知三联书店,2016.

姜振寰.技术哲学概论[M].北京:人民出版社,2009.

杰克·韦尔奇,苏茜·韦尔奇.赢[M].余江,玉书,译.北京:中信出版社,2021.

凯尔希.请理解我[M].王甜甜,译.北京:中国城市出版社,2010.

柯维.高效能人士的七个习惯[M].高新勇,王亦兵,葛雪蕾,译.北京:中国青年出版社,2020.

劳尔.天才也怕入错行[M].游婉娟,译.长春:吉林人民出版社,2000.

里夫金,霍华德.熵:一种新的世界观[M].吕明,袁舟,译.上海:上海译文出版社,1987.

李君如.邓小平治国论[M].北京:人民出版社,中国计划出版社,2016.

论语[M].张燕婴译注.北京:中华书局,2021.

罗斯.新一轮产业革命[M].浮木译社,译.北京:中信出版社,2016.

洛克.把握你的职业发展方向(第五版)[M].钟谷兰,曾垂凯,时勘,译.北京:中国轻工业出版社,2006.

蒙台梭利.童年的秘密[M].马荣根,译.北京:人民教育出版社,2004.

蒲实,陈赛,等.大学的精神[M].北京:中信出版社,2019.

任正臣.职业生涯管理[M].南京:江苏科学技术出版社,2020.

萨克尼克,诺夫门.职业指导:职业生涯规划教程(第 11 版)[M].中国就业培训技术指导中心,清华大学学生职业发展指导中心,译.北京:中国劳动社会保障出版社,2017.

史托兹.逆商:我们该如何应对坏事件[M].石盼盼,译.北京:中国人民大学出版社,2019.

孙子兵法[M].陈曦译注.北京:中华书局,2021.

通识教育规划教材编写组.大学生职业生涯规划(慕课版)[M].北京:人民邮电出版社,2019.

王国维.人间词话[M].北京:中华书局,2016.

王璐,李翠萍,朱秀芬.大学生职业生涯规划[M].北京:高等教育出版社,2018.

王琴.大学生职业生涯规划与指导[M].大连:大连理工大学出版社,2020.

吴康宁.教育社会学[M].北京:人民教育出版社,1997.

吴芝仪.我的生涯手册[M].北京:经济日报出版社,2008.

武市红,高屹.邓小平与共和国重大历史事件[M].北京:人民出版社,2000.

谢尔.过你热爱的生活[M].秦子冰,译.北京:中国轻工业出版社,2004.

《新时代爱国主义教育实施纲要》学习读本[M].北京:人民出版社,2000.

邢以群.管理学(第三版)[M].杭州:浙江大学出版社,2014.

徐小平.图穷对话录:人生可以再设计[M].长沙:湖南文艺出版社,2012.

徐小平.职场新物种[M].北京:新世界出版社,2008.

许晶.培养好孩子:道德与儿童发展[M].上海:上海师范大学出版社,2020.

岳晓东.登天的感觉[M].合肥:安徽人民出版社,2010.

张维为.中国超越:一个"文明型国家"的光荣与梦想[M].上海:上海人民出版社,2014.

张之洞.劝学篇[M].桂林:广西师范大学出版社,2008.

钟谷兰,杨开.大学生职业生涯发展与规划[M].上海:华东师范大学出版社,2015.

朱光潜.谈美[M].北京:中华书局,2015.

图书在版编目（CIP）数据

遇见更好的自己：职业生涯规划的策略选择／王玉
龙著. —杭州：浙江大学出版社，2024.3
ISBN 978-7-308-24404-6

Ⅰ．①遇… Ⅱ．①王… Ⅲ．①职业选择 Ⅳ．
①C913.2

中国国家版本馆 CIP 数据核字（2024）第 028894 号

遇见更好的自己：职业生涯规划的策略选择

YUJIAN GENG HAODE ZIJI：ZHIYE SHENGYA GUIHUA DE CELÜE XUANZE

王玉龙　著

责任编辑	马一萍
文字编辑	蔡一茗
责任校对	陈逸行
封面设计	李腾月
出版发行	浙江大学出版社
	（杭州市天目山路 148 号　邮政编码 310028）
	（https://www.zjupress.com）
排　　版	杭州好友排版工作室
印　　刷	广东虎彩云印刷有限公司绍兴分公司
开　　本	710mm×1000mm　1/16
印　　张	17.5
字　　数	251 千
版 印 次	2024 年 3 月第 1 版　2024 年 3 月第 1 次印刷
书　　号	ISBN 978-7-308-24404-6
定　　价	68.00 元